Horn · Pleyer (Hrsg.)

Handelsrecht und Recht
der Kreditsicherheiten
in Osteuropa

R.I.Z.-Schriften 5

Schriften des
Rechtszentrums für Europäische und
Internationale Zusammenarbeit (R.I.Z.

herausgegeben von
Norbert Horn, Köln
Jürgen F. Baur, Köln
Klaus Stern, Köln

Band 5

Walter de Gruyter · Berlin · New York

Handelsrecht und Recht der Kreditsicherheiten in Osteuropa

Herausgegeben
von
Norbert Horn
Klemens Pleyer

W DE G

1997

Walter de Gruyter · Berlin · New York

Das R.I.Z. wird als wissenschaftliche Einrichtung der Universität zu Köln finanziell von der Gemeinnützigen Hertie-Stiftung, Frankfurt a. M., getragen.

♾ Gedruckt auf säurefreiem Papier, das die US-ANSI-Norm über Haltbarkeit erfüllt.

Die Deutsche Bibliothek – CIP-Einheitsaufnahme

Handelsrecht und Recht der Kreditsicherheiten in Osteuropa / hrsg. von Norbert Horn ; Klemens Pleyer. - Berlin ; New York : de Gruyter, 1997
(R.I.Z.-Schriften ; Bd. 5)
ISBN 3-11-015650-4

Printed in Germany
Druck und Bindearbeiten: WB-Druck, Rieden am Forggensee
Einbandentwurf: Angela Dobrick, Hamburg

Vorwort der Herausgeber

Bei der Entwicklung einer modernen Marktwirtschaft in den Ländern des östlichen Mitteleuropa und Osteuropas spielt ein modernes und leistungsfähiges Recht eine entscheidende Rolle. Diese Staaten haben nach jahrzehntelanger Absperrung gegen den Westen nun den Weg zur Demokratie und Marktwirtschaft und damit zu einer neuen Rechtsordnung eingeschlagen. Ab 1990 ist vieles von dem, was vorher gegolten hat, völlig umgekehrt worden, so wie in den ersten Nachkriegsjahren ein Prozeß mit entgegengesetzter Tendenz in Gang gesetzt worden war.

Die Modernisierungsprozesse in diesen Ländern sind von einem umfangreichen Transfer rechtlicher Erfahrungen der westlichen Länder begleitet. Dabei geht es nicht um die einfache und unbesehene Rezeption westlichen Rechts, sondern um die kritische Durchsicht der im Westen verfügbaren Erfahrungen des Rechts einer hochentwickelten freien Wirtschaft und die Anpassung der hier vorfindbaren Lösungskonzepte auf die wirtschaftliche und kulturelle Situation der betreffenden Länder. Zugleich muß auch ein umgekehrter Lernprozeß stattfinden. Die deutschen Juristen müssen lernen, wie der rasche und in mancher Hinsicht unübersichtliche Prozeß der Modernisierung der Rechtssysteme verläuft. Das Informationsbedürfnis der Praxis wie der Wissenschaft ist groß.

Die folgenden Beiträge von Autoren der betreffenden Länder wurden auf einer Arbeitstagung am 10. und 11. Juli 1996 vorgetragen und diskutiert, die vom Rechtszentrum für europäische und internationale Zusammenarbeit in Verbindung mit dem Institut für Bankrecht an der Universität zu Köln durchgeführt wurden. Die Herausgeber danken der Gemeinnützigen Hertie-Stiftung in Frankfurt/Main und der Siederslebenschen Otto-Wolff-Stiftung in Köln für die finanzielle Unterstützung der Veranstaltung.

Köln, im März 1997

Norbert Horn
Klemens Pleyer

Inhaltsverzeichnis

I. Teil: Handels- und Unternehmensrecht in Polen, Rußland, Tschechien und Ungarn

Einleitung

Das Handelsrecht ist in Deutschland zusammen mit wesentlichen Teilen des Gesellschafts- und Wertpapierrechts ein Sonderrecht für bestimmte Bereiche, für die Kaufleute einschließlich der Handelsgesellschaften und deren Rechtsgeschäfte. In Deutschland gibt man als Rechtfertigung für ein besonderes vom bürgerlichen Recht getrenntes Handelsrecht an, daß es angesichts der großen Anzahl hier tagtäglich abgeschlossener Rechtsgeschäfte u.a. in besonderem Maße auf Schnelligkeit und Sicherheit ankomme, also etwa auf kurze Fristen, festumrissene Kompetenzen und Vollmachten (Prokura), Verwendung von Formeln beim Vertragsschluß, die bei gleichem Wortlaut immer den gleichen Inhalt haben, dies vielleicht sogar weltweit (man denke etwa an cif, fob, fas und die Bankgarantie auf erstes Anfordern).

Auch in den Staaten, die sich zum sozialistischen System in der Ausprägung, die es im wesentlichen in der Sowjetunion erhalten hatte, bekannten, gab es für die Industrie und große Teile des Handels Sondervorschriften, die sich von denen für die Bürger unterschieden. Dieses Sonderrecht wurde aber anders begründet und war daher auch anders ausgestaltet. Die betreffenden Teilbereiche der Wirtschaft waren weitestgehend sozialisiert, also in Volkseigentum oder sozialistisch-genossenschaftliches Eigentum überführt worden. Wir haben es hier also mit dem Recht der sozialistischen Wirtschaft zu tun. Für diese gab es eigene Gesetze, während für den Bürger die Zivilgesetzbücher der betreffenden Staaten galten. Dieses Recht der sozialistischen Wirtschaft war vor allem durch die große Plannähe gekennzeichnet, die Plangebote galten in besonderem Maße etwa für die Verträge zwischen sozialistischen Einheiten, weniger aber für den Kleinkauf eines Bürgers in einer sozialistischen Verkaufsstelle. Aus diesem Grund gab es auch für Streitigkeiten aus sozialistischen Verträgen vielfach eigene Gerichtskörper, meist Arbitrage-Instanzen und ein besonderes Verfahrensrecht (anders Ungarn). Subjekte dieser Rechtsgeschäfte und Streitigkeiten waren meist juristische Personen des sozialistischen Rechts, nämlich volkseigene Betriebe, Kombinate, Vereinigungen volkseigener Betriebe, sozialistische Genossenschaften und deren Einrichtungen, die sich alle deutlich von den AG, GmbH und auch den Genossenschaften in den marktwirtschaftlichen Ländern unterschieden. Diese sozialistischen Wirtschaftseinheiten waren streng an den Plan gebunden, ihre Rechtsfähigkeit war auf diejenigen Rechtsgeschäfte beschränkt, die ihnen nach ihrem Statut zugewiesen waren. Was darüber hinausging, war unwirksam, ultra vires, wie wir sagen. Unsere juristischen Personen des Handelsrechts verfügen im Interesse der Beweglichkeit auf dem Markt und der

Rechtssicherheit hingegen über eine unbeschränkte Rechtsfähigkeit, ihre Organe über entsprechend weite Kompetenzen.

Die Leiter der sozialistischen Wirtschaftseinheiten (Direktoren, Generaldirektoren usw.) waren meist Einzelleiter und nicht Mitglieder eines kollektiven Leitungsorganes (weitgehend anders in Polen). Sie hatten stark ausgeprägte Weisungsbefugnisse im Betrieb und waren nicht durch Mitbestimmungsrechte der Belegschaft eingeschränkt, wie man es vielleicht von sozialistischen Staaten erwartet. Diese Leiter waren ja den vorgesetzten Stellen gegenüber zur Einhaltung und Erfüllung der Pläne verantwortlich. Ihre Kompetenzen mußten also entsprechend ausgestaltet werden.

Das Vertragsrecht der sozialistischen Einheiten orientierte sich nicht wie bei uns primär an den Erklärungen und damit am Willen der Vertragsparteien. Nicht deren Intentionen waren maßgeblich, sondern die Belange der Planerfüllung. Man merkt das z.B. deutlich beim Recht der Mängelrüge, bei den Sanktionen für verspätete Leistung u.ä. Typischerweise galt es, die Erfüllung des Vertrages trotz der Störung zu sichern und nicht den Vertrag zu annulieren.

Im Interesse der Kontrolle der Wirtschaft und auch einer klaren Finanzplanung war der sog. kommerzielle Kredit, etwa des Lieferanten an den Abnehmer, unzulässig. Die Betriebe erhielten Kredit von einer bestimmten, für sie zuständigen Bank, die auch die entsprechende Kontrolle über den Betrieb übernahm. Diese Kredite wurden nicht durch Hypotheken, Übereignungen o.ä. gesichert.

Aus diesen Gründen spielten auch die meisten bei uns bekannten Wertpapiere, insbesondere der Wechsel, in der sozialistischen Wirtschaft keine Rolle.

In den Rechtsstreitigkeiten vor den Arbitrage-Instanzen standen nicht die prozessualen Handlungen der Parteien im Vordergrund; auch spielte die Rechtssicherheit und die aus ihr abzuleitenden bekannten Vorschriften über die Zuständigkeit, die Zusammensetzung der Spruchkörper und die Förmlichkeiten des Verfahrens nur eine geringe Rolle. Der konkrete Fall sollte dort, in der Zusammensetzung und in dem Verfahren entscshieden werden, was für eine schnelle und richtige Entscheidung i. S. d. Zentralplanwirtschaft am zweckmäßigsten erschien.

Alle diese Vorschriften sind in der Wende nach 1989, als sich die betreffenden Staaten zu einer neuen, an der Freiheit des Einzelnen orientierten Ordnung bekannten, umgepolt und durch neue Gesetze ersetzt worden. Vor allem in den Ländern Mitteleuropas konnte man hierbei auf alte Traditionen zurückgreifen, zu dem sogar das deutsche Recht gehört. In Teilen Polens und der Tschechoslowakei galt früher entweder deutsches Recht unmittelbar oder das österreichische Handelsrecht, das auf das ADHGB zurückzuführen ist.

Wie dieser Prozeß im einzelnen verläuft, welche Fortschritte bisher gemacht worden sind, wo sich Schwierigkeiten ergeben, insbesondere aus dem Nebeneinander alten und neuen Rechts, soll uns heute und morgen beschäftigen.

Mit der Schaffung eines marktwirtschaftlichen Rechts kehrte man wieder zu den tradierten Rechtsformen des Handelsverkehrs und der Gesellschaften zurück oder entwickelte sie weiter. Einzelheiten werden wir heute betrachten.

Mit der Umgestaltung der Banken und der Entwicklung marktwirtschaftlicher Kreditformen, insbesondere der Wiederbelebung der kommerziellen Kredite, wurde das Recht der Kreditsicherheiten wieder interessant (Hypothek, Eigentumsvorbehalt, Sicherungsübertragung, Bürgschaft, Garantie). Es wird uns morgen beschäftigen.

Klemens Pleyer

Handels- und Unternehmensrecht in Polen

PAWEł KUGLARZ

Gliederung

I. Gesetzliche Grundlagen des Handels- und Gesellschaftsrechts

1. Das Handelsgesetzbuch von 1927, seine Fortgeltung nach 1964 und seine Bedeutung nach 1989

Das polnische Handels- und Gesellschaftsrecht ist im Handelsgesetzbuch vom 27. Juni 1934 und im Zivilgesetzbuch vom 23. April 1964 geregelt. Das Handelsgesetzbuch entspricht weitgehend dem deutschen HGB und baut auf dem Subjektgrundsatz auf. Der zentrale Begriff ist im polnischen wie im deutschen HGB der Kaufmann, während im französischen Handelsrecht das Handelsgeschäft die zentrale Bedeutung hat. Das deutsche HGB galt in den westlichen Gebieten Polens, die bis zur Unabhängigkeit Polens 1918 zu Preußen gehörten.

Die Bedeutung des deutschen HGB ging soweit, daß Maurycy Allerhand, Professor der Lemberger Universität und einer der renomiertesten Kenner des polnischen HGB in seiner Einführung zum Kommentar zum polnischen HGB die deutsche Literatur - und hier insbesondere die Großkommentare und die Rechtsprechung des Reichsgerichts - als Auslegungshilfe empfahl.[1] Das HGB besteht aus zwei Teilen:

- erstes Buch - Kaufmann
- zweites Buch - Handelsgeschäfte.

Art. 2 § 1 des HGB definierte, daß ein Kaufmann derjenige ist, der im eigenen Namen ein Unternehmen führt. Das polnische Handelsrecht knüpfte dabei an die tatsächliche Ausübung der Unternehmensführung an, d.h. die Vorschriften des HGB über den Kaufmann galten gem. Art. 11 des HGB

[1] Vgl. *M. Allerhand*, Kodeks handlowy, Komentarz, Łwów 1935.

auch für Personen, die ihr Unternehmen unberechtigt führten[2]. Das HGB unterscheidet zwischen dem Registerkaufmann (Kaufmann aufgrund einer Eintragung) und dem Nichtregisterkaufmann. Nach dem II. Weltkrieg galt das polnische HGB formell weiter. Durch die Nationalisierung der Industrie und der Handels- und Dienstleistungsunternehmen verloren die Vorschriften des HGB zwar ihre praktische Bedeutung, sie blieben jedoch gültiges Recht. Erst mit dem Inkrafttreten des polnischen Zivilgesetzbuches im Jahr 1964 wurde das HGB durch das Einführungsgesetz zum Zivilgesetzbuch, mit Ausnahme der Vorschriften über die offene Handelsgesellschaft, die GmbH und die Aktiengesellschaft sowie der Vorschriften über das Handelsregister, die Firma und die Prokura aufgehoben. Außerdem wurde ein Unterabschnitt des zweiten Buches, das Zurückbehaltungsrecht mit Rücksicht auf den Außenhandel beibehalten. 1991 wurden die Vorschriften über die Kommanditgesellschaft wieder ins Handelsgesetzbuch eingeführt. Durch die Reduzierung des Handelsgesetzbuches auf das Gesellschaftsrecht hat das Handelsrecht nach herrschender Meinung der polnischen Rechtswissenschaftler seine Bedeutung als selbständiges Rechtsgebiet verloren und ist zu einem integralen Bestandteil des Zivilrechts geworden[3]. Die Anwendung der geltenden Vorschriften des Handelsgesetzbuches stößt auf verschiedene Schwierigkeiten. So definiert Art. 75 die offene Handelsgesellschaft als eine Gesellschaft, die unter gemeinsamem Namen ein gewerbliches Unternehmen in größerem Umfang betreibt und keine andere Handelsgesellschaft ist. Gleichzeitig wurden jedoch die Vorschriften des Art. 4 § 2 aufgehoben, die den zuständigen Minister ermächtigten, den Begriff des "größeren Umfangs" durch Verordnung zu definieren. Wegen der Konzeption des einheitlichen Zivilrechts sind die im HGB bestehenden Regelungslücken durch die Vorschriften des Zivilgesetzbuches auszufüllen.

2. Das Zivilgesetzbuch vom 23. April 1964 (ZGB)

Wie schon erwähnt, ist die zweite gesetzliche Grundlage des polnischen Handels- und Gesellschaftsrechts das Zivilgesetzbuch vom 23. April 1964.

---

[2] Vgl. *K. Kruczalak*, Prawo handlowe, Warszawa 1994, S. 26.

[3] Vgl. *A. Wolter*, Prawo cywilne. Zarys części ogólnej, Warszawa 1982, S. 16-17; *S. Grybowski*, System prawa cywilnego, Bd. .I, S. 42; *Z. Radwański*, Prawo cywilne - część ogólna, S. 24, *J. Okolowski/W. Opalski*, Znaczenie prawa handlowego w świetle koncepcji jedności prawa cywilnego" Przegląd Prawa Handlowego 1992, Nr. 7, S. 7; *E. Gralla*, Gesellschaftsrecht in Polen, München 1994, S. 1.

Dieses Gesetz wurde zwar in der Zeit der sozialistischen Planwirtschaft verabschiedet, ist aber dem deutschen BGB in vielen Bereichen ähnlich und knüpft an die mitteleuropäische Rechtstradition an, da es auf dem Pandektensystem aufbaut. Der polnische Gesetzgeber brach als einziger im ehemaligen Ostblock nicht mit der europäischen Rechtstradition. Dies ergibt sich aus dem Umstand, daß die Kodifikationskommission, die den Entwurf des ZGB vorbereitete, sich auf die Arbeiten der Kodifikationskommission von 1919 stützte[4].

Ich möchte jedoch auf zwei relevante Unterschiede zwischen dem deutschen und polnischen Zivilrecht eingehen.

- Das polnische Zivilrecht unterscheidet wie das französische zwischen der Form ad solemnitatem und ad probationem. Das führt dazu, daß bei einem Verstoß gegen eine gesetzlich vorgeschriebene Schriftform das Rechtsgeschäft anders als z.B. im deutschen Recht nur dann gem. Art. 73 §1 1 des Zivilgesetzbuches unwirksam ist, wenn das Gesetz die Unwirksamkeit ausdrücklich androht. Ist dies nicht der Fall, bleibt das Rechtsgeschäft unwirksam, gem. Art. 74 § 1 führt der Formverstoß aber im Prozeß dazu, daß der Zeugenbeweis sowie der Beweis und die Parteivernehmung hinsichtlich der Tatsache der Vornahme des Rechtsgeschäftes unzulässig sind. Schreibt ein Gesetz für ein Rechtsgeschäft allerdings eine besondere Form vor (z.B. notarielle Form), so ist es gem. Art. 73 § 2 Zivilgesetzbuch immer unwirksam.
- Das polnische Zivilgesetzbuch folgt bei der Eigentumsübertragung dem französischen Vertragsgrundsatz, obwohl es zwischen dem Verpflichtungs- und Verfügungsgeschäft unterscheidet. Damit reicht zum Eigentumsübergang die Übertragung des Eigentums aus. Eine Übereignung (z.B. durch Übergabe) ist nicht erforderlich. Bei der Übertragung von Eigentum an Grundstücken ist die Eintragung im Grundbuch nach dem polnischen ZGB nicht konstitutiv. Eine konstitutive Wirkung hat die Grundbucheintragung nur bei Bestellung und Übertragung des ewigen Nießbrauchs (entspricht in etwa dem deutschen Erbbaurecht), der Entstehung der Hypothek und des Wohnungseigentums.

Handelsrechtliche Sonderregelungen bestehen für Banken, Gesellschaften mit ausländischer Beteiligung, Versicherungsgesellschaften, Wertpapierbörsen, Treuhandsfondsgesellschaften und Kapitalgesellschaften, die aus der Umwandlung staatlicher Unternehmen entstanden sind.

---

[4] Vgl. *E. Gralla*, op. cit. S. 2.

II. Rechtform des Unternehmens

1. Der Begriff „Wirtschaftssubjekt" als Ersatzform für den Kaufmannsbegriff

Durch die Reduzierung des HGB im Jahre 1964 verschwanden aus dem polnischen Handelsrecht der Begriff des Kaufmanns und die dem Kaufmann gewidmeten Vorschriften (Art. 2 ff, 54 ff, 70 ff HGB). In Kraft blieben nur die Vorschriften über den "Registerkaufmann". Als "Registerkaufmann" gelten oHG, KG, GmbH, AG.

Der Begriff "Wirtschaftssubjekt" (podmiot gospodarczy) wurde in das polnische Handels- und Wirtschaftsrecht mit dem Gesetz über die Wirtschaftstätigkeit eingeführt und in die Konkursordnung aufgrund einer Novelle von 1990 anstelle des früheren Kaufmannsbegriffs[5] eingeführt. Als Wirtschaftssubjekt versteht man sämtliche natürlichen und juristischen Personen wie auch Subjekte, die keine Rechtspersönlichkeit besitzen, z.B. die GbR, oHG und KG, sofern sie "eine Produktions-, Bau-, Handels- und Dienstleitungstätigkeit zu Erwerbszwecken" und auf eigene Rechnung ausüben. Um eine wirtschaftliche Tätigkeit aufzunehmen, muß das Wirtschaftssubjekt seine Tätigkeit bei dem zuständigen Register der Gemeinde anmelden.

2. Personengesellschaften

a) Die Gesellschaft bürgerlichen Rechts (Art. 860-875 ZGB)

Die Gesellschaft bürgerlichen Rechts ist eine der Formen der Personengesellschaften. Sie ist keine juristische Person und kann nicht Partei eines zivilrechtlichen Verhältnisses sein, d.h. die Gesellschafter sind die Vertragsparteien. Das Gesellschaftsvermögen steht im gemeinschaftlichen Eigentum der Gesellschafter. Die Rechts- und Prozeßfähigkeit ist in der Rechtsprechung umstritten[6] . Dagegen wird in der richterlichen Auslegung die Vergleichsfähigkeit[7] (zdolność układowa) oder Konkursfähigkeit[8] (zdolność upadłościowa) anerkannt. Die Gesellschaft bürgerlichen Rechts ist heutzutage in Polen eine sehr verbreitete Gesellschaftsform und auch sehr große Unternehmen werden in dieser Rechtsform geführt.

---

[5] Vgl. *E. Gralla*, op. cit. S. 7.

[6] Vgl. Urteil des Obersten Gerichts vom 4. Februar 1993 (OSP 1993, S. 10, Pos. 194) und Beschluß des Obersten Gerichts vom 7. Juli 1993 (OSP 1991, S. 11, Pos. 204).

[7] Vgl. Beschluß des Obersten Gerichts vom 28. Juli 1993/Wokanda Nr. 5/1994.

[8] Vgl. Beschluß des Obersten Gerichts vom 27. Mai 1993/Wokanda Nr. 4/1994.

b) Die offene Handelsgesellschaft (Art. 75-142 HGB)

Die polnische oHG ist der deutschen oHG sehr ähnlich. Sie ist die zweite Form einer Personengesellschaft. Art. 75 des HGB definiert die offene Handelsgesellschaft als eine Gesellschaft, die unter gemeinschaftlicher Firma ein gewerbliches Unternehmen in größerem Außmaße betreibt und keine andere Handelsgesellschaft ist. Die oHG ist zwar keine juristische Person, kann jedoch Rechte erwerben und Verpflichtungen eingehen, klagen und verklagt werden (Art. 81 HGB). Gegen die oHG kann ein Vollstreckungstitel ergehen, der Grundlage für die Erteilung der Exekutionsklausel gegen die Gesellschafter der oHG ist[9] . Dies ist bei der Gesellschaft bürgerlichen Rechts nicht möglich[10].

c) Die Kommanditgesellschaft (Art. 143-157 HGB)

Die KG ist eine Art der oHG. Manchmal wird sie als eine gemischte Gesellschaft (Personen-Kapitalgesellschaft) betrachtet.[11] Das personelle Element beruht darauf, daß sie ein "gewerbliches Unternehmen größeren Ausmaßes unter einer gemeinsamen Firma" führt (Art. 143 HGB). Das "kapitalmäßige" Element beruht darauf, daß die Kommanditisten für die Verbindlichkeiten der Gesellschaft gem. Art. 147 HGB nur beschränkt mit ihrer Einlage haften, wohingegen die Komplementäre wie im deutschen Recht unbeschränkt mit ihrem Privatvermögen haften (Art. 143 HGB). Die Vorschriften über die KG sind 1964 aufgehoben und erst durch das Gesetz vom 31. August 1991 in leicht veränderter Form ins HGB eingefügt worden.

3. Kapitalgesellschaften

a) Gesellschaft mit beschränkter Haftung (Art. 158-306 HGB)

Die GmbH ist eine Kapitalgesellschaft mit gewissen personengesellschaftlichen Elementen. Sie kann durch eine oder mehrere Personen gegründet werden, soweit keine gesetzlichen Beschränkungen entgegenstehen. Eine bestehende Einmann-GmbH darf gemäß Art. 158 Abs. 3 HGB keine neue Einmann-GmbH gründen. Der einzige zulässige Zweck der Gesellschaftsgrün-

---

[9] Vgl. Urteil des Obersten Gerichts vom 15. April 1966 (OSNCP Nr. 2/1967, Pos. 23).

[10] Vgl. Beschluß des Obersten Gerichts vom 7. Juli 1993 (OSP Nr. 11/1994, Pos. 204).

[11] Vgl. *J. Jacyszyn*, Spolki w przepisach i orzecznictwie, Wroclaw 1996, S. 26; vgl. auch *Marta Litwińska*, O konstrukcji prawnej spółki komandytowej in: Przegląd Prawa Handlowego 4/1994, S. 8-14.

dung ist die wirtschaftliche Tätigkeit. Die Gesellschaftsform der GmbH ist in Polen weit verbreitet, nicht zuletzt wegen des sehr niedrigen Mindestkapitals, zur Zeit PLN 4.000,-- (ca. DM 2.500,--).

Gemäß Art. 1 Abs. 2 des Gesetzes vom 14. Juni 1991 über Gesellschaften mit ausländischer Beteiligung ist die wirtschaftliche Tätigkeit der ausländischen Wirtschaftssubjekte ausschließlich in der Form einer GmbH oder einer Aktiengesellschaft zulässig, d.h. die ausländischen Investoren dürfen nur solche Gesellschaften errichten bzw. Anteile nur an solchen Gesellschaften erwerben.

b) Aktiengesellschaft (Art. 307-497 HGB)

Die AG ist die am weitesten entwickelte Kapitalgesellschaft. Ihr Grundlage bildet das Aktienkapital, das in Aktien von gleichen Nennwerten aufgeteilt ist. Die AG ist eine juristische Person, die ihre Rechtspersönlichkeit durch die Eintragung in das Handelsregister erwirbt (Art. 335 HGB). Die Aktionäre sind nur zu den in der Satzung bestimmten Leistungen verpflichtet. Die AG wird oft als eine Übergangsform bei der Privatisierung benutzt. Im Rahmen dieser sogenannten Kapitalprivatisierung wird ein Staatsunternehmen in eine Aktiengesellschaft mit dem Fiskus als Alleinaktionär umgewandelt. Manche Unternehmen wie z.B. Banken und Treuhandfonds können nur als AG tätig sein.

III. Die Gründung der Unternehmen

1. Entstehung eines Wirtschaftsubjekts

Die Aufnahme einer Wirtschftstätigkeit durch natürliche Personen und andere Subjekte, die keine Rechtspersönlichkeit besitzen, muß zum *Wirtschaftstätigkeitregister* angemeldet werden. Hierfür ist kein Eignungs-, bzw. Befähigungsnachweis erforderlich.[12] Diejenigen Arten der Wirtschaftstätigkeit, die konzessions,- bzw. genehmigungspflichtig sind, sowie die Aufnahme der Tätigkeit durch Kapitalgesellschaften bedürfen keiner Anmeldung.

2. Gründung einer Gesellschaft bürgerlichen Rechts

Die Gründung erfolgt durch Abschluß eines Gesellschaftsvertrages. Der Gesellschaftsvertrag soll schriftlich bestätigt werden.

[12] Vgl. *E. Gralla*, Das Wirtschaftstätigkeitgesetz als Grundlage der Gewerbefreiheit in Polen, in: Handbuch Wirtschaft und Recht in Osteuropa, München 1996, Bd. II, Syst. 81.

3. *Gründung einer Personengesellschaft - Abschluß des Gesellschaftsvertrages*

a) Die offene Handelsgesellschaft

Die Gründung erfolgt durch Abschluß eines Gesellschaftsvertrages, der schriftlich geschlossen werden soll. Mit Ausnahme der Gesellschaft bürgerlichen Rechts können sowohl natürliche als auch juristische Personen Gesellschafter der oHG sein. Kontrovers ist, ob zur Entstehung der oHG auch die tatsächliche Betreibung des gewerblichen Unternehmens erforderlich ist oder ob eine entsprechende Absicht genügt.[13]

b) Die Kommanditgesellschaft (KG)

Die Gründung erfolgt durch Abschluß eines Gesellschaftsvertrages, an dem mindestens ein Komplementär und mindestens ein Kommanditist beteiligt sein müssen. Art. 145 HGB sieht die notarielle Beurkundung des Vertrages in der Form "ad solemnitaten" als Wirksamkeitsvoraussetzung vor. Die KG entsteht mit dem Zeitpunkt der Eintragung ins Handelsregister. Die KG ist jedoch keine juristische Person. In der Literatur wird die Frage der Zulässigkeit bestimmter Mischformen wie der Kommanditgesellschaft auf Aktien (KGaA) und der GmbH & Co. KG diskutiert. Nach opinio carumnis gilt im polnischen Recht der Grundsatz des numerus clausus der Gesellschaftsformen.[14] Solche Gesellschaftsformen wären als gesonderte Gesellschaftsformen daher nicht zulässig. Eine andere Frage ist, ob de lege lata (auf Grundlage des geltenden Rechts) solche Formen möglich wären. In Bezug auf die KGaA muß man feststellen, daß sie in diesem Fall Aktien in eigenem Namen ausgeben müßte, was nur eine AG darf. Dagegen ist eine KG, bei der die GmbH als Komplämentär beteiligt wäre, zulässig.[15]

---

[13] Vgl. *W. Pyzioł*, Spółka jawna, in: Prawo Spółek, Kraków 1996 (Hrsg. S. Włodyka), S. 316.

[14] Vgl. *Sołtysiński/A. Szajkowski/J. Szwaja*, Kodeks Handlowy, Komentarz, Bd. I, Warschau 1994, S. 49; *Włodyka*, Spolka i jej rodłaje, in: Prawo Społek, Krakau 1996, S. 52.

[15] Vgl. *J. Weiss*, S. 346-347.

4. Gründung einer Kapitalgesellschaft

a) Gesellschaft mit beschränkter Haftung

Für die Errichtung einer GmbH sind nach Art. 160 HGB erforderlich:

- der Abschluß eines Gesellschaftsvertrages,
- die Einbringung des gesamten Stammkapitals,
- die Bestellung der Organe, insbesondere des Vorstandes,
- die Eintragung ins Handelsregister.

Der Gesellschaftsvertrag muß notariell beurkundet werden. Das HGB bestimmt den notwendigen Inhalt dieses Vertrages, er muß folgendes enthalten:

- Firma und Sitz der Gesellschaft,
- Gegenstand des Unternehmens,
- Dauer der Gesellschaft, falls diese beschränkt ist,
- Höhe des Stammkapitals,
- Angabe, ob ein Gesellschafter einen oder mehrere Anteile besitzen kann,
- Anzahl und Höhe der durch die Gesellschafter übernommenen Anteile.

Die GmbH entsteht im Zeitpunkt der Eintragung ins Handelsregister. Bis zur Eintragung haften die im Namen der Gesellschaft tätigen Personen persönlich und gesamtschuldnerisch. Die Eintragung hat einen konstitutiven Charakter. Daraus folgt, daß der Antrag auf die Eintragung durch alle Vorstandsmitglieder, die aufgrund des Gesellschaftsvertrages zur Vertretung berechtigt sind, gestellt werden muß, weil bis zur Eintragung die Vorschriften über die Vertretung keine Anwendung finden.[16] Wenn die Gesellschaft innerhalb von 6 Monaten seit dem Abschluß des Gesellschaftsvertrags nicht angemeldet wurde oder wenn das Gericht die Eintragung rechtskräftig verweigert, verliert der Vertrag seine Gültigkeit.

b) Aktiengesellschaft

Eine AG kann im Rahmen einer Einheitsgründung oder einer Stufengründung errichtet werden.

Gesellschafter können natürliche und juristische Personen sein. Gemäß Art. 308 HGB muß es mindestens drei Gründer geben, es sei denn, daß der Staat oder ein Verband der territorialen Selbstverwaltung die Gesellschaft

[16] Vgl. *J. Weiss*, Spółka z ograniczoną odpowiedzialnością, in: Prawo Spółek, Kraków 1996, (Hrsg. S. Włodyka), S. 383; vgl. auch Beschluß des Obersten Gerichts vom 12.11.1936, und *T. Dziuryński*, Kodeks Handlowy, Komentarz, Łódź 1994, S. 189.

gründen. Die Satzung einer Aktiengesellschaft muß notariell beurkundet und von den Gründern unterzeichnet werden. Sie muß folgende Angaben beinhalten: Die Firma und den Sitz der Gesellschaft, den Gegenstand des Unternehmens, die Dauer der Gesellschaft, falls sie zeitlich begrenzt ist, den Betrag des gezeichneten Kapitals, die Art seiner Einziehung, die Nennbeträge der Aktien und deren Anzahl mit der Angabe, ob die Aktien auf den Namen oder auf den Inhaber lauten, die Zahl der Aktien der einzelnen Gattungen und die mit ihnen verbundenen Rechte, wenn Aktien mehrerer Gattungen eingeführt werden sollen, die Vor- und Familiennamen (Firma) sowie die Adressen der Gründer, die Organisation der Verwaltungs- und Aufsichtsorgane.

Bei der Einheitsgründung müssen die Gründer das Einverständnis mit der Errichtung der Aktiengesellschaft und mit dem Wortlaut der Satzung sowie mit der Übernahme der Aktien durch die Gründer oder durch die Gründer und Dritte erklären.

Das Grundkapital der Aktiengesellschaft muß mindestens PLN 100.000,-- betragen. Es kann durch Barzahlung oder Sacheinlagen gedeckt werden. Aktien, die für Sacheinlagen ausgegeben werden, müssen vor der Eintragung voll gedeckt werden. Aktien, die gegen Barzahlung ausgegeben werden, müssen mindestens zu 25 % ihres Nennbetrages gedeckt sein. Neben der Aufbringung des Grundkapitals muß auch die Bestellung der ersten Organe erfolgen. Wurden alle Aktien durch die Gründer oder gemeinsam mit den Dritten übernommen oder gezeichnet, kann die Aktiengesellschaft eingetragen werden.

Bei einer Stufengründung müssen die Gründer eine Kaution in Höhe von 5 % des Grundkapitals beim Rayongericht hinterlegen. Außerdem soll die Satzung und die Aufforderung zur Zeichnung der Aktien im Monitor Sądowy i Gospodarczy veröffentlicht[17] werden. Die Aufforderung zur Zeichnung (Prospekt) muß den Anforderungen des Art. 318 des polnischen HGB entsprechen. Die Zeichnungsfrist darf nicht mehr als drei Monate, gerechnet vom Tage der Eröffnung der Zeichnung an, betragen. Innerhalb von zwei Monaten nach der Schließung der Zeichnungslisten muß eine Organisationsversammlung einberufen werden. In der Organisationsversammlung ist die Übernahme aller Aktien und die Leistung der vor der Eintragung zu bewirkenden Einzahlungen festzustellen, der Gründungsbericht und das Gutachten des sachverständigen Prüfers sind zu verlesen. Die Organisationsversamm-

[17] Vgl. das Gesetz über die Herausgabe von Monitor Sądowy i Gospodarczy vom 22. Dezember 1995 (Dz.U. 1996, Nr. 6, Pos. 42); vgl. auch: *M. Modrzejewska*, Nowelizacja przepisów prawno-handlowych, PPH, 10/1996, S. 1-5.

lung muß außerdem die Gründungskosten genehmigen und die ersten Organe der Gesellschaft wählen. Ein Gründungsbericht ist gemäß Art. 312 HGB erforderlich, wenn Sacheinlagen, der Erwerb von Gegenständen und Vermögensrechten vor der Eintragung der Gesellschaft oder eine Vergütung für die Gründer vorgesehen ist. Die Aktiengesellschaft entsteht zum Zeitpunkt der Eintragung ins Handelsregister. Der Gründungsbericht muß von einem unabhängigen sachverständigen Prüfer begutachtet werden.

IV. Organe

1. Gesetzliche Organe einer Personengesellschaft

Bei den Personengesellschaften des HGB, also der offenen Handelsgesellschaft und der Kommanditgesellschaft wie auch bei Gesellschaften des bürgerlichen Rechts gibt es neben den Gesellschaftern keine besonderen Organe. Zwar kann die oHG einen Prokuristen bestellen, dieser hat jedoch nicht die Stellung eines Organs.

2. Gesetzliche Organe einer Kapitalgesellschaft

Bei der GmbH sind folgende Organe obligatorisch:

- die Gesellschafterversammlung als Beschlußorgan und
- ein Vorstand als geschäftsführendes Verwaltungsorgan, das sich aus einer oder mehreren Personen zusammensetzt (vgl. Geschäftsführer in Deutschland).

Die Bildung eines Aufsichtsrates oder einer Revisionskommission liegt grundsätzlich im Ermessen der Gesellschafter. Dies betrifft nicht solche GmbH's, deren Stammkapital 25.000,-- Złoty übersteigt oder die mehr als fünfzig Gesellschafter haben. Darüber hinaus ist bei der Umwandlung eines staatlichen Unternehmens in eine GmbH ein Aufsichtsrat zu bilden.[18] Der Aufsichtsrat übt die ständige Aufsicht über die Geschäftstätigkeit der Gesellschaft in allen Zweigen des Unternehmens aus. Die Revisionskommission ist grundsätzlich nur für die vorübergehende Prüfung der Bilanz, der Gewinn- und Verlustrechnung, des Geschäftsberichts und der vorgeschlagenen Gewinn- und Verlustaufteilung zuständig.

---

[18] Vgl. Art. 171 des Gesetzes über die Privatisierung staatlicher Unternehmen vom 13.7.1990.

Bei einer Aktiengesellschaft sind folgende Organe vorgeschrieben:

- die Hauptversammlung als Beschlußorgan,
- ein Vorstand, der ähnlich wie bei einer GmbH aus einer oder mehreren Personen besteht,
- der Aufsichtsrat oder eine Revisionskommission, die aus mindestens fünf Mitgliedern der Hauptversammlung bestehen.

V. Vertretung

1. Gesellschaft bürgerlichen Rechts

Jeder Gesellschafter der Gesellschaft bürgerlichen Rechts ist gem. Art. 866 des polnischen Zivilgesetzbuches berechtigt, die Gesellschaft ohne vorherigen Gesellschafterbeschluß in den Bereichen vertreten, innerhalb denen sie zur Geschäftsführung befugt sind. Der Gesellschaftsvertrag bzw. ein Gesellschaftsbeschluß kann etwas anderes bestimmen, insbesondere kann durch Gesellschaftsbeschluß der Gesellschaft das Vertretungsrecht entzogen werden.

2. Offene Handelsgesellschaft

Jeder Gesellschafter ist zur Vertretung der Gesellschaft berechtigt. Im Gesellschaftsvertrag kann ein Gesellschafter von dem Recht zur Vertretung der Gesellschaft ausgeschlossen oder zur Vertretung der Gesellschaft nur gemeinsam mit einem anderen Gesellschafter oder einem Prokuristen ermächtigt werden. Außerdem kann das Vertretungsrecht durch ein Gerichtsurteil entzogen werden.

3. Kommanditgesellschaft

Zur Vertretung der Kommanditgesellschaft sind nur Komplementäre berechtigt. Der Kommanditist kann die Gesellschaft nur aufgrund einer Vollmacht vertreten. Wenn er ein Geschäft im Namen der Gesellschaft abschließt, ohne seine Vollmacht kenntlich zu machen, so haftet er für diese Geschäfte gegenüber Dritten ohne Beschränkung.

4. Gesellschaft mit beschränkter Haftung

Die GmbH wird durch den Vorstand gerichtlich und außergerichtlich vertreten. Das Vertretungsrecht erstreckt sich auf alle gerichtlichen und außergerichtlichen Tätigkeiten, die mit der Führung jedweden Handelsunternehmens verbunden sind, einschließlich der Veräußerung und Belastung von Immobilien sowie der Erteilung und des Widerrufs der Prokura. Die Vertretungsmacht kann gegenüber Dritten nicht wirksam eingeschränkt werden. Besteht der Vorstand der Gesellschaft aus mehreren Personen, bestimmt der Gesellschaftsvertrag die Art der Vertretung. Wenn der Gesellschaftsvertrag dies nicht regelt, sind für die Abgabe von Erklärungen und für die Zeichnung im Namen der Gesellschaft zwei Vorstandsmitglieder oder ein Vorstandsmitglied zusammen mit einem Prokuristen erforderlich.

5. Aktiengesellschaft

Ähnlich wie bei einer GmbH vertritt der Vorstand die Gesellschaft gerichtlich und außergerichtlich. Das Vertretungsrecht des Vorstands einer Aktiengesellschaft umfaßt aber nicht die Veräußerung, Verpachtung und Belastung des Unternehmens mit einem Nießbrauch, die Veräußerung von Fabrikgrundstücken und die Ausgabe von Schuldverschreibungen, weil diese Angelegenheiten eines Beschlusses der Hauptversammlung bedürfen.

VI. Haftungsverhältnisse

1. Gesellschaft bürgerlichen Rechts

Für Verpflichtungen der Gesellschaft haften alle Gesellschafter persönlich und gesamtschuldnerisch. Der Gesellschafter, der in die bestehende Gesellschaft eingetreten ist, haftet nicht für die vorher entstandenen Verpflichtungen der Gesellschaft. Für die Zwangsvollstreckung in das Gesellschaftsvermögen ist ein Titel gegen alle Gesellschafter erforderlich, weil ein Vollstreckungstitel gegen die Gesellschaft gemäß dem Urteil des Obersten Gerichts vom 7.07.1993 keine Grundlage für die Erteilung der Vollstreckungsklausel gegen den Gesellschafter dieser Gesellschaft ist.[19]

2. Offene Handelsgesellschaft

Für Verbindlichkeiten der oHG „haftet jeder Gesellschafter mit seinem ganzen Vermögen unbeschränkt und gesamtschuldnerisch mit den übrigen Gesellschaftern und mit der Gesellschaft". Anders als bei der Gesellschaft bürgerlichen Rechts haftet der in die schon bestehende oHG eintretende Gesellschafter auch für die vor seinem Eintritt entstandenen Verbindlichkeiten der

---

[19] Vgl. OSP 1994, Heft 11. Pos. 204.

oHG. Vertragliche Bestimmungen, die mit den Vorschriften bezüglich der Haftung der oHG nicht übereinstimmen, sind gegenüber Dritten unwirksam. Der in Anspruch genommene Gesellschafter kann gegenüber dem Gläubiger sowohl die ihm persönlich als auch die der oHG zustehenden Einreden geltend machen.

Ansprüche gegen einen Gesellschafter aus Verbindlichkeiten der oHG verjähren grundsätzlich in fünf Jahren von dem Tage der Eintragung der Löschung der Firma bzw. des Ausscheidens des Gesellschafters im Handelsregister, sofern nicht der Anspruch gegen die Gesellschafter einer kürzeren Verjährungsfrist unterliegt.

3. Kommanditgesellschaft

Der Komplementär haftet wie der Gesellschafter der oHG. Der Kommanditist dagegen haftet für Verbindlichkeiten der KG nur bis zur Höhe der Kommanditeinlage. Er ist daher "von der Haftung in den Grenzen des Wertes der in das Vermögen der Gesellschaft eingebrachten Einlage frei". Im Falle der Rückgewähr der Einlage wird die Haftung nicht vermindert, auch nicht durch Auszahlungen bei Verringerung der Einlage durch Verluste. Eine Herabsetzung der Einlage ist Dritten gegenüber erst mit der Eintragung ins Handelsregister wirksam.

Für Steuerschulden der KG haftet der Kommanditist mit seinem ganzen Vermögen bis zur Höhe seiner Gewinnbeteiligung.[20]

4. Gesellschaft mit beschränkter Haftung

Die Gesellschafter haften nicht persönlich für die Verbindlichkeiten der Gesellschaft. Die polnische Gesetzgebung kennt nur zwei Ausnahmen von diesem Grundsatz.

Die erste Ausnahme betrifft die Gesellschafter. Gemäß Art. 47 des Gesetzes über die Steuerverbindlichkeiten vom 19.12.1980 in der Fassung der Novelle von 1993 haften die Gesellschafter für die Steuerverbindlichkeiten gesamtschuldnerisch und mit dem ganzen Vermögen bis zur Höhe ihrer Gewinnbeteiligung. Die Gesellschafter haften bislang jedoch nicht für die Zahlung rückständiger Sozialversicherungsbeiträge.[21] Das Finanzministerium plant die Ausdehnung dieser Ausnahme auch auf andere staatliche Forderun-

[20] Vgl. *E. Gralla*, Gesellschaftsrecht, S. 73.

[21] Vgl. Urteil des Appellationsgerichts Gdańsk vom 27. Juli 1994, Wokanda Nr. 3/1994.

gen. Dies würde zu einer weiteren Aushöhlung der Rechtsform der GmbH führen.

Die zweite Ausnahme betrifft den Vorstand der GmbH. Gemäß Art. 298 HGB haften die Vorstandsmitglieder der Gesellschaft persönlich und gesamtschuldnerisch für die Verbindlichkeiten der Gesellschaft, wenn die Zwangsvollstreckung gegen die Gesellschaft erfolglos geblieben ist. In einigen Fällen kann jedoch ein Vorstandsmitglied von dieser Haftung befreit werden, wenn es nachweisen kann, daß

- der Konkurs rechtzeitig angemeldet wurde,
- das Vergleichsverfahren, also das Verfahren zur Abwendung des Konkurses, eingeleitet wurde,
- die Nichteinleitung des Vergleichsverfahrens oder die Nichtanmeldung des Konkurses nicht schuldhaft waren,
- oder dem Gläubiger kein Schaden entstanden ist, obwohl der Konkurs nicht angemeldet und ein Vergleichsverfahren nicht eingeleitet wurde.

Zur Feststellung der persönlichen Haftung der Vorstandsmitglieder ist der Nachweis durch den Gläubiger erforderlich, daß die Zwangsvollstreckung aus dem Gesellschaftsvermögen nicht zur Befriedigung der Forderung führen würde. Eine erfolglose Durchführung der Zwangsvollstreckung in das Gesellschaftsvermögen ist dagegen nicht erforderlich, da der Gläubiger auch mit anderen Mitteln nachweisen kann, daß die Forderung uneinbringlich ist.[22]

Die Vorstandsmitglieder haften den Gläubigern außerdem für die Dauer von drei Jahren seit der Eintragung der Gesellschaft oder der Eintragung des erhöhten Stammkapitals gesamtschuldnerisch mit der Gesellschaft, wenn sie bei der Anmeldung der Gesellschaft oder der Anmeldung der Kapitalerhöhung vorsätzlich oder fahrlässig falsche Angaben gemacht haben.

Das HGB regelt auch die zivil- und strafrechtliche Verantwortung der Personen, die an der Gründung der Gesellschaft beteiligt waren bzw. die als Mitglied eines Organs der Gesellschaft oder als Liquidator der Gesellschaft Schaden zugefügt haben. Solche Personen können mit einer Freiheitsstrafe bis zu fünf Jahren oder Geldstrafe bestraft werden.

5. *Aktiengesellschaft*

Das HGB bestimmt in Art. 307 § 3, daß die Aktionäre für die Verbindlichkeiten der Gesellschaft nicht persönlich haften. Grundsätzlich ist die zivilrechtliche und die strafrechtliche Haftung der Vorstandsmitglieder bei der Aktien-

---

[22] Vgl. Urteil des Appellationsgerichts Łodz vom 5.10.1994, Wokanda Nr. 3/1994.

gesellschaft ähnlich geregelt wie bei der GmbH. Bei der GmbH haften wie bei der AG die Personen, die vor der Eintragung der Gesellschaft im Namen der Gesellschaft tätig waren, persönlich und gesamtschuldnerisch.[23] In der Literatur werden solche Personen als Promotoren bezeichnet.[24] Dazu gehören: Vorstandsmitglieder und Gründer der Aktiengesellschaft.

Personen, die an der Gründung der AG teilgenommen haben und dieser Schaden zugefügt haben, sind verpflichtet, diesen Schaden zu ersetzen. Zu diesem Personenkreis gehören:

- Personen, die Sacheinlagen eingebracht haben,
- sachverständige Prüfer,
- Banken, die die Zeichnung von Aktien entgegengenommen haben,
- Personen, die Aktien gezeichnet haben,
- der erste Vorstand,
- die auf der ersten Versammlung gewählten Kommissionsmitglieder[25]
- sowie nach Meinung mancher Autoren auch Rechtsanwälte und Notare.[26]

Ihre Haftung ist jedoch gem. Art. 471 § 2 HGB auf die vorsätzliche oder fahrlässige Nichtbeachtung der gesetzlichen Vorschriften beschränkt.

Gegenüber der Gesellschaft haften die Mitglieder der Organe und die Liquidatoren der Gesellschaft für den Schaden, der durch die den Gesetzen oder den Bestimmungen der Satzung widersprechende Tätigkeit entstanden ist. Voraussetzung ist der Nachweis der Verletzung der Sorgfaltspflichten eines ordentlichen Kaufmanns.

Gegenüber Dritten haften nicht alle Mitglieder der Organe, sondern nur die Vorstandsmitglieder. Jedoch werden dadurch gem. Art. 481 HGB die Rechte Dritter oder der Aktionäre auf Geltendmachung des ihnen direkt zugefügten Schadens nicht berührt. In diesem Fall finden die Vorschriften über unerlaubte Handlungen Anwendung.[27]

---

[23] Näher zur Vorgesellschaft: *E. Gralla*, Die Vorgesellschaft im deutschen und polnischen Recht bezogen auf die GmbH, in: Studia z prawa gospdarczego i handlowego. Ksiega pamiatkowa ko czci Profesora Stanisława Włodyki, Krakau 1996, S. 143-160.

[24] Vgl. *Sołtynski*, Kodeks handlowy, Komentarz, Bd. 1.II., S. 230.

[25] Vgl. *A. Szumanski*, Społka akcyjna, in: S. Włodyka, Prawo Społek, S. 534; A. Szajkowski, Kodeks handlowy, Komentarz, Bd. 1 II., S. 1196.

[26] Vgl. *E Spoczynska*, Kodeks handlowy z komentarzem oraz zasady działania wszystkich podmiotow gospodarczych, Skierniewice 1994, S. 262.

[27] Vgl. *A. Szumanski*, Społka akcyjna, S. 535.

Das HGB regelt auch die Haftung der Aktionäre gegenüber der Aktiengesellschaft sowie die Haftung der Gesellschaft gegenüber den Gesellschaftern.

VII. Handelsgeschäfte

1. Begriff der Handelsgeschäfte im Handels- und Zivilrecht

Wie bereits angesprochen, wurde das zweite Buch des Handelsgesetzbuches über die Handelsgeschäfte zum überwiegenden Teil aufgehoben. Die bisherigen Vorschriften des Handelsgesetzbuches definierten Handelsgeschäfte als Rechtshandlungen des Kaufmanns, die im Zusammenhang mit der Unternehmensführung stehen. Dies hatte die Anwendung der Vorschriften des Handelsgesetzbuches nicht nur auf den Kaufmann, sondern auch auf die andere Vertragspartei zur Folge, und zwar auch dann, wenn diese kein Kaufmann war. Das Handelsgesetzbuch basierte auf den Grundsätzen der Rechtssicherheit und Vertragsfreiheit.

Das Zivilrecht unterschied vor der Novellierung vom 28. Juli 1990 zwischen dem Rechtsverkehr zwischen dem sog. *JGU*, also staatlichen oder staatlich beherrschten Wirtschaftsorganisation und dem Rechtsverkehr zwischen den natürlichen Personen und nicht-staatlichen Wirtschaftsorganisationen. Für den Rechtsverkehr zwischen den "staatlichen Wirtschaftsorganisationen" galten die auf der Grundlage des Zivilgesetzbuches (Art. 2 und 384) erlassenen Vertragsbedingungen und Vertragsmuster. Diese Unterscheidung wurde in der Literatur teilweise als Unterscheidung zwischen dem professionellen und nicht professionellen Wirtschaftsverkehr interpretiert. Nach der Novelle vom 28. Juli 1990 wurde dieser Unterschied aufgehoben. Die Vertragsbedingungen und Vertragsmuster wurden unwirksam.

Die Novelle beruhte vor allem auf der Einführung der Vorschriften über den professionellen Wirtschaftsverkehr wie z.B. den Bestimmungen über das Unternehmen und seine Veräußerung, Verjährung der Ansprüche, Definition der Sorgfalt im Wirtschaftsverkehr sowie die Vorschriften über Wertpapiere und Anweisungen.

2. Grundsatz der Vertragsfreiheit

Die Vertragsfreiheit wurde in Art. 353^1 des Zivilgesetzbuches verankert. Nach dieser Bestimmung können die Vertragsparteien ihr Rechtsverhältnis nach freiem Willen gestalten, soweit dessen Inhalt und Ziel der Besonderheit der Natur des Rechtsverhältnisses, dem Gesetz und den Grundsätzen des gesellschaftlichen Zusammenlebens nicht widerspricht. Die Annahme der Vertragsfreiheit im Bereich des Schuldrechts führt zu der Schlußfolgerung, daß die Vertragsparteien an die im Zivilgesetzbuch und anderen Gesetzen geregelten Vertragsarten nicht gebunden sind. Die Doktrin des polnischen Zivilrechts spricht von sog. atypischen Verträgen (nicht bezeichneten Verträgen - Verträge sui generis). Zu den wichtigsten gehören: Leasing, Know-How-Vertrag, Franchising, Factoring.[28]

3. Der Grundsatz der Gewerbefreiheit und seine Einschränkungen

Der Grundsatz der Gewerbefreiheit wurde in Art. 1 des Gesetzes über die Wirtschaftstätigkeit vom 23.12.1988 verankert. Danach ist die Aufnahme und Ausübung einer Gewerbetätigkeit jedermann nach den gleichen Rechten unter Einhaltung der durch die Rechtsvorschriften geregelten Bedingungen erlaubt. In dieser Regelung kommt der neue Grundsatz zum Ausdruck, daß alles zulässig ist, was nicht ausdrücklich verboten ist.

Für bestimmte Wirtschaftstätigkeiten bestehen Einschränkungen. So ist z.B. für die Gründung einer Bank (Art. 73 BankG), Wertpapierbörse (Art. 58 BörsenG) oder Versicherungsgesellschaft eine Genehmigung erforderlich. Seit 4. Mai 1996 bedarf die Gründung einer Gesellschaft mit ausländischer Beteiligung keiner besonderen Genehmigung mehr. Allerdings besteht eine Erlaubnispflicht, wenn ein Gemeinschaftsunternehmen von Ausländern mit einer staatlichen juristischen Person gegründet werden soll und die polnische Seite die Sacheinlage in Form von Grundstücken einbringt.[29]

Eine Konzession ist ferner erforderlich, wenn die Wirtschaftstätigkeit in einem der in Art. 11 des Gesetzes über die Wirtschaftstätigkeit bestimmten Bereiche ausgeübt wird. Zu diesen Bereichen gehören unter anderem: Gewinnung von Bodenschätzen, Verarbeitung und Handel mit Edelmetallen, Herstellung von Sprengstoffen, Waffen und Munition, Herstellung von pharmazeutischen Produkten und medizinischem Material, Herstellung von Tabakwaren, Führung von Apotheken, Außenhandel mit Waren und Dienstleistungen, die in einer Ministerialverordnung bestimmt sind.[30]

---

[28] Vgl. *K. Kruczalak*, Prawo Handlowe, Warschau 1994.

[29] Vgl. Art. 6 des Gesetzes über die Gesellschaften mit ausländischer Beteiligung vom 14. Juni 1991.

[30] Vgl. Verordnung des Ministers für wirtschaftliche Zusammenarbeit mit dem Ausland vom 29. Juni 1993.

Die Erteilung einer Genehmigung oder Konzession unterliegt der Kontrolle des Registergerichts.[31] Wenn eine für die Führung des Unternehmens erforderliche Genehmigung oder Konzession nicht vorliegt, wird das Registergericht gem. § 51 HRegVO eine Eintragung ins Handelsregister nur unter Vorlage einer solchen Konzession oder Genehmigung vornehmen. Eine GmbH oder AG, die beide erst mit der Eintragung ins Handelsregister als juristische Personen entstehen und folglich erst danach eine Konzession bzw. Genehmigung erhalten können, müssen die Konzession oder Genehmigung dem Registergericht "unmittelbar nach dem Erhalt“, jedoch auf jeden Fall noch vor der Aufnahme der betreffenden Tätigkeit vorlegen.

VIII. Ausgewählte Probleme des Arbeitsrechts

1. Betriebsübernahme

Die arbeitsrechtlichen Folgen einer Betriebsübernahme sind in Art. 23/1 KP geregelt, der neu in den Kodeks Pracy eingefügt wurde. Nach Art. 23/1 § 1 KP wird bei der Übernahme eines Betriebes oder eines Betriebsteils der Übernehmer kraft Gesetzes Partei des bisherigen Arbeitsverhältnisses zwischen dem früheren Arbeitgeber und dem Arbeitnehmer. Der Übernehmer tritt somit in alle Rechte und Pflichten aus dem übernommenen Arbeitsverhältnis ein. Für Verpflichtungen aus dem übernommenen Arbeitsverhältnis, die vor der Betriebsübernahme entstanden sind, haften gemäß Art. 23/1 § 2 der alte und der neue Arbeitgeber als Gesamtschuldner gemeinsam.

Innerhalb eines Monats darf der Arbeitnehmer das Arbeitsverhältnis mit einer Ankündigungsfrist von 7 Tagen auflösen. Der Arbeitsvertrag wird dann so behandelt, als ob er vom Arbeitgeber gekündigt worden wäre. Die Anwendung dieser Vorschriften darf nicht durch einen zivilrechtlichen Vertrag zwischen dem alten und dem neuen Arbeitgeber ausgeschlossen werden.[32]

Der Arbeitgeber muß übernommene Arbeitnehmer, die auf einer anderen Rechtsgrundlage als dem Arbeitsvertrag Arbeit leisten, neue Arbeits- und Lohnbedingungen vorschlagen. Die Arbeitnehmer müssen innerhalb einer mindestens 7 Tage langen Frist Erklärungen über Annahme oder Ablehnung

[31] Vgl. § 51 der Verordnung des Justizministers vom 1. Juli 1934 über das Handelsregister, Dz.U. vom 7. Juli 1934 Nr. 59 Pos. 511, Änderung: Dz.U. 1950, Nr. 54 Pos. 493.

[32] Vgl. Urteil des Obersten Gerichts vom 17.05.1995 (I PRN 15/95), in: OSN APiUS von 1995, Nr. 21, Pos. 264.

des Vorschlages abgeben. Wenn die Arbeits- und Lohnbedingungen abgelehnt werden, gilt der Arbeitsvertrag als vom Arbeitgeber gekündigt.

2. Massenentlassungen

Neben den im Kodeks Pracy geregelten allgemeinen Kündigungsvorschriften stellt das Gesetz über die Auflösung von Arbeitsverhältnissen aus betrieblichen Gründen (sog. Massenentlassungsgesetz, ZwolGrupU) vom 28. Dezember 1989 (Gesetzblatt 1990, Nr. 4, Pos. 19 mit späteren Änderungen) eine besondere Kündigungsschutzbestimmung dar.

a) Anwendbarkeit des Massenentlassungsgesetzes

Art. 1 Abs. 1 ZwolGrupU bestimmt, daß das Gesetz bei einer Beschäftigtenzahl von bis zu 1000 Mitarbeitern, bei einer gleichzeitigen Freisetzung von mindestens 10% der Belegschaft Anwendung findet. Liegt die Beschäftigtenzahl eines Unternehmens bei über 1000 Mitarbeitern, so ist das Massenentlassungsgesetz bei einer gleichzeitigen Entlassung von wenigstens 100 Mitarbeitern anzuwenden. Das Kriterium der "Gleichzeitigkeit" ist dabei gemäß Art. 1 Abs. 1 ZwolGrupU auch erfüllt, wenn die Kündigungen alle innerhalb eines Zeitraums von drei Monaten erfolgen.

b) Voraussetzungen der Massenentlassung

Ist das Massenentlassungsgesetz anwendbar, so müssen bestimmte betrieblich bedingte Gründe vorliegen, damit die Kündigungen wirksam sind. Als solche Gründe nennt Art. 1 Abs. 1 des ZwolGrupU:

- Wirtschaftliche Gründe,
- organisatorische Gründe,
- produktionsbedingte Veränderungen,
- technologische Veränderungen, auch dann, wenn sie der Verbesserung der Arbeitsbedingungen oder dem Umweltschutz dienen.

Zusätzlich muß der Arbeitgeber, um die Wirksamkeit der Massenentlassungen zu erreichen, gemäß Art. 1 Abs. 3 ZwolGrupU spätestens 45 Tage vor Durchführung der beabsichtigten Kündigungen die betriebliche Gewerkschaftsorganisation von diesem Vorhaben in Kenntnis setzen. Dabei muß er die Kündigungsgründe, die Anzahl der betroffenen Arbeitnehmer und die betroffenen Berufsgruppen mitteilen.

Aufgrund der Formulierungen in Art. 1 des ZwolGrupU spricht einiges dafür, daß die Voraussetzungen dieses Gesetzes bei entsprechend geschickter

Argumentation durch den Arbeitgeber wegen der Weite der verwendeten Begriffe regelmäßig erfüllt werden können. Allerdings gibt es zum Massenentlassungsgesetz bisher nur wenig Rechtssprechung, so daß abzuwarten bleibt, ob die Gerichte diese weite Auslegung teilen werden.

Kündigungen, die unter das Massenentlassungsgesetz fallen, sind gem. Art. 8 des ZwolGrupU nur bei gleichzeitiger Zahlung einer Abfindung an die betroffenen Arbeitnehmer zulässig. Die Höhe richtet sich nach der Lebensbeschäftigungsdauer des einzelnen Arbeitnehmers. In dieser zwingend vorgeschriebenen Abfindungsregel dürfte nach dem oben Gesagten die eigentliche, besondere Bedeutung des Massenentlassungsgesetzes liegen.

3. Wettbewerbsverbote

a) Gesetzliche Wettbewerbsverbote

Das polnischen Recht enthält an verschiedenen Stellen gesetzliche Regelungen über Verbote für bestimmte Arbeitnehmer, entweder während des Bestehens eines Arbeitsverhältnisses oder innerhalb eines bestimmten Zeitraums nach Beendigung eines Arbeitsverhältnisses mit dem Arbeitgeber in Wettbewerb zu treten (Wettbewerbsverbot):

- Gemäß Art. 204 § 1 HGB besteht für den Geschäftsführer einer Gesellschaft mit beschränkter Haftung für den Zeitraum, in dem er zum Geschäftsführer bestellt ist, ein gesetzliches Wettbewerbsverbot.
- Gleiches gilt gemäß Art. 375 § 1 HGB für das Vorstandsmitglied einer Aktiengesellschaft während der Dauer seines Mandates.

Art. 25 a Abs.1 der polnischen Gewerbeordnung (GospU) bestimmt ein gesetzliches Wettbewerbsverbot für alle Arbeitnehmer in leitender Stellung während ihrer Tätigkeit im Unternehmen. Der Begriff des Arbeitnehmers in leitender Stellung wird in Art. 25 a Abs. 3 GospU definiert. Leitende Mitarbeiter sind danach der Geschäftsführer eines Unternehmens und sein Stellvertreter, der jeweilige Hauptbuchhalter sowie alle Mitglieder von Verwaltungsorganen des Unternehmens.

b) Wettbewerbsverbote

aa) Vertragliches Wettbewerbsverbot

Gemäß Art. 101/1 § 1 KP können ein Arbeitnehmer und ein Arbeitgeber vor Eingehung eines Arbeitsverhältnises, aber auch noch während des Bestehens eines Arbeitsverhältnisses, in einem gesonderten Vertrag vereinbaren, daß für die Dauer des Arbeitsverhältnisses der Arbeitnehmer zugunsten des Arbeitgebers entschädigungslos einem Wettbewerbsverbot unterliegt. Inhaltlich definiert Art. 101/1 § 1 KP das Wettbewerbsverbot als ein Verbot, das dem Arbeitnehmer Konkurrenzaktivitäten gegen seinen Arbeitgeber und die Eingehung von Dienst- oder Arbeitsverträgen mit Mitbewerben des Arbeitgebers untersagt.

bb) Nachvertragliches Wettbewerbsverbot

Gemäß Art. 101/2 § 1 KP ist für den Fall, daß ein Arbeitnehmer Zugang zu besonders wichtigen Informationen eines Unternehmens hat, deren Bekanntgabe an Dritte zu einem Schaden für das Unternehmen des Arbeitgebers führen kann, auch die Vereinbarung eines Wettbewerbsverbotes für die Zeit nach Beendigung des Arbeitsverhältnisses (sogenanntes nachvertragliches Wettbewerbsverbot) möglich. Welche Informationen eines Unternehmens von besonderer Wichtigkeit im oben genannten Sinne sind, und welche Arbeitnehmer zu dem Kreis der Informationsträger im Sinne des Art. 101/2 § 1 KP gehören, kann der Arbeitgeber im Rahmen einer innerbetrieblichen Regelung bestimmen. Dies ist zwar nicht ausdrücklich in den Art. 101/1 ff KC bestimmt, läßt sich aber aus einer analogen Anwendung von Art. 11 Abs. 4 des Gesetzes vom 16.04.1993 zur Bekämpfung des unlauteren Wettbewerbs (ZNKU) schließen, wonach ein Unternehmen selbstständig festlegen kann, welche Informationen es zu seinen Betriebsgeheimnissen zählt.

cc) Entschädigung

Die Vereinbarung eines nachvertraglichen Wettbewerbsverbotes ist allerdings gemäß Art. 101/2 § 1 Satz 2 KP nur bei gleichzeitiger Vereinbarung einer Entschädigungsregelung für den Arbeitnehmer möglich. Die Höhe der vereinbarten Entschädigung bemißt sich nach der Dauer des Wettbewerbsverbotes. Das Wettbewerbsverbot ist gemäß Art. 101/2 § 3 KP nur dann wirksam vereinbart, wenn der Arbeitnehmer für jeden Monat, den das Wettbewerbsverbot dauert, mindestens 25% seines durchschnittlichen letzten Monatsverdienstes als Entschädigung enthält. Der letzte durchschnittliche Monatsverdienst berechnet sich auf der Grundlage der letzten Beschäftigungszeit des Arbeitnehmers, die ihrer Länge nach der Dauer des vereinbarten Wettbewerbsverbotes entspricht.

Die Entschädigung wird dem Arbeitnehmer gemäß Art. 101/2 § 3 KP nach seiner Wahl entweder während der Dauer des Wettbewerbsverbotes in monatlichen Teilbeträgen ausgezahlt, oder aber der Arbeitnehmer erhält den gesamten Betrag erst nach Ablauf des Wettbewerbsverbotes.

dd) Schriftform

Vertragliche Wettbewerbsverbote bedürfen zu ihrer Wirksamkeit gemäß Art. 101/3 KP der Schriftform.

ee) Schadensersatzanspruch und Beweislast

Mit einem Verstoß gegen das vertragliche Wettbewerbsverbot macht sich der Arbeitnehmer gemäß Art. 101/1 § 2 KP schadensersatzpflichtig. Der Arbeitgeber muß allerdings gemäß Art. 101/1 § 2 KP in Verbindung mit § 6 KC den entstandenen Schaden nachweisen. Die Beweislast liegt insofern also beim Arbeitgeber.

ff) Verhältnis zwischen Art. 25 a Abs. 3 GospU und Art. 101/2 § 1 KP

Für den Fall, daß leitende Mitarbeiter eines Unternehmens im Sinne des Art. 25 a Abs. 3 GospU zugleich auch Zugang zu besonders wichtigen Informationen dieses Unternehmens im Sinne von Art. 101/2 § 1 KP haben, stellt sich die Frage, welche Regelung Vorrang hat. Wie dieses Konkurrenzverhältnis von der Rechtssprechung beurteilt werden wird und welche Vorschrift schließlich Vorrang haben wird, bleibt abzuwarten.

4. Mitbestimmung

In einer Aktiengesellschaft mit mehr als 2500 Arbeitnehmern ist ein Arbeitsnehmervertreter in den Vorstand der Aktiengesellschaft zu entsenden. In staatlichen Betrieben haben Arbeitnehmer gewisse Mitspracherechte. Das polnische Recht kennt aber bisher das Rechtsinstitut der Mitbestimmung noch nicht. Eine ähnliche Regelung wie in Deutschland wird zwar diskutiert, aber bisher noch nicht eingeführt worden.

Die einzige Ausnahme sind Einmann-Gesellschaften des Fiskus, die durch Umwandlung eines Staatsunternehmens entstanden sind. In diesen Gesellschaften haben die Arbeitnehmer-Vertreter ein Drittel der Plätze im Aufsichtsrat. Nach Übernahme von mehr als 50 % der Anteile durch eine juristische oder natürliche Person kann diese Drittelparität durch Änderung der Satzung abgeschafft werden.

IX. Beschäftigung von Ausländern in Polen

Bei der Beschäftigung von ausländischen Arbeitnehmern in Polen stellt sich eine Vielzahl von Fragen aus unterschiedlichen Rechtsgebieten. An dieser

Stelle kann nur ein grundsätzlicher Überblick über die wichtigsten Vorschriften gegeben werden.

1. Ausländerrechtliche Aspekte

Grundsätzlich benötigen alle Ausländer, die sich in Polen aufhalten, um einer Beschäftigung nachzugehen, eine Aufenthaltserlaubnis.

Eine Ausnahme besteht u.a. aber für Mitarbeiter deutscher Unternehmen, die von ihrem Arbeitgeber nach Polen entsandt worden sind, um hier für das deutsche Unternehmen tätig zu werden, sofern dieses deutsche Unternehmen in Polen kein Subunternehmer eines polnischen Unternehmens ist. Sind diese Voraussetzungen erfüllt, so ist der Arbeitsaufenthalt eines deutschen Arbeitnehmers in Polen erlaubnisfrei.

2. Arbeitsrechtliche Aspekte

Grundsätzlich bedürfen Ausländer, die in Polen einer Beschäftigung nachgehen wollen, einer Arbeitserlaubnis.

Eine Ausnahme von diesem Grundsatz stellt das deutsch-polnische Abkommen über die Vereinfachung der Beschäftigung entsandter Arbeitnehmer im Rahmen wirtschaftlicher Kooperation vom 23. August 1979 (Bundesgesetzblatt 1979, Teil 2, Seite 1146 mit Änderungen) dar. Danach benötigen deutsche Arbeitnehmer dann keine Arbeitserlaubnis, wenn sie in Polen eine aus Deutschland importierte Anlage (im Sinne einer geschlossenen technischen Einheit) zusammenbauen oder in Polen Software installieren. Allerdings darf der Arbeitsaufenthalt ein Jahr nicht überschreiten.

3. Sozialversicherungsrechtliche Aspekte

Grundsätzlich unterliegt gemäß Art. 4 Abs. 1 des Gesetzes über die Organisation und Finanzierung der Sozialversicherung vom 25. November 1986 (UbSpołU, Gesetzblatt 1989, Nr.25, Pos. 137 mit Änderungen) jeder Arbeitnehmer in Polen der Sozialversicherungspflicht.

Eine Ausnahme von diesem Grundsatz stellt das deutsch-polnische Abkommen über die Sozialversicherungspflicht von Arbeitnehmern, die vorübergehend auf das Gebiet des jeweils anderen Staates entsandt werden, vom 25. April 1973 (Bundesgesetzblatt 1974, Teil 2, Seiten 925 und 1164) dar. Danach sind die nur vorübergehend nach Polen entsandten deutschen Arbeitnehmer weiterhin in Deutschland sozialversicherungspflichtig, während sie in Polen von der Sozialversicherungspflicht befreit werden.

Auf Antrag können deutsche Arbeitnehmer, die in Deutschland sozialversichert sind und in Polen bei einer polnischen Gesellschaft mit ausländischer Beteiligung beschäftigt sind, den aus Deutschland entsandten Arbeitnehmern gleichgestellt werden, d.h. von der Sozialversicherungspflicht in Polen befreit werden.

Neben den Bestimmungen des Handelsgesetzbuches gelten die Regelungen des AuslBG als lex specialis, falls eine nicht-polnische natürliche oder juristische Person an der Gesellschaft beteiligt ist. Minderheitsbeteiligungen reichen insoweit aus. Ebenso gelten die Bestimmungen des AuslBG, wenn Ausländer eine polnische Gesellschaft mittels Stimmrechten oder Benennungsrechten für Vorstandsmitglieder kontrollieren.

Die Gründung von Gesellschaften mit ausländischer Beteiligung bedarf seit Mai 1996 grundsätzlich keiner besonderen Erlaubnis mehr.

Allerdings besteht noch eine besondere Erlaubnispflicht bei Gründung von Gemeinschaftsunternehmen von Ausländern mit polnischen Staats- oder Gemeindebetrieben, bei denen die polnische Seite Sacheinlagen in Form von Grundstücken oder Betriebsteilen leisten soll (Art. 4 Abs. 2 AuslBG).

Zuständig für die Erteilung dieser Erlaubnisse ist das Privatisierungsministerium. Das Ministerium ist berechtigt, über den Investor und seine finanzielle Situation sowie eventuelle Sacheinlagen Auskünfte und Gutachten zu verlangen.

X. Grundstückserwerb durch Ausländer

1. Genehmigung des Innenministers

Gemäß dem Gesetz über den Immobilienerwerb durch Ausländer (in der Fassung vom 12. März 1996) kann ein Ausländer ein Grundstück in Polen grundsätzlich nur erwerben, wenn der Innenminister hierzu zuvor seine Erlaubnis erteilt hat. Davon ausgenommen ist der Erwerb eines unbebauten Stadtgrundstücks durch eine juristische Person für ihre satzungsmäßigen Zwecke, wenn die Gesamtfläche 0,4 ha nicht überschreitet.

Außerdem ist der Erwerb von Wohnungen und Grundstücken durch Ausländer im Wege der Erbfolge möglich. Ferner können Ausländer, die seit mindestens fünf Jahren seit Erteilung der Aufenthaltserlaubnis in Polen leben, Wohnungen und Grundstücke erwerben.

Ausländer im Sinne dieses Gesetzes sind natürliche Personen, die keine polnische Staatsangehörigkeit besitzen sowie juristische Personen, die ihren Sitz im Ausland haben und juristische Personen mit Sitz in Polen, die von

Ausländern kontrolliert werden. Nach Art. 1 Abs. 3 des oben genannten Gesetzes gilt eine Handelsgesellschaft als kontrolliert, wenn ein Ausländer mindestens 50% des Stammkapitals der Gesellschaft direkt oder indirekt hält.

Ein Grundstückskaufvertrag durch einen Ausländer ohne Genehmigung des Innenministeriums ist gemäß Art. 6 dieses Gesetzes nichtig.

Die Novelle des Gesetzes über den Immobilenerwerb durch Ausländer vom 15. März 1996 hat eine Reihe von Unklarheiten bezüglich des Erwerbs von Geschäftsanteilen an Gesellschaften, die Eigentümer von Grundstücken sind, beseitigt. Nach Art. 3 e des Gesetzes ist der Erwerb von Anteilen oder Aktien einer Handelsgesellschaft, die ihren Sitz in Polen hat, und Eigentümer oder ewiger Nießbraucher eines Grundstücks ist, durch Ausländer genehmigungsbedürftig. In der bisherigen Praxis wurde den Investoren seitens mancher Berater geraten, das Genehmigungserfordernis durch Erwerb von Geschäftsanteilen zu umgehen. Dies wurde jedoch sowohl in der Literatur als auch durch das Innenministeriums selbst als Umgehungsgeschäft angegeben, was gemäß Art. 58 des polnischen Zivilgesetzbuches zur Nichtigkeit dieser Rechtsgeschäfte führt. Ausländer, die auf diesem Wege Grundstücke erworben haben, müssen die Genehmigung bis zum 4. Mai 1997 nachholen.

Das Genehmigungsverfahren dauert in der Regel zwei Monate. Die Antragsteller müssen im Antrag neben den detaillierten Angaben über das Grundstück auch die geplante Investition und die zur Verfügung stehenden Finanzmittel ausführlich darstellen. Der Innenminister ist ermächtigt, eine generelle Genehmigung für den Erwerb der Anteile oder Aktien einer konkreten Gesellschaft zu erteilen.

Eine Vereinfachung des Genehmigungserhaltsverfahrens ergibt sich aus dem Verzicht der Verwaltungsabteilung des Innenministeriums auf die Forderung der Vorlage des sog. Schätzungswerts der Immobilie. Gemäß der Anweisung Nr. 2/96 des Innenministers wird das Innenministerium keinen Mindestpreis mehr für den Immobilienerwerb auf Grund des Schätzungswertes festlegen. Damit kann auf die zeitraubende und kostspielige Schätzung der Immobilie verzichtet werden.

Eine weitere Vereinfachung des Verfahrens beruht auf der gesetzlichen Regelung der Promesse. Gemäß Art. 3 d Abs. 1 des Gesetzes über den Immoblilienerwerb durch Ausländer darf sich der Ausländer, der eine Immobilie erwerben möchte, um eine Promesse, also um das Versprechen der Erteilung der Genehmigung, bemühen. Die Promesse findet ihre Anwendung vor allem bei Ausschreibungen für den Erwerb einer Immobilie, wobei die Veranstalter der Ausschreibung von den Kaufinteressenten die Vorlage einer Promesse des Innenministeriums verlangen.

Die Genehmigungsgebühren wurden im Vergleich zur bisherigen Regelung stark reduziert. Bislang mußten die Investoren 1% des vom Innenminister festgesetzten Mindestkaufpreises als Genehmigungsgebühr zahlen. Seit der Novellierung beträgt die Gebühr in der Regel PLN 1.000,-- bzw. 1.500,--.

2. Genehmigung des Staatsschatzministeriums

Ist der Verkäufer ein Staatsbetrieb oder eine vom Staat kontrollierte Kapitalgesellschaft, muß neben der Genehmigung des Innenministers auch die Genehmigung des Staatsschatzministeriums eingeholt werden (Das früher zuständige Privatisierungsministerium wurde am 1. Oktober 1996 aufgelöst).

Die rechtliche Grundlage hierfür bildet das Gesetz über Gesellschaften mit ausländischer Beteiligung (Investitionsgesetz). Dem Genehmigungserfordernis unterliegt nicht nur der Erwerb einer Immobilie, sondern auch deren Vermietung oder Verpachtung für länger als sechs Monate. Ausländer im Sinne des Investitionsgesetzes ist auch eine juristische Person mit Sitz in Polen, die von ausländischen Rechtsträgern abhängig ist. Nach Art. 7 Abs. 2 und 3 gilt eine juristische Person als abhängig, wenn der ausländische Rechtsträger:

- unmittelbar oder mittelbar die Stimmenmehrheit in der Gesellschafter- oder Aktionärsversammlung besitzt, auch aufgrund von Vereinbarungen mit anderen Gesellschaftern und Aktionären oder berechtigt ist, die Mehrheit des Vorstandes zu berufen oder abzuberufen
- mehr als die Hälfte des Vorstandes einer juristischen Person gleichzeitig Mitglied des Vorstandes des ausländischen Rechtsträgers ist, der vom ausländischen Rechträger abhängig ist bzw. leitende Funktionen ausübt.

Im Rahmen dieses Genehmigungsverfahrens hat die staatliche Rechtperson den Antrag auf die Genehmigung des Staatsschatzministers zu stellen. Gemäß Art. 9 des Investitionsgesetzes sind alle Rechtshandlungen, die das Genehmigungserfordernis verletzen, nichtig.

3. Einzelprobleme und weiterer Reformbedarf

a) Notwendigkeit einer Anpassung der Vorschriften über den Immobilienerwerb durch Ausländer an das Europa-Abkommen

Ein Mangel des Gesetzes über den Immoblilienerwerb durch Ausländer besteht darin, daß es nicht auf das Europa-Abkommen zwischen der EG und Polen vom 16.12.1991 eingeht. Art. 44 Abs. 7 dieses Abkommens gibt den Unternehmen der Europäischen Gemeinschaft, die sich auf dem Gebiet Polens niedergelassen haben, das Recht, Immobilien zu erwerben, wenn dies zur Ausübung ihrer Wirtschaftstätigkeit notwendig ist. Diese Regelung läßt keine Ungleichbehandlung von polnischen und ausländischen Wirtschaftssubjekten zu. Da der Immobilienerwerb durch polnische Wirtschaftssubjekte jedoch keiner Genehmigung des Innenministeriums bedarf, liegt in der jetzigen Regelung eine nicht zulässige Diskriminierung der Wirtschaftssubjekte der Europäischen Gemeinschaft.[33]

b) Erwerb von Anteilen an Gesellschaften mit Immobilienbesitz durch Ausländer

Die bereits erwähnten Regelungen über den Erwerb von Anteilen an Gesellschaften mit Immoblienbesitz durch Ausländer können zu Irritationen auf dem Wertpapiermarkt führen. Als Ausländer gilt gemäß Art. 1 Abs. 2 und 3 des Gesetzes über den Grundstückserwerb durch Ausländer eine juristische Person, die ihren Sitz auf dem Gebiet der Republik Polen hat, und die direkt oder indirekt von natürlichen Personen, die keine polnische Staatsangehörigkeit besitzen oder durch juristische Personen, die ihren Sitz im Ausland haben, beherrscht wird. Eine solche Beherrschung der Gesellschaft wird angenommen, wenn die genannten Subjekte direkt oder indirekt mindestens 50 % des Stammkapitals besitzen. Das Gesetz besagt aber nicht, was genau der Begriff des „indirekten Besitzes" bedeutet. Es scheint, daß dies solche Gesellschaften betrifft, bei denen wenigstens 50 % des Stammkapitals im Besitz einer anderen polnischen Gesellschaft sind, bei der aber Ausländer über die Mehrheit des Stammkapitals verfügen. Eine genaue Feststellung, wann dies der Fall ist, ist jedoch technisch kaum möglich. Die Situation kann sich fünfmal in der Woche - also nach jedem Börsentag - ändern.[34]

Der Gesetzgeber hat hier die Möglichkeit der Erteilung einer generellen Genehmigung eingeführt, die mit keiner Frist begrenzt wird. Eine solche Genehmigung müßte auf Antrag der Gesellschaft ausgegeben werden. Es scheint, daß damit die Einführung von Aktien einer bestimmten Gesellschaft in den öffentlichen Verkehr der Kontrolle des Innenministeriums unterworfen wird. Betroffen sind aber auch Gesellschaften, die bereits an der Börse notiert sind. Da gemäß Art. 3 e Abs. 3 des Gesetzes der Beschluß über die Genehmi-

---

[33] *R. Skubisz*, Nabywanie nieruchomości w Polsce przez cudzoziemców a układ europejski, in: Problematyka Prawna w Praktyce Notarialnej, Lublin 1995, S. 172.

[34] *P. Kuglarz*, Prawo obrotu nieruchmościami - Ograniczen polskije ustawodawstwo gospodarcze, Przegląd Problemów i Propozycje Zmjan, Warschau 1996, S. 57.

gungen auch hier von der Verwaltung des Innenministers getroffen wird, läßt die Regelung einen Verwaltungseingriff in den Wertpapiermarkt zu.

Ein weiteres Problem ist die Zulassung von Gesellschaften zum Börsenverkehr, die keine Immobilien besitzen. Der Erwerb von Aktien einer solchen Gesellschaft erfordert keine Genehmigung. Dies kann sich jedoch nachteilig auf die Handlungsfreiheit der Gesellschaft hinsichtlich eines künftigen Immobilienerwerbs auswirken. Denn die Gesellschaft weiß nicht, ob ihre Anteile mehrheitlich in direktem oder indirektem Besitz von Ausländern sind. Im Börsenverkehr ist die Feststellung einer solchen Lage praktisch unmöglich.

Eine Lösung hierfür könnte die Erteilung einer generellen Genehmigung des Innenministeriums vor der Zulassung einer solchen Gesellschaft zum öffentlichen Verkehr sein. Die Aushändigung einer solchen Genehmigung wäre jedoch gegenstandslos, da die Gesellschaft keine Immobilien besitzt. Das Ministerium müßte also eine Art Promesse ausgeben, um den Fall zu regeln, daß die Gesellschaft eine Immobilie erwirbt. Anderenfalls müßte die Gesellschaft irgendeine Immobilie erwerben, um eine Genehmigung des Innenministeriums erhalten zu können.

c) Immobilienerwerb durch Stiftungen

Auch der Erwerb von Immobilien durch Stiftungen "mit ausländischen Anteilen" unterliegt einem Genehmigungserfordernis. Gemäß Art. 7 Abs. 1 des Gesetzes über die Stiftungen vom 6.04.1984 erhält die Stiftung bei der Eintragung eigene Rechtspersönlichkeit. Sie ist also eine juristische Person und muß dementsprechend gemäß Art. 1 Abs. 1 Pkt. 2 des Gesetzes über den Immobilienerwerb durch Ausländer vor dem Erwerb einer Immobilie die Genehmigung des Innenministeriums einholen, sofern sie direkt oder indirekt durch einen Ausländer kontrolliert wird.

Analog zu der Regelung für Handelsgesellschaften kann man annehmen, daß die Stiftung dann als beherrscht anzusehen ist, wenn ein Ausländer (in der bereits obengenannten Bedeutung) direkt oder indirekt mindestens 50 % des Stammkapitals besitzt. Es kann aber nicht ausgeschlossen werden, daß das Innenministerium eine Auslegung anwendet, welche den Begriff der beherrschten Stiftung erweitert, so daß die Stiftung schon dann als beherrscht anzusehen wäre, wenn der Ausländer eine Mehrheit der Stimmen im Vorstand der Stiftung besitzt.

Handels- und Unternehmensrecht in Rußland

M.M. BOGUSLAWSKIJ

Gliederung

I. Die gesetzlichen Grundlagen des Handels- und Unternehmensrechts

1. Einleitung

Es war nicht möglich, die heutige Wirtschaftsreform in Rußland ohne die Schaffung neuer Rechtsnormen auf dem Gebiet des Handels- und Gesellschaftsrechtes durchzuführen. An erster Stelle ist dabei die Annahme zweier wichtiger Gesetze zu nennen, die radikale Reformen des Rechts einführten: das Eigentumsgesetz vom 24.12.1990, in dem das Privateigentum in Rußland zum erstenmal nach der Oktoberrevolution anerkannt wurde, und das Gesetz über Unternehmen und unternehmerische Tätigkeit vom 25.12.1990, welches erstmals die Gründung privater Handelsgesellschaften ermöglichte. Seit August 1992 haben in der Russischen Föderation (RF) die Grundlagen der Zivilgesetzgebung der UdSSR und der Unionsrepubliken von 1991 Anwendung gefunden. Es war vorgesehen, daß diese Grundlagen nur insoweit gelten, als sie nicht den nach dem 12.6.1990 erlassenen Gesetzgebungsakten der RF widersprechen. In der Praxis wurden deshalb die beiden oben genannten Gesetze vorrangig angewendet.

Der erste wichtige Schritt in Richtung der Rechtsreform erfolgte durch die Annahme der neuen Verfassung der RF am 12.12.1993. In dieser Verfassung ist vorgesehen, daß in der RF die Einheit des Wirtschaftsraums, die freie Bewegung von Waren und Dienstleistungen und Finanzmitteln, die Förderung des Wettbewerbs und die Freiheit der Wirtschaftstätigkeit garantiert werden (Art. 8 Abs. 1 Verfassung). Gemäß Art. 8 Abs. 2 Verfassung werden private, staatliche und munizipale Eigentumsformen in gleicher Weise anerkannt und geschützt. In Art. 34 der Verfassung ist vorgesehen, daß jeder das Recht auf freie Nutzung seiner Fähigkeiten und seines Vermögens für eine unternehmerische Tätigkeit und andere gesetzlich nicht verbotete Wirtschaftstätigkeit hat. Im selben Artikel ist auch geregelt, daß eine Wirtschaftstätigkeit, welche auf Monopolisierung und unlauteren Wettbewerb ausgerichtet ist, unzulässig ist. In der Verfassung ist auch das Prinzip der Vereinigungs- und Koalitionsfreiheit verankert (Art. 30 der Verfassung).[1]

Ein weiterer wichtiger Schritt war die Vorbereitung und Annahme des neuen Zivilkodex der RF. Der erste Teil des neuen ZGB ist am 1.1.1995 in Kraft getreten. Er besteht aus 453 Artikeln und enthält folgende Abschnitte: Allgemeine Bestimmungen, Eigentumsrecht und andere dingliche Rechte,

[1] *Trunk*, Die neue Verfassung Rußlands als Wirtschaftsgrundgesetz, WiRO 1994, S.33ff.

Allgemeiner Teil des Schuldrechtes.[2] Der zweite Teil (Besondere Vertragstypen, Delikte, Ungerechtfertigte Bereicherung) wurde am 25.12.1995 verabschiedet und ist am 1.3.1996 in Kraft getreten. Er umfaßt ungefähr 656 Artikel und novelliert in wesentlichem Umfang das Vertragsrecht. Das heißt, daß der gesamte Umfang des neuen Zivilgesetzbuches für Rußland 1109 Artikel umfaßt. Ein so umfangreiches Gesetzbuch hat es in Rußland noch nie gegeben. Das neue ZGB wird zu Recht "Wirtschaftverfassung" genannt. Es bestimmt die Regelungen des zivilrechtlichen Verkehrs in einer Gesellschaft mit sozialer Marktwirtschaft. Inhaltlich ist es sehr stark an den Bedürfnissen des Wirtschaftslebens ausgerichtet. Die Erneuerung des Zivilrechtes Rußlands war in erster Linie für die Entwicklung der unternehmerischen Tätigkeit notwendig und sollte diese erleichtern und stimulieren. In Art. 1 ZGB (Erster Teil) ist vorgesehen, daß die bürgerlichen Gesetze auf der Anerkennung der Gleichheit der Beteiligten, der Unantastbarkeit des Eigentums, der Vertragsfreiheit, der Unzulässigkeit willkürlicher Einmischung irgendeiner Person in private Angelegenheiten, der Notwendigkeit ungehinderter Ausübung bürgerlicher Rechte sowie der Gewährleistung der Wiederherstellung verletzter Rechte und deren gerichtlichen Schutzes beruhen.[3] Im ZGB gibt es eine große Anzahl von Bestimmungen, die verschiedene Seiten der unternehmerischen Tätigkeit betreffen. Z.B. finden sich in Art. 2 ZGB die Definition dieser Tätigkeit und in Art. 5 die der Handelsbräuche; in Art. 4 ZGB werden eingehend alle Arten der Handelsgesellschaften geregelt. In vielen anderen Artikeln sind besondere Regeln für die unternehmerische Tätigkeit vorhanden. Diese Beispiele zeigen, daß nach dem heutigen Rechtssystem Rußlands die Normen des Handels- und Gesellschaftsrechtes in das allgemeine Zivilgesetzbuch eingegliedert sind. In Rußland gibt es kein Handelsgesetzbuch. In diesem Zusammenhang ist darauf hinzuweisen, daß in der ehemaligen UdSSR jahrelang eine Diskussion über zwei Rechtszweige geführt worden ist. Früher galt - unter den Bedingungen der Planwirtschaft und der Geltung eines Kommandosystems bezüglich der Leitung der Volkswirtschaft - eine besondere Konzeption des Wirtschaftsrechtes. Diese Konzeption ging vom Prinzip der Einheit des verwaltungs- und der zivilrechtlichen Regelung aus. Das heißt, daß die Rolle des Staates im ökonomischen Leben besonders hervorgehoben war. Unter den neuen Bedingungen der Wirtschaftsreform entstand an Stelle des Wirtschaftsrechtes die Idee der unternehmerischen Tätig-

---

[2] *Solotych*, Das Zivilgesetzbuch der RF- Erster Teil, Baden-Baden 1996.

[3] Handbuch Wirtschaft und Recht in Osteuropa, Länderteil Rußland, S.2.

keit und damit eines Unternehmensrechtes.[4] Nach Ansicht Prof. Laptjevs wird gegenwärtig das russische Wirtschaftsrecht zum Recht der Unternehmertätigkeit. In diesem Sinn sei es dem deutschen Handelsrecht, dem französischen Droit Commercial oder dem US-amerikanischen Commercial Law ähnlich. Nach Meinung Laptjevs wäre die Bezeichnung "Handelsrecht" für russische Verhältnisse zu eng, da man im Russischen unter "Handelsbeziehungen" nur den Kauf und Verkauf versteht. [5] Seiner Konzeption nach benötigt die unternehmerische Tätigkeit eine besondere gesetzliche Regelung. In diesen Zusammenhang paßt, daß in einigen Transformationsstaaten, z.B. in Estland, 1996 ein Handelsgesetz verabschiedet wurde. Man geht dort davon aus, daß solche Handelsgesetze neben den Zivilgesetzbüchern funktionsfähig sind. In Rußland hat der Ministerrat einen Beschluß über die Vorbereitung eines Unternehmenskodex' gefaßt. Dieser Entwurf ist im Zusammenhang mit dem wissenschaftlich-technischen Programm "Wege und Formen der Festigung des Russländischen Staates", welches durch den Erlaß des Präsidenten der RF vom 29.4.1994 bestätigt worden ist, erarbeitet worden. Bis jetzt sind jedoch solche Entwürfe nicht in das Parlament gelangt. Die herrschende Lehre in Rußland geht vom Prinzip der Einheit der zivilrechtlichen Regelungen aus. Dieses Prinzip ist auch im neuen Zivilkodex Rußlands verankert. Das schließt natürlich nicht aus, daß die Wirtschaftsgesetzgebung in Rußland sich weiter entwickeln wird.

2. Geschichte der russischen Zivilgesetzgebung

In der Süddeutschen Zeitung vom 14.12.1994 war eine Notiz über die Annahme des neuen ZGB unter dem Titel "Erstmals seit der Zarenzeit wieder ein BGB" enthalten. Die Veröffentlichung dieser Notiz gibt Anlaß, ein wenig auf die Geschichte der russischen Zivilgesetzgebung einzugehen. In der Zarenzeit verfügte Rußland über kein Zivilgesetzbuch. Die Vermögensbeziehungen der Personen wurden über mehrere Jahrzehnte durch Band 10 Teil 1 des Svod Zakonov geregelt, der noch aus der Mitte des 19. Jahrhunderts stammte. Die speziellen Normen des Handelsrechtes waren in Band 11 Teil 2 des Svod Zakonov zusammengefaßt, der den Titel "Handelsverordnung" hatte. Anfang des 20. Jahrhunderts hat man verschiedene Entwürfe neuer Gesetzbücher erarbeitet und mit Kodifikationsarbeiten begonnen, doch ist dies

---

[4] *Laptjev, W.W.*, Rechtliche Regelungen der Unternehmertätigkeit in Rußland, RIW 1994, S.371ff.

[5] *derselbe*, S.372.

wegen des Ausbruchs des Ersten Weltkrieges nicht zum Erfolg gelangt.[6] Mit anderen Worten war in Rußland vor der Revolution kein Zivilgesetzbuch vorhanden. Nach der Oktoberrevolution hat man 1922 ein erstes und 1964 ein zweites Zivilgesetzbuch erarbeitet. Das neue ZGB ist also das dritte Zivilgesetzbuch in der russischen Rechtsgeschichte der Neuzeit. Was den Inhalt dieser beiden Kodexe betrifft, so waren sie natürlich verschieden. Was das ZGB von 1922 betrifft, so war dieses durch den Übergang vom Kriegskommunismus zur NÖP (Neue Ökonomische Politik) gekennzeichnet. Es enthält einige Regelungen, die den Zweck hatten, mit Hilfe kapitalistischer Methoden die private Produktion und ausländische Investitionen, wenn auch in begrenztem Umfang, zu fördern . Wir können hierbei jedoch nicht außer acht lassen, daß der Begriff des Privateigentums an Produktionsmitteln auch unter diesen liberalen Regelungen keine Geltung fand. Der Gründer des Sowjetstaates, W.I.Lenin, stellt in seinen Brief an den damaligen Justizminister („Volkskommissar") Kurskij die Aufgabe, ein neues Zivilrecht auszuarbeiten: „Wir erkennen nichts „Privates" an, für uns ist auf dem Gebiet der Wirtschaft alles öffentlich-rechtlich und nichts privat..." Weiter heißt es: „In Bezug auf die „zivilen Rechtsbeziehungen" ist nicht das corpus juris romani, sondern unser revolutionäres Rechtsbewußtsein anzuwenden."[7] In einer ganz anderen historischen Periode wurde das ZGB von 1964 erarbeitet. Dieser Kodex war den Regelungen der wirtschaftlichen Beziehungen in der Planwirtschaft gewidmet. Er verankerte die Institute des echten sozialistischen Zivilrechtes und die besondere Privilegierung des Staatseigentums und sah Regelungen über staatlichen Unternehmen und Planverträge vor. Der Kodex räumte demgegenüber keine Vertragsfreiheit ein. Außerdem war sein Inhalt sehr knapp formuliert, da die meisten Rechtsverhältnisse durch Verordnungen und Weisungen der Ministerien regelt waren.

3. Das neue Zivilrecht der Russischen Föderation

Typisch für die Rechtslage in Rußland in den Jahren 1991-1994 war eine große Rechtsunsicherheit. Solche Unsicherheit war aus verschiedenen Gründen nicht nur ökonomischer und politischer, sondern auch juristischer Natur. Zum einen waren nur einige neue Gesetze erarbeitet worden, während überwiegend die veralteten Gesetze auf die Regelungen des Wirtschaftsverkehr noch angewendet werden mußten, welche der neuen Lage aber inhaltlich noch nicht angepaßt waren. Des weiteren haben die einzelnen Teile der RF

---

[6] *Sadikov*, Das neue Zivilgesetzbuch Rußlands, ZEuP 2/1996, S.259.

[7] Lenin-Werke, Band 36, S.550.

(z.B. Moskau und St. Petersburg, Republiken u.a.) angefangen, eigene Rechtsnormen zu schaffen, die nicht immer im Einklang mit den föderalen Gesetzen standen. Die Verabschiedung des neuen ZGB war ein wichtiger Schritt auf dem Weg zur Überwindung dieser Rechtsunsicherheit. Seine Normen haben unmittelbare Geltung auf dem ganzen Territorium der RF. Jedoch ist zu berücksichtigen, daß die erforderlichen Regelungen der Zivilrechtsverhältnisse so vielfältig und kompliziert sind, daß neben den ZGB auch die Verabschiedung weiterer Nebengesetze notwendig ist. Einige dieser Nebengesetze sind bereits im ZGB erwähnt, so z.B. die Gesetze über Aktiengesellschaften, über die GmbH sowie über die Registrierung juristischer Personen. Von den drei genannten Gesetzen ist bis zum 1. Juni 1996 lediglich das Gesetz über Aktiengesellschaften verabschiedet worden. Aufgabe des russischen Gesetzgebers ist es, solche Nebengesetze zu verabschieden, die im Einklang mit den Normen des ZGB stehen, diese aber weiterentwickeln und konkretisieren. Ansonsten besteht die Gefahr, daß an die Stelle der beabsichtigten Rechtssicherheit erneut Rechtsunsicherheit tritt. Hierbei ist zu bemerken, daß das ZGB selbst Regelungen trifft, die eine solche widersprüchliche Entwicklung der Nebengesetze vermeiden sollen. So ist in Art. 3 Abs. 2 ZGB vorgesehen, daß zivilrechtliche Normen, die in anderen Gesetzen enthalten sind, dem Kodex entsprechen, d.h. mit ihm vereinbar sein müssen. Dabei geht das ZGB davon aus, daß solche zivilrechtlichen Normen grundsätzlich nur in Gesetzen enthalten sein können. Jedoch schließt Art. 3 Abs. 7 ZGB die Regelung durch andere Rechtsakte nicht aus:

"Ministerien und andere föderale Organe der Exekutive können Akte, die Normen des bürgerlichen Rechts enthalten, in den Fällen und in dem Rahmen erlassen, die bzw. der im vorliegenden Gesetzbuch, in anderen Gesetzen und in anderen Rechtsakten vorgesehen ist bzw. sind."

Die Zunkunft wird zeigen, ob dieses Vorhaben der Verfasser der Zivilkodex realisierbar ist. Aber schon jetzt kann man sagen, daß die Unklarheit über den Termin der Verabschiedung der Nebengesetze dazu geführt hat, daß die Aufgabe der Herstellung der Rechtssicherheit im Zivilrechtsverkehr nicht vollständig erfüllt wurde. Man darf nicht außer acht lassen, daß die schrittweise Annahme der einzelnen Teile des neuen Zivilkodex für Rußland negative Auswirkungen, insbesondere bei der Rechtsanwendung, hat. In vielen Fällen der Rechtsanwendung muß der Praktiker dabei zumindest vier verschiedene Rechtsakte prüfen: den neuen Zivilkodex, das alte ZGB von 1964, die Grundlagen der Zivilgesetzgebung von 1991 und außerdem spezielle Nebengesetze.

4. Die Gestaltung des neuen Zivilrechtssystems

Bei der heutigen Lage in Rußland ist zu berücksichtigen, daß auch die Gestaltung des allgemeinen Rechtsystems nicht nur die besondere ökonomische und politischer Lage, sondern auch die Besonderheiten der historischen Entwicklung sowie die Traditionen und Sitten einen Einfluß haben. Deshalb kann man dabei nicht den Weg einer automatischen Übernahme von Modellen des westlichen Rechtssystems gehen. Aus der russischen Geschichte ist bekannt, daß man bereits früher die Erfahrungen der europäischen Staaten und Völker genutzt hat. Aber man war sich bereits damals bewußt, dabei die nationalen Traditionen und Besonderheiten berücksichtigen zu müssen. So schrieb der berühmte russische Historiker Karamsin, daß der Begründer des russichen Staates, Ivan III., den Wunsch gehabt hat, von den Europäern unter Beibehaltung der russischen Sitten alles Nützliche zu übernehmen [8]

Außerdem muß man berücksichtigen, welche ausländische Rechtsnormen am besten für eine solche Übertragung geeignet sind. Es ist bekannt, daß das Rechtssystem Rußlands näher zum kontinentalen Rechtssystem steht als zum angloamerikanischen (common-law).

Solche Umstände sind leider in der ersten Etappe der Formierung des neuen Rechtsystems der GUS-Länder beim Übergang zur Marktwirtschaft nicht genügend berücksichtigt worden. In einigen Fällen wurden in Rußland sogar Rechtssätze vorgeschlagen und angenommen, die auf amerikanischem Recht basieren. So ist eine Verordnung über Aktiengesellschaften angenommen worden, welche auf dem amerikanischen Rechtssystem beruht. Das hat zu vielen Problemen bei der Rechtsanwendung in Rußland geführt, insbesondere bei der Registrierung der GmbH. Bei der Vorbereitung des neuen ZGB hat man in erster Linie die Erfahrungen Deutschlands und der Niederlande genutzt.

5. Ausblick

Aufgrund des vorstehend Erörterten kann man die Schlußfolgerung ziehen, daß in Rußland in nächster Zeit kein dualistisches System der Gesetzgebung (Zivilrecht und Handelsrecht) und damit kein Handelsgesetzbuch eingeführt werden wird. Das Handels- und Unternehmensrecht wird im Rahmen der allgemeinen zivilrechtlichen Regelungen behandelt. In erster Linie betrifft dies das Gesellschaftsrecht. Die Normen über Personengesellschaften und Kapitalgesellschaften sind sowohl im ZGB als auch in den entsprechenden

---

[8] *Karamsin, N.N.*, Die Geschichte des russischen Staates, Band V-VI, Moskau 1993, S.271.

Spezialgesetzen enthalten. Der Grundsatz der Gewerbefreiheit und der Vertragsfreiheit ist in verschiedenen Artikeln der beiden Teile des ZGB verankert.

II. Rechtsformen der Unternehmen

1. Einzelunternehmer und Einmanngesellschaft

Neben bestimmten Organisationen können nach dem russischen Handels- und Unternehmensrecht auch natürliche Personen unmittelbar am wirtschaftlichen Verkehr teilnehmen. Gemäß Art. 23 ZGB ist ein Bürger berechtigt, ohne Gründung einer juristischen Person als Einzelunternehmer unternehmerisch tätig zu werden. Die Aufnahme dieser Tätigkeit ist allerdings von der staatlichen Registrierung des Einzelunternehmers abhängig.

Für den Einzelunternehmer sind in den Artt. 23-25 ZGB spezielle Vorschriften (insbesondere über die Voraussetzungen seiner unternehmerischen Tätigkeit, die vermögensmäßige Haftung und den Bankrott) enthalten; daneben finden die Regeln über die Tätigkeit von juristischen Personen als gewerbliche Organisationen entsprechende Anwendung, soweit sich nichts anderes aus einem Gesetz, anderen Rechtsakten oder dem Wesen der Verhältnisse des Einzelunternehmers ergibt.

Zu erwähnen ist die Möglichkeit der mittelbaren Teilnahme natürlicher Personen am Wirtschaftsverkehr in Form der sog. Einmanngesellschaft. So kann nach Art. 66 Abs. 1 ZGB eine Kapitalgesellschaft auch von einer Person als einzigen Teilhaber gegründet werden, soweit das Gesetzbuch solche Fälle vorsieht. Entsprechende ausdrückliche Regelungen lassen sich in Art. 87 Abs. 1 ZGB für die Gesellschaft mit beschränkter Haftung und in Art. 98 Abs. 6 ZGB für die Aktiengesellschaft finden.

2. Die Wirtschaftsgesellschaften

Das Recht der wirtschaftlichen Gesellschaften ist grundlegend in Kapitel 4 des ZGB geregelt. Nach dem russischen Zivilrechtssystem sind solche Organisationen stets als juristische Personen zu betrachten, zu denen neben den wirtschaftlichen Gesellschaften auch die nichtkommerziellen Organisationen (z.B. Stiftungen und Vereine) sowie Produktionsgenossenschaften (sog. Kooperative) und staatliche/kommunale Unternehmen gehören. [9]

---

[9] Dazu *Rivinius*, Juristische Personen im russischen Recht, ROW 1996, S.15ff.

Bei den wirtschaftlichen Gesellschaften ist auch in Rußland die Unterscheidung zwischen Personen- und Kapitalgesellschaften anzutreffen. Als Personen- und Kapitalgesellschaften werden nach Art. 66 Abs. 1 ZGB gewerbliche Organisationen mit einem in Anteile/Einlage ihrer Gründer/Teilhaber aufgeteilten Satzungskapital/Einlagekapital angesehen, welche an dem vom Gründungskapital geschaffenen und dem im Laufe der unternehmerischen Tätigkeit erworbenen Vermögen das Recht auf Eigentum hat. Die möglichen Organisationsformen für die wirtschaftlichen Gesellschaften sind in Art. 66 Abs. 2 und 3 ZGB abschließend geregelt. Es besteht also keine Typenfreiheit bei der Gründung solcher Gesellschaften.

3. Die Personengesellschaften

Personengesellschaften können nach Art. 66 Abs. 2 ZGB als Vollgesellschaft und als Gesellschaft auf Vertrauen (sog. Kommanditgesellschaft) gegründet werden.

Als *Vollgesellschaft* wird eine Personengesellschaft angesehen, deren Teilhaber im Namen der Gesellschaft einer unternehmerischen Tätigkeit nachgehen und für deren Verbindlichkeiten mit ihren Vermögen haften (Art. 69 ZGB). Durch diese solidarische subsidiäre Haftung der Teilhaber für die Verbindlichkeiten der Gesellschaft weist die Vollgesellschaft eine gewisse Ähnlichkeit mit der oHG im deutschen Handelsrecht auf, im Gegensatz zu dieser besitzt die Vollgesellschaft als juristische Person jedoch die Rechtsfähigkeit.

Eine *Kommanditgesellschaft* iSd. Art. 82 ZGB besteht neben Teilhabern, die im Namen der Gesellschaft eine unternehmerische Tätigkeit ausüben und für die Verbindlichkeiten der Gesellschaft mit ihrem Vermögen haften (Vollgesellschafter) aus ein oder mehreren Teilhabern, die das Verlustrisiko der unternehmerischen Tätigkeit in Höhe ihrer Einlagen tragen und nicht an der unternehmerischen Tätigkeit der Gesellschaft teilnehmen (Kommanditisten). Mit dieser Ausgestaltung des Status von Vollgesellschaftern und Kommanditisten gleicht eine solche Personengesellschaft einer Mischung aus Kommanditgesellschaft und stiller Gesellschaft im deutschen Recht. Für die Kommanditgesellschaft sind in den Art. 82-86 ZGB spezielle Regelungen vorgesehen, daneben finden die Vorschriften des Gesetzbuches über die Vollgesellschaft Anwendung.

4. Die Kapitalgesellschaften

Kapitalgesellschaften können nach Art. 66 Abs. 3 ZGB als Aktiengesellschaft, als Gesellschaft mit beschränkter Haftung oder mit erweiterter Haftung gegründet werden.

Hinsichtlich der *Aktiengesellschaften* sind Besonderheiten bei den Rechtsvorschriften zu beachten.[10] Die Aktiengesellschaft als Form der Kapitalgesellschaft ist in den Art. 96 ff ZGB grundlegend geregelt. Die aus dem Jahre 1990 stammende Verordnung über Aktiengesellschaften ist nach dem Einführungsgesetz zum neuen ZGB solange für weiter anwendbar erklärt worden, wie sie den Bestimmungen des ZGB nicht widerspricht und das vorgesehene Spezialgesetz über Aktiengesellschaften noch nicht erlassen ist (Art. 4 Einführungsgesetz). Dieses neue Spezialgesetz über Aktiengesellschaften ist am 24.11.1995 von der Staatsduma verabschiedet worden und am 1.1.1996 in Kraft getreten. Damit hat die frühere Verordnung über Aktiengesellschaften ihre Geltung verloren, so daß die Rechtsvorschriften über Aktiengesellschaften primär im neuen ZGB und speziell im Gesetz über Aktiengesellschaften enthalten sind.

Als Aktiengesellschaft wird eine Gesellschaft angesehen, deren Satzungskapital in eine bestimmte Anzahl von Aktien aufgeteilt ist und deren Teilhaber (Aktionäre) zwar nicht für die Verbindlichkeiten der Gesellschaft haften, aber das Verlustrisiko aus der unternehmerischen Tätigkeit im Rahmen des Wertes ihrer Aktien tragen (Art. 96 ZGB). Eine Aktiengesellschaft kann, ähnlich dem amerikanischen Gesellschaftsrecht, je nach der Verkehrsfähigkeit der Aktien in zwei verschiedenen Formen am Wirtschaftsverkehr teilnehmen. Zum einen gibt es die sog. *offene Aktiengesellschaft*, bei der die Aktien ohne Einverständnis der anderen Aktionäre frei gehandelt werden können. Mit der aus dieser Freizügigkeit folgenden Veröffentlichungspflicht von Jahresbericht, buchalterischer Bilanz und Gewinn/Verlustrechnung gleicht die offene Aktiengesellschaft der Aktiengesellschaft im deutschen Recht, doch ist bei solchen Vergleichen bekanntlich Zurückhaltung zu empfehlen, da bei der rechtlichen Ausgestaltung der russsichen Aktiengesellschaft auf verschiedene Rechtssysteme zurückgegriffen wurde und somit eine eigentümli-

---

[10] Dazu *Micheler*, Das neue russische Aktiengesetz im Überlick, WiRO 1996, S.81ff.; *dieselbe*, Sacheinlagen bei Gründung von Aktiengesellschaften und GmbH nach dem russischen Recht, WiRO 1996, S. 121 ff.; *Lenga*, Russische Föderation: Das föderale Gesetz über Aktiengesellschaften- Teil 1, WiRO 1996, S.131 ff; *Spies*, Das neue russische Gesetz über Aktiengesellschaften, ROW 1996, S.130 ff; *Klemm*, Die Entwicklung des russischen Rechts der Kapitalgesellschaften, Berlin 1996.

che Mischung aus deren Rechtsinstituten zustandegekommen ist. Ist dagegen die Aktienveräußerung nur unter den Gründern der Aktiengesellschaft oder einem vorher bestimmten Personenkreis möglich, so liegt eine sog. *geschlossene Aktiengesellschaft* vor, die hinsichtlich der stärkeren Stellung der Gesellschafter praktisch als eine Abart der deutschen GmbH zu betrachten ist. Eine Informationspflicht besteht bei dieser Form der Aktiengesellschaft grundsätzlich nicht. Zu beachten ist, daß die Anzahl der Teilhaber einer geschlossenen Aktiengesellschaft die im Gesetz über Aktiengesellschaften festgelegte Höchstzahl nicht überschreiten darf (diese Höchstzahl beträgt nach Art. 7 Abs. 3 des Gesetzes 50 Aktionäre). Ansonsten ist sie innerhalb eines Jahres in eine offene Aktiengesellschaft umzuwandeln.

Als *Gesellschaft mit beschränkter Haftung* wird eine Gesellschaft angesehen, deren Satzungskapital in Anteile aufgeteilt ist und deren Teilhaber nicht für deren Verbindlichkeiten haften, sondern nur das Verlustrisiko der unternehmerischen Tätigkeit in Höhe des Wert ihrer Einlagen tragen (Art. 87 ZGB). Mit der Inkraftsetzung des neuen ZGB ist hinsichtlich der Rechtsnatur der GmbH der lange geführte Streit beigelegt worden, ob es sich hierbei um eine selbständige Unternehmensform oder nur um eine Unterform der Aktiengesellschaft (so der Wortlaut der früheren Verordnung über Aktiengesellschaften) handelt. Ebenso wie bei der geschlossenen Aktiengesellschaft darf die Anzahl der Teihaber einer GmbH eine bestimmte Grenze nicht überschreiten, andernfalls ist sie binnen eines Jahres in eine Aktiengesellschaft umzuwandeln. Das Gesetz über Gesellschaften mit beschränkter Haftung, welches die Grenze für die Teilhaberanzahl nach Art. 88 Abs. 1 ZGB festlegen soll, ist zum gegenwärtigen Zeitpunkt jedoch noch nicht in Kraft getreten. Im wesentlichen ist die Gesellschaft mit beschränkter Haftung der deutschen GmbH sehr ähnlich ausgestaltet.

Eine dem deutschen Recht unbekannte Form von Kapitalgesellschaften ist die *Gesellschaft mit erweiterter Haftung*, die im russischen Recht erstmals eine Regelung fand. Als solche wird nach Art. 95 Abs. 1 ZGB eine Gesellschaft angesehen, deren Teilhaber die subsidiäre Haftung für die Verbindlichkeiten der Gesellschaft tragen, so daß bei solchen Gesellschaften demnach eine doppelte Haftungsgrundlage besteht. Bei dieser solidarischen subsidiären Haftung haften die Teilhaber in einer für alle gleichen Höhe mit dem Wert ihrer Einlagen, wobei die Höhe des Wertes bereits durch die Gründungsdokumente festzulegen ist. Im Falle der Zahlungsunfähigkeit eines Teilhabers wird dessen Haftung für die Verbindlichkeiten der Gesellschaft grundsätzlich den übrigen Teilhabern proportional zu ihren Einlagen auferlegt. Auf die Gesellschaft mit erweiterter Haftung sind über die Sondervorschriften des Art. 95 ZGB hinaus die Vorschriften des Gesetzbuches über Gesellschaften mit beschränkter Haftung anzuwenden.

Problematisch ist die Frage nach der Zulässigkeit von Mischformen zwischen Personen- und Kapitalgesellschaften, insbesondere von der GmbH & Co.KG. Eine solche Möglichkeit ist ausdrücklich im neuen ZGB nicht vorgesehen, so daß fraglich ist, ob die russische Gesetzgebung die Existenz einer solchen eigenständigen Rechtsform zuläßt. Hier ist die Anerkennung von Mischformen durch die Rechtsprechung und Literatur abzuwarten.

III. Gründung der Unternehmen

1. Allgemeines

Da die Aufnahme der unternehmerischen Tätigkeit einer natürlichen Person nach Art. 23 Abs. 1 ZGB, wie bei den juristischen Personen, von der staatlichen Registrierung abhängig ist, sind die im folgenden näher erläuterten Vorschriften für die Personen- und Kapitalgesellschaften in diesem Sinne auch auf den Einzelunternehmer anzuwenden.

2. Die Gründung der Personengesellschaften

Hinsichtlich der Gründung von Personengesellschaften sind die allgemeinen Vorschriften über juristische Personen der Art. 51 und 52 ZGB sowie die speziellen Regelungen des ZGB bei den einzelnen Formen der Personengesellschaften zu beachten. Mangels eines Gesetzes der RF über die Registrierung juristischer Personen sind nach dem Einführungsgesetz zum neuen ZGB (Art. 2 und 8) die Art. 34 und 35 des Gesetzes über Unternehmen und unternehmerische Tätigkeit hinsichtlich der staatlichen Registrierung von Unternehmen in Kraft geblieben und gelten demnach weiter. Daneben ist der Präsidentenerlaß vom 8.7.1994 über die Regelung der staatlichen Registrierung der Unternehmen und Unternehmer auf dem Territorium der RF zu beachten.

Grundsätzlich wird eine Personengesellschaft auf der Grundlage eines Gründungsvertrages als Gründungsdokument tätig. Der Inhalt des Gründungsvertrages muß allgemein Bezeichnung, Sitz und Verfahren der Leitung der Gesellschaft beinhalten. Daneben gelten nach Art. 70 und 83 ZGB besondere Anforderungen bei Vollgesellschaften und Kommanditgesellschaften, wie z.B. Höhe und Zusammensetzung des Kapitals, Verfahren der Anteilsänderung, Folgen der Nichteinbringung der Einlagen der Teilhaber. Das Gründungsdokument ist mit dem Antrag auf Registrierung des Unternehmens bei der zuständigen Behörde am Ort der Unternehmensgründung einzureichen und die nach Art. 34 Unternehmensgesetz erforderliche Registrierungsgebühr zu bezahlen. Innerhalb von 30 Tagen soll die Entscheidung über die Registrierung oder dessen Ablehnung getroffen und im ersteren Fall die Registrierung in der örtlichen Presse bekannt gegeben werden. Die Angaben des Unternehmens zur staatlichen Registrierung werden in das einheitliche staatliche Register für juristische Personen eingetragen, das zur allgemeinen Einsicht ausliegt. Nach Art. 51 Abs. 2 ZGB gilt eine juristische Person ab dem Zeitpunkt ihrer Registrierung als gegründet. In der Praxis wird jedoch eine gesetzlich nicht vorgesehene sog. vorläufige Registrierung gehandhabt, bei der nach Prüfung der Unterlagen die Registrationskammer eine entsprechende Bescheinigung ausstellt. Hintergrund dafür ist die Absicht, neuen Unternehmen möglichst schnell die Entfaltung ihrer Wirtschaftstätigkeit zu ermöglichen.

3. Die Gründung der Kapitalgesellschaften

Hinsichtlich der Kapitalgesellschaften sollen hier nur die betreffenden Vorschriften über Aktiengesellschaften näher erläutert werden, da von den im ZGB vorgesehenen Spezialgesetzen über Kapitalgesellschaften bislang nur das Aktiengesetz in Kraft getreten ist und die meist nur oberflächlichen Normen des ZGB näher ausgestaltet. Bei Betrachtung der Vorschriften des Aktiengesetzes über die Gründung der Gesellschaft fällt auf, daß nach Art. 10 des Gesetzes eine Aktiengesellschaft von Bürgern und/oder juristischen Personen gegründet werden kann. Da der Begriff "Bürger" nach russischem Verständnis grundsätzlich nicht Ausländer einschließt und auch ausländischen juristischen Personen nicht ausdrücklich gestattet wird, als Gründer auftreten zu können, ergibt sich hier ein Widerspruch zur Regelung des ZGB, welches den Begriff der “Personen” als Gründer verwendet. Unabhängig davon, ob es sich hierbei um ein Redaktionsversehen handelt oder nicht, ist die betreffende Vorschrift des AktG im Sinne des vorrangigen ZGB auszulegen. Der Mindestinhalt der Satzung einer Aktiengesellschaft ist in Art. 10 Abs. 2 AktG gesetzlich festgelegt und muß beispielsweise Firmenname, Typ der Gesellschaft, Kompetenzregelung für Verwaltungsorgane und Höhe des Stammkapitals umfassen. Da das AktG damit nur einen Teil des in Art. 98 ZGB vorgeschriebenen Mindestinhaltes der Satzung erfaßt, empfiehlt es sich in der Praxis, auch die sonstigen in Art. 98 ZGB vorgesehenen Bestimmungen in der Satzung mit zu regeln. Art. 26 AktG präzisiert die Vorschriften des ZGB über das Stammkapital der Aktiengesellschaft. Danach muß dieses mindestens das Tausendfache des staatlich festgesetzten Mindestlohns (dies sind zum 1.1.1996 63.250 Rubel[11]), bei der Aktiengesellschaft geschlossenen Typs gar nur das Hundertfache, betragen, wobei als Stichtag das Registrierungsdatum gilt. Diese Summe erscheint im Vergleich zum Grundkapital einer deutschen Aktiengesellschaft i.H.v. 100.000 DM als minimal.

Bei der Registrierung ist neben den Anforderungen, die bei den Personengesellschaften bereits näher erläutert worden sind, zu beachten, daß als Gründungsdokument nur die Satzung der Gesellschaft gilt, nicht der Vertrag der Gründer über die Errichtung der Aktiengesellschaft (Art. 9 und 11 AktG).

IV. Organe und Vertretungsmacht

1. Vertretung der Gesellschaften

Eine juristische Person erwirbt nach Art. 53 Abs. 1 ZGB Rechte und übernimmt Pflichten durch ihre Organe, die gemäß Gesetz, anderen Rechtsakten und ihren Gründungsdokumenten handeln. Neben der Tätigkeit von Organen besteht auch die Möglichkeit, daß die Teilhaber selbst die Rechts- und Pflichtenstellung der Gesellschaft gestalten, soweit dies gesetzlich vorgesehen ist.

Bei der Vollgesellschaft ist jeder Teilhaber zur Geschäftsführung in Namen der Gesellschaft berechtigt, soweit im Gründungsvertrag nicht eine Gesamtgeschäftsführung aller Teilhaber oder Einzelgeschäftsführung durch einen bestimmten Teilhaber bestimmt ist. Vollmachten zur Geschäftsführung, die einem oder mehreren Teilhabern erteilt werden, können im Falle einer groben Pflichtverletzung oder offenkundigen Unfähigkeit des Bevollmächtigten von einem Gericht auf Verlangen eines oder mehrerer anderer Teilhaber entzogen werden (Art. 72 ZGB). Die Leitung der Tätigkeit einer Vollgesellschaft erfolgt grundsätzlich im Einvernehmen aller Teilhaber.

Bei der Kommanditgesellschaft besteht gegenüber der Vollgesellschaft die Besonderheit, daß nach Art. 84 ZGB die Leitung und Geschäftsführung nur den haftenden Vollgesellschaftern obliegt. Die Kommanditisten dürfen, abgesehen vom Fall der Bevollmächtigung, keine Rechtsgeschäfte im Namen der Gesellschaft durchführen. Ebenso haben sie kein Recht, Einwände gegen Handlungen der Vollgesellschafter im Rahmen der Leitung und Geschäftsführung der Kommanditgesellschaft zu erheben, d.h. daß sie kein Gerichtsverfahren zwecks Entziehung einer entsprechenden Vollmacht anstrengen können.

[11] Vgl. Schwarz, Investieren in Rußland, Berlin 1996, S. 28.

Die oberste Leitung einer Gesellschaft mit beschränkter oder erweiterter Haftung obliegt der allgemeinen Teilhaberversammlung, deren ausschließliche Kompetenzen in Art. 91 Abs. 3 ZGB festgelegt sind. Daneben ist für die Leitung der laufenden Tätigkeit der Gesellschaft ein ausführendes Kollegial- und/oder Einzelorgan zu bilden, der durch die Satzung weitere Aufgaben der Teilhaberversammlung mit Ausnahme der gesetzlich festgelegten ausschließlichen Kompetenzen übertragen werden können. Die Bildung und Abberufung des Exekutivorgans obliegt der allgemeinen Teilhaberversammlung, welcher gegenüber das Organ auch rechenschaftspflichtig ist. Spezielle Regeln über die Ausgestaltung der Kompetenzen der Leitungsorgane, das Auftreten im Namen der Gesellschaft und Verfahren der Beschlußfassung sollen neben der konkreten Satzung im zukünftigen Gesetz über Gesellschaften mit beschränkter Haftung enthalten sein.

Die Ausgestaltung der Organbildung und Kompetenzverteilung bei der Aktiengesellschaft ist wiederum eher an das amerikanische Recht als an das deutsche angelehnt.

Zuständig für die oberste Leitung einer Aktiengesellschaft ist die allgemeine Aktionärsversammlung, deren ausschließliche Kompetenzen in Art. 103 Abs. 1 ZGB geregelt sind (zu denen auch die Bildung und Abberufung des Exekutivorgans gehört) und die mindestens einmal jährlich abzuhalten ist. Wie das deutsche AktG geht auch das russische Aktienrecht von einer enumerativen Zuständigkeit der Versammlung aus, die nur bestimmte Fragen erörtern und Beschlüsse dazu fassen kann. In einer Aktiengesellschaft, die mehr als 50 Aktionäre hat, ist als zweites Leitungsorgan zusätzlich ein Aufsichtsrat/Direktorenrat zu bilden, welcher die Richtungen der Tätigkeit der Gesellschaft bestimmt und durch die Aktionärsversammlung gewählt wird. Diesem Organ obliegt mit seinen weit über die übliche Geschäftsführung hinausreichenden Kompetenzen die tatsächliche Leitung der Gesellschaft. Die laufende Geschäftsführung der Aktiengesellschaft obliegt einem Kollegialorgan (Vorstand, Direktion) und/oder Einzelorgan (Direktor, Generaldirektor), deren Kompetenzen durch Gesetz oder die Satzung bestimmt werden. Das ausführende Organ kann nicht mit dem einer deutschen Aktiengesellschaft gleichgesetzt werden, da dessen Mitglieder weder eine unbeschränkte und unentziehbare Vertretungsmacht haben noch nicht nur aus wichtigem Grund abberufen werden können (vgl. Art. 84 Abs. 3 deutsches AktG) Eine Rechenschaftspflicht des Exekutivorgans besteht sowohl gegenüber der allgemeinen Aktionärsversammlung als auch gegenüber dem zweiten Leitungsorgan; eine weisungsunabhängige Führung der Gesellschaft in eigener Verantwortung kennt demnach das russische Recht nicht. Das ausführende Organ des russsichen Aktienrechtes läßt sich demnach eher mit dem Geschäftsführer einer deutschen GmbH als mit dem Vorstand einer Aktiengesellschaft vergleichen. Die Kompetenzen der Leitungsorgane, das Auftreten im Namen der Gesellschaft und die Beschlußfassung werden wiederum im Spezialgesetz über Aktiengesellschaften näher geregelt.

2. Probleme des Vertretungsrechts

Anders als im deutschen Gesellschaftsrecht wird im russischen nicht streng zwischen Vertretungsmacht und Geschäftsführungsbefugnis getrennt, so daß die Ge-schäftsführungsbefugnis meist die Vertretungsmacht impliziert. Daneben sind die in Art. 182ff. ZGB enthaltenen Vorschriften über Vertretung und Vollmacht zu beachten, die als Sonderform die sog. kommerzielle Vertretung in Art. 184 ZGB regeln. Hierbei handelt es sich um einen Handelsvertreter, der ständig und selbständig Unternehmer beim Abschluß von Verträgen im Bereich unternehmerischer Tätigkeit vertritt. Die kommerzielle Vertretung erfolgt aufgrund eines Vertrages, der in schriftlicher Form zu schließen ist und den Inhalt und Umfang der Vertretungsmacht des Handelsvertreters bestimmt.

Problematisch ist nach dem bisher Festgestellten, daß sich die Beschränkung der Geschäftsführungsbefugnis durch Satzung oder Gesellschaftsvertrag auch auf die Vertretungsmacht auswirkt und somit eine (im russischen Recht erstmals geregelte) beschränkte Vertretungsmacht im Verhältnis zu Dritten vorliegen kann. Der Schutzbedürftigkeit des Dritten in solchen Fällen dient Art. 174 ZGB, wonach die vertretene juristische Person das bestimmte Rechtsgeschäft, dessen Vornahme außerhalb der Vertretungsmacht lag, nur dann anfechten kann, wenn der Dritte die Beschränkung der Vertretungsmacht kannte oder hätte kennen müssen.

Hinzuweisen ist im Rahmen der Vertretungsmacht auch auf den Fall, wo ein die Rechtsfähigkeit der juristischen Person überschreitendes Rechtsgeschäft vorgenommen worden ist. Hintergrund der dazu im Art. 173 ZGB enthaltenen Regelung ist die Aufgabe der Rechtsfigur der speziellen Rechtsfähigkeit juristischer Personen im neuen Zivilkodex zugunsten einer allgemeinen und unbeschränkten Rechtsfähigkeit. Juristische Personen können nunmehr beliebige Rechtsgeschäfte entsprechend dem Zweck ihrer Tätigkeit/ Unternehmensgegenstand vornehmen. Ist dieser Zweck aber durch die Gründungsdokumente eingegrenzt, so wirkt sich dies auch auf die Befugnisse zur Vornahme von Rechtsgeschäften aus. Hinsichtlich solcher ultra-vires-Geschäfte juristischer Personen regelt Art. 173 ZGB, daß eine Anfechtung durch die betreffende juristische Person nur dann in Betracht kommt, wenn sie beweisen kann, daß die andere Partei die Rechtswidrigkeit des Rechtsgeschäftes gekannt hat oder offensichtlich hätte kennen müssen.

V. Haftungsverhältnisse

1. Haftung des Einzelunternehmers

Nach Art. 24 ZGB haftet der Bürger als Einzelunternehmer für seine Verbindlichkeiten mit dem gesamten Vermögen. Davon ausgenommen sind nur diejenigen Vermögensgegenstände, in die nach dem Zivilprozeßgesetz nicht vollstreckt werden darf. Hinsichtlich der Haftung des Einzelunternehmers ist außerdem auf Art. 25 ZGB hinzuweisen, wo sich spezielle Regelungen für die Zahlungsunfähigkeit des Einzelunternehmers befinden.

2. Haftung der juristischen Personen

Juristische Personen haften nach Art. 56 Abs. 1 ZGB für ihre Verbindlichkeiten mit ihrem gesamten Vermögen. In diesem Zusammenhang ist noch einmal auf die, zum deutschen Recht unterschiedliche, einheitliche Betrachtung aller Personen- und Kapitalgesellschaften als juristische Personen hinzuweisen, so daß sich im russischen Recht die Frage nach der Unterscheidung zwischen dem Vermögen einer juristischen Person, dem Gesamthandsvermögen und dem Bruchteilsvermögen nicht stellt.

Die Gründer der juristischen Person haften grundsätzlich nicht für deren Verbindlichkeiten, es sei denn, es handelt sich hierbei um gesetzlich oder in den Gründungsurkunden geregelte Ausnahmen (so z.B. bei Vollgesellschaft, Kommanditgesellschaft, Gesellschaft mit erweiterter Haftung). Eine subsidiäre Haftung der Gründer für Verbindlichkeiten der Gesellschaft besteht ausnahmsweise nach Art. 56 Abs. 3 ZGB auch dann, wenn sie durch ihre Tätigkeit die Zahlungsunfähigkeit der juristischen Person verursacht haben. Damit hat der russische Gesetzgeber erkannt, daß der Schutz von Gläubigern oder Anlegern mitunter den Durchgriff auf die Träger der juristischen Person erfordert. Kritisch ist hierbei jedoch anzumerken, daß der aufgestellte Grundsatz der Verneinung der Durchgriffshaftung durch das ZGB selbst so häufig unterbrochen wird, so daß seine Geltung äußerst fragwürdig ist.[12]

---

[12] *Solotych*, Das Zivilgesetzbuch der RF - Erster Teil, Nomos-Verlag, 1996, S.37.

3. Mißbrauch der Vertretungsbefugnis

Hinsichtlich der Haftung der Organe ist festzuhalten, daß juristische Personen des russischen Rechts durch ihre Organe handeln und damit auch für deren Handlungen wie für eigenes Handeln haften (Art. 53 Abs. 1 ZGB). Die Organe einer juristischen Person müssen redlich und vernünftig in deren Interesse handeln. Bei Verstößen gegen diese Art von Treupflicht können die Gründer oder die juristische Person selbst nach Art. 53 Abs. 3 ZGB gerichtlich Ansprüche auf Schadensersatz geltend machen. Unklar ist, ob das im Rahmen der Stellvertretung geregelte Verbot des Selbstkontrahierens auch auf die Organe einer juristischen Person analog anzuwenden ist. Hier wäre eine Klärung durch die Rechtsprechung dringend notwendig, da es sich um ein häufig auftretendes praktisches Problem handelt.[13]

VI. Konzernrecht

In der Praxis wurde bei der Schließung von Außenhandelsverträgen der russischen Seite in einigen Fällen der Begriff des Konzerns gebraucht. Darunter versteht man dort keine juristische Personen, weil als Parteien der erwähnten Außenhandelsverträge zwei oder mehrere selbständige juristische Personen auftreten. Zwischen ihnen bestehen Konzernverträge.

Das Recht der verbundenen Unternehmen ist in Rußland jedochnoch relativ wenig entwickelt. Über das Gesetz über die Konkurrenz und Beschränkung der Monopoltätigkeit auf den Warenmärkten von 1991 ist bisher keine einschlägige Rechtsprechung bekannt geworden. Ansätze eines Konzernrechtes finden sich in Artikel 105 und 106 ZGB.[14] In Artikel 105 ZGB befinden sich Regeln über wirtschaftliche Tochtergesellschaften, in Artikel 106 ZGB solche über abhängige Kapitalgesellschaften. In der Gesetzgebung Rußlands ist kein Mindestanteil der Muttergesellschaft am Stammkapital der Tochtergesellschaft festgelegt. Was die wirtschaftliche Gesellschaft betrifft (Art. 106 ZGB), so wird eine solche Gesellschaft als abhängig bezeichnet, wenn eine andere Gesellschaft mehr als 20 Prozent der stimmberechtigten Aktien der Aktiengesellschaft bzw. mehr als 20 Prozent des Stammkapitals der GmbH besitzt. Sowohl die abhängige Gesellschaft als auch die herrschende Gesellschaft dürfen somit ausschließlich wirtschaftliche Gesellschaften sein, die

---

[13] *Dieselbe*, S.34.

[14] *Pfaff/Märkl*, Neueste Entwicklungen im russischen Wirtschaftsrecht- Versuch einer Zwischenbilanz, in WiRO 1995, S. 281ff.

auch als solche bezeichnet sind (Produktionsgenossenschaften werden hierdurch nicht erfaßt).

VII. Handelsgeschäfte

Das neue ZGB enthält nicht nur den Grundsatz der Vertragsfreiheit (Art. 1 ZGB), sondern auch konkrete Ausgestaltungen. Nach Art. 421 ZGB kann jeder seinen Vertragspartner selbständig wählen und die Parteien bestimmen die Vertragsbedingungen frei. In Art. 421 Abs. 1 ZGB ist hinsichtlich des Kontrahierungszwangs vorgesehen, daß:

"ein Zwang zum Abschluß eines Vertrages unzulässig ist, es sei denn, daß die Verpflichtung, einen Vertrag zu schließen, durch das vorliegende Gesetzbuch, durch Gesetz oder durch freiwllig angenommene Schuldverhältnisse vorgsehen ist".

Diese Regelung hat sowohl theoretisch als auch praktisch prinzipielle Bedeutung. Die bedeutendste Neuerung ist der Verzicht darauf, Planaufgaben zur Grundlage der Verträge und anderer Schuldverhältnisse zu machen, wie dies noch für das ZGB von 1964 charakteristisch war. Die Begriffe "Plan" und "Planaufgaben" werden im neuen ZGB überhaupt nicht mehr gebraucht.[15] Nach dem neuen Zivilgesetzbuch können die Parteien sowohl einen Vertrag abschließen, der durch Gesetz oder andere Rechtsakte vorgesehen ist, als auch einen Vertrag, der nicht vorgesehen ist (Typenfreiheit).

Wie bereits früher erwähnt, kann durch Gesetz ein Kontrahierungszwang vorgesehen sein. Dies bedeutet nicht, daß es im heutigen Rußland keine staatliche Einflußnahme auf Verträge und andere Schuldverhältnisse im Wege administrativer Akte gibt. Art. 8 ZGB erwähnt Akte der staatlichen und lokalen Organe als Grundlage der zivilrechtlichen Rechte und Pflichten. Das System der sog. staatlichen Bestellungen, die obligatorisch sind, bleibt in einigen Gebieten weiterhin bestehen und ist in manchen neuen Gesetzen (z.B. Gesetz über die Staatsreserven vom 29.12.1994) vorgesehen. Prof. Sadikov nennt in diesem Zusammenhang das Erscheinen von zwei neuen Vertragstypen im Schuldrecht des ZGB: der öffentlich-rechtliche Vertrag (Art. 426 ZGB) und der Formularvertrag (Art. 428 ZGB). Beide demonstrieren den augenscheinlichen Einfluß westlichen Rechts. Der erste Vertragstyp stammt aus dem englischen Recht, der zweite ist durch das deutschen Recht (Allgemeine Geschäftsbedingungen) beeinflußt worden. Inwieweit diese neue

---

[15] *Sadikov*, Das neue Zivilgesetzbuch Rußlands, ZEuP 1996, S.268.

Vertragstypen auf russischem Boden Bedeutung erlangen, ist noch nicht abzusehen.[16]

In Artikel 421 Abs. 4 ZGB ist vorgesehen, daß die Bedingungen eines Vertrages nach Ermessen der Parteien bestimmt werden, außer in den Fällen, in denen der Inhalt der entsprechenden Bedingungen durch Gesetz oder andere Rechtsakte vorgeschrieben ist. Wenn eine Vertragsbedingung durch eine Norm vorgesehen ist, die nur dann angewendet wird, wenn durch Vereinbarung der Parteien nichts anderes vorgesehen ist (dispositive Norm), können die Parteien durch ihre Vereinbarung deren Anwendung ausschließen oder eine Bedingung festlegen, die sich von der in der Norm vorgesehene unterscheidet. Fehlt diese Vereinbarung, wird die Vertragsbedingung durch die dispositive Norm bestimmt. In Artikel 421 Abs. 5 ZGB ist vorgesehen, daß, wenn eine Vertragsbedingung weder durch die Parteien noch durch dispositives Recht bestimmt ist, sie durch die Gepflogenheiten des Geschäftsverkehr bestimmt wird, die auf die Verhältnisse der Parteien Anwendung finden. Für die Parteien sind die zwingenden Rechtsvorschriften verbindlich, die im Moment der Vertragsschließung in Geltung waren. Wenn nach dem Vertragsschluß das Gesetz geändert wird, bleiben die Bedingungen des Vertrages rechtswirksam, es sei denn, daß im Gesetz festgelegt ist, daß sich die Änderung zwingenden Rechts auch auf die vorher geschlossenen Verträge erstrekken soll. Nach Prof. Makowskij und Prof. Chochlow sollen diese für die russische Gesetzgebung neuen Regelungen ein Gegengewicht zur bisherigen Praxis bilden.[17]

Was die Regelung des Schuldrechtes im neuen ZGB allgemein betrifft, so muß man sagen, daß es in Abschnitt 3 "Allgemeiner Teil des Schuldrechtes" viele Neuerungen gibt, die für die Handelsgeschäfte wichtig sind. Neben dem Grundsatz der Vertragsfreiheit muß man die Bestimmungen des Kapitel 23 über die Sicherung der Erfüllung von Schuldverhältnissen erwähnen. Völlig neu ist hier die Konstruktion der Bankgarantie. Im Einklang mit der Gesetzgebung und Praxis der westlichen Länder ist diese jetzt im Gegensatz zu früher kein Vertrag mehr, sondern eine bloß einseitige Verpflichtung, im Falle der Nichtleistung zu zahlen, und sie ist vom Hauptvertrag unabhängig (Art. 368 und 379 ZGB). Eine neue Form der Sicherung ist des weiteren das Zurückbehaltungrecht an einer Sache, falls die mit dieser Sache verbundene Zahlung nicht erfolgt (Art. 359, 369 ZGB). Erwähnen muß man auch, daß die Regelungen über das Pfandrecht im neuen ZGB (Art. 334-358 ZGB) viele

---

[16] *Sadikov*, Das neue Zivilgesetzbuch Rußlands, ZEuP 1996, S.286.

[17] *Makowskij/Chochlow*, Einführung in den Zivilkodex, S.11.

zusätzliche und novellierene Bestimmungen zum Gesetz über das Pfand von 1992 enthalten. Das Pfand als Sicherungsmittel findet heutzutage in Rußland breite Anwendung. Mit einem Pfand kann man Immobilien, beweglichen Sachen und andere Vermögensrechte belasten. Schriftform und Registrierung des Pfandvertrages sind notwendig. Das ZGB stärkt die Position des Pfandgläubigers und erlaubt ihm, das Pfandrecht außergerichtlich zu realisieren, falls dies schriftlich vereinbart ist. [18]

Was den Vertragsschluß betrifft, so hat man im Kapitel 28 viele Normen aus dem UN-Kaufrecht übernommen. So z.B. Art. 434 Abs. 2 ZGB:

"Ein Vertrag kann in Schriftform dadurch geschlossen werden, daß ein Dokument ausgestellt wird, das von der Parteien unterzeichnet wird, sowie dadurch, daß Dokumente ausgetauscht werden und zwar per Post-, Telegrafen-, Fernschreiben-, Telefax-, elektronischer oder einer anderen Verbindung, die es erlaubt festzustellen, daß das Dokument von der Vertragspartei stammt. "

Die zitierte Regelung bedeutet, daß die Verfasser die moderne technische Entwicklungsmöglichkeiten für den Abschluß eines Vertrages berücksichtigt haben. Den Gebrauch solcher Möglichkeiten kann man nicht als Verletzung der Bestimmungen über die Formerfordernisse des Vertrages betrachten. Im Teil 2 des neuen ZGB ist der Kreis von zivilrechtlichen Vertragsarten viel breiter geworden. Hier kann man beispielsweise erwähnen das Factoring und Franchising. In diesem Teil sind auch viele neue Regeln über den Kaufvertrag enthalten, z.B. über die Qualität der Waren in Art. 470 Abs. 1 ZGB.
Sehr wichtig für Handelsgeschäfte ist auch die Regelung des Art. 451 ZGB "Änderung und Aufhebung eines Vertrags in Zusammenhang mit einer wesentlichen Änderung von Umständen" (clausula rebus sic stantibus). In diesem Artikel ist vorgesehen, welche Änderungen von Umständen als wesentlich anzusehen sind. Bei ihrer Bewertung werden die Gerichte eine wichtige Rolle spielen.

VIII. Arbeitsrecht

Was das russische Arbeitsrecht betrifft, so ist zur Zeit das alte Arbeitsgesetzbuch vom 9.12. 1971 in Kraft, welches auf Grundlage der Gesetzgebung der UdSSR im Arbeitsrecht von 1970 verabschiedet worden war. Vorbereitet sind aber 3 Entwürfe eines neuen Arbeitsgesetzbuches. Außerhalb des Arbeitsge-

---

[18] *Sadikov*, Das neue Zivilgesetzbuch Rußlands, S.279 - das im ZGB vorgesehene Hypothekengesetz ist z.Z. noch in Vorbereitung.

setzbuches werden die Arbeitsbeziehungen in einzelnen arbeitsrechtlichen Gesetzen, Ukasen des Präsidenten und Verordnungen der Regierung geregelt. Daneben sind als Rechtsquellen die Kollektiv- und Individualverträge zu beachten.[19]

Die verfassungsrechtliche Grundlage des Arbeitsrechts ist in Art. 37 der Verfassung gelegt, in dem einige entscheidende politische Grundsätze des Gesetzgebers auf dem Gebiet des Arbeitsrechts bestimmt sind sowie Mindeststandards und Grenzen der Gesetzgebung festgelegt sind (z.B. Recht auf Arbeit, Recht der freien Berufswahl, Schutz vor Arbeitslosigkeit, garantierter Mindestlohn, Recht auf individuelle und kollektive Arbeitsstreitigkeiten).

Wenn es um die arbeitsrechtlichen Besonderheiten bei der Gründung und Übertragung von Unternehmen geht, sind die entsprechenden Normen des Arbeitsgesetzbuches in Betracht zu ziehen. Die Unternehmensübertragung beendet die Arbeitsverhältnisse nicht. Bei der Übertragung des Unternehmens von einem Eigentümer auf anderen sowie bei der Reorganisierung des Unternehmens wird das Arbeitsverhältnis mit dem Arbeitsnehmer fortgesetzt, soweit er damit einverstanden ist. In diesem Fall ist eine Beendigung der Arbeitsverhältnisse nur im Zusammenhang mit dem Abbau von Arbeitsplätzen möglich. Die privatisierten Unternehmen haften für die Verbindlichkeiten, die sich aus den Arbeitsverhältnissen ergeben, die durch einen vor der Privatisierung abgeschlossenen Kollektivvertrag festgeschrieben worden sind.

Auf Betriebsebene können die die Arbeitsbeziehungen regelnden Kollektivverträge abgeschlossen werden. Das Gesetz "Über Kollektivverträge und Vereinbarungen" von 1992 erstreckt sich auf alle Arbeitnehmer und Arbeitgeber.

Vom besonderen Interesse ist die Frage der Beilegung der kollektiven Arbeitsstreitigkeiten. Die Arbeitnehmer dürfen zur Unterstützung ihrer Forderungen Streiks organisieren und durchführen. Über Massenentlassungen von Beschäftigten muß das zuständige Gewerkschaftsorgan unterrichtet werden. Außerdem unterliegen die Arbeitsverhältnisse dem in Art. 33-35 des Arbeitsgesetzbuches vorgesehenen Kündigungsschutz.

Die Arbeitnehmer werden durch die Gewerkschaften oder andere Repräsentanten vertreten. Die Rechte der Gewerkschaften folgen aus dem Gesetz "Über die Gewerkschaften, ihre Rechte und Garantien der Tätigkeit" von 1995. Die Arbeitnehmer können auch durch einen Belegschaftsrat vertreten werden, der allerdings keine Mitbestimmungsrechte hat.

---

[19] *Scharf*, Das russische Arbeitsrecht im Überblick- Teil 1, WiRO 1995, S.361ff, *derselbe*, Teil 2, WiRO 1995, S.704ff.

IX. Besonderheiten privatisierter Unternehmen

Was die Privatisierung betrifft, so darf man nicht außer acht lassen, daß die Privatisierung in Rußland mit viel größeren Schwierigkeiten verbunden war als in den anderen osteuropäischen Ländern. Dies hängt mit der totalen Verstaatlichung aller Wirtschaftszweige in der ehemaligen UdSSR zusammen (zu Beginn des Privatisierungsprozesses haben die Staatsunternehmen der Industrie mehr als 90% der Erzeugnisse produziert; in ihnen waren ca.72% der Arbeitnehmer beschäftigt). Im Jahre 1991 entstand das Gesetz über die Privatisierung staatlicher und munizipaler Unternehmen. In diesem Gesetz war vorgesehen, daß die Privatiserung auf der Grundlage der staatlichen Privatisierungsprogramme durchgeführt wird. Solche Programme wurden angenommen, als letztes sei das Programm genannt, das am 24.12.1993 durch Erlaß des Präsidenten bestätigt worden ist. In diesen Programmen war in Übereinstimmung mit dem Privatisierungsgesetz vorgesehen, daß eine Reihe von staatlichen Betrieben überhaupt nicht privatisiert werden sollte, andere nur aufgrund besonderer Regelungen und unter besonderen Beschränkungen. Im oben erwähnten Programm, das vom 1.1.1994 an realisiert wurde, waren neue Begrenzungen der Privatisierung vorgesehen. Das heißt bei der Gründung von Aktiengesellschaften konkret, daß nach der Privatiserung sich 100% der Aktien im staatlichen Eigentum befinden müssen. Ein anderer Weg wurde bei der Umwandlung der Betriebe in staatlichen/fiskale Unternehmen eingeschlagen. Unter Fiskusunternehmen versteht man vom Staat finanzierte Einrichtungen. In einigen Präsidentenerlassen, z.B. im Erlaß vom 7.11.1992 über die Besonderheiten der Privatiserung und Umwandlung staatlicher Betriebe in Aktiengesellschaften auf dem Gebiet der Erdölindustrie, war vorgesehen, daß die Aktien im föderalen Staatseigentum bleiben müssen. Nach den allgemeinen Regeln muß die Privatisierung der Staatsbetriebe zugleich eine Umwandlung der Staatsbetriebe in Aktiengesellschaften sein. Bei der Privatisierung einiger besonders wichtiger Unternehmen war vorgesehen, diese zuerst in Aktiengesellschaften umzuwandeln und danach zu privatisieren. Als Beispiel kann man auf den Erlaß des Präsidenten vom 30.7.1993 verweisen, der sich mit der Umwandlung des staatlichen Konzerns "Norilsk-Nickel" beschäftigt. Darin war vorgesehen, daß der staatliche Konzern zuerst in eine Aktiengesellschaft umgewandelt werden muß, bevor die Privatisierung durchzuführen ist. Was die Besonderheiten der Rechtslage der privatisierten Unternehmen betrifft, so befinden sich diese nach den allgemeinen Regeln in derselben Lage wie die anderen Unternehmen. Das bedeutet, daß die Bestimmungen des neuen Zivilkodex und des Gesetzes über Aktiengesellschaften auch auf diese Unternehmen anzuwenden sind. Man muß aber berücksichtigen, daß in der heutigen Staatsduma der RF verschiedene Entwürfe vorbereitet werden, die einige Maßnahmen über die Reprivatisierung vorsehen. Die Staatsduma beschäftigt sich als Kammer des Parlamentes in einigen Sonderfällen mit der Überprüfung der Durchführung der Privatisierung einzelner Betriebe, so hat sie z.B. 1996 eine Kommission zur Überprüfung der Privatisierung der Aktiengesellschaft "Norilsk-Nickel" gegründet.

X. Besonderheiten für ausländische Investitionen[20]

1. Rechtsvorschriften für ausländische Investitionen

Bis jetzt wird die Rechtslage ausländischer Investoren in Rußland durch das veralterte Gesetz "Über ausländische Investitionen in der RF" vom 4.7.1991 bestimmt, welches in der Praxis keine große Bedeutung hat. Daneben galten bisher die bilateralen Verträge der ehemaligen UdSSR über die gegenseitige Förderung und den Rechtsschutz ausländischer Investoren (z.B. der Vertrag mit der Bundesrepublik Deutschland vom 13.6.1989). Im Jahre 1996 sind nunmehr neue bilaterale Verträge Rußlands mit Schweden, Ungarn, Tschechien, Kuweit und anderen Ländern ratifiziert worden.

Unter dem Begriff "ausländische Investitionen" versteht die russische Gesetzgebung materielle und immaterielle Werte aller Art, die ausländische Investoren in Objekte ihrer Geschäfts- oder sonstigen Tätigkeit zum Zwecke der Gewinnerwirtschaftung anlegen. In Rußland ist die allgemeine Investitionsfreiheit ohne jegliche Einschränkung angekündigt worden. Gemäß Art. 5 des oben genannten Gesetzes aus dem Jahre 1991 haben alle Investoren das gleiche Recht auf das Betreiben der Investitionstätigkeit. Der Investor hat das Recht, den Umfang, die Ausrichtungen, Ausmaß und Effektivität seiner Investitionen selbst zu bestimmen.

Grundsätzlich müssen ausländische Investoren für ihre Tätigkeit in Rußland keine behördlichen Zustimmungen bzw. Lizenzen einholen. Ausnahmsweise sind jedoch gegebenenfalls erforderlich:

---

[20] Näheres bei *Boguslawskij*, Die Rechtslage ausländischer Investitionen in den Nachfolgestaaten der Sowjetunion, München 1993; *Astapowitsch, A.Z. (Hrsg.)*, Ausländische Investitionen in Rußland: Tendenzen und Perspektiven, Moskauer Imperialbank AG, Moskau 1995, S.117ff.

- Zustimmung der russischen Regierung bei solchen Unternehmen, in denen die ausländische Beteiligung besonders hoch ist;
- Gutachten für Projekte mit großen Bau- bzw. Rekonstruktionsvorhaben;
- ökologische Begutachtung bzw. Gutachten von einer zuständigen Sanitätsseuchendienststelle, falls die Produktion der betreffenden Betrieben umweltschädlich sein könnte.

Spezielle Regelungen gelten auch bei der Gründung von Banken und beim Betreiben einer Versicherungstätigkeit bzw. der zeitweiligen Nutzung von Grund und Boden (gemäß dem Gesetz "Über Grund und Boden" vom 21. Februar 1992)

Das Gesetz "Über Grund und Boden" sieht auch eine verbindliche Lizensierung bei den Konzessionsverträgen bzw. bei den Verträgen über Produktionsteilung vor, aufgrund deren ausländische Investoren das Recht auf Erschließung und Förderung von sich erneuernden sowie sich nicht erneuernden Naturressourcen eingeräumt wird.

Zu beachten ist, daß alle Unternehmen mit ausländischer Beteiligung in Rußland russische juristische Personen sind. Mit Gründung einer juristischen Person in Rußland erweckt man, wie Benno Schwarz treffend bemerkt hat, eine Rechtsperson zum Leben, die ungeachtet der Tatsache, daß 100% der Anteile in ausländischer Hand sind, dem russischen Recht unterliegt. [21] Das heißt, daß die Regeln über die Lizensierung der durch ein Unternehmen ausgeübten Tätigkeit auch auf die Tätigkeit von Unternehmen mit ausländischer Beteiligung anzuwenden sind (z.B. im Energiesektor, Gesundheitswesen, Transportwesen, Bauwesen).

2. *Aufenthalts- und Arbeitserlaubnis*

Was die Aufenthaltserlaubnis und Arbeitserlaubnis betrifft, so ist zu beachten, daß nach dem Erlaß des Präsidenten der RF vom 16.12.1993 Nr.2146 vorgeschrieben ist, daß alle ausländischen Staatsbürger, die in russischen Unternehmen tätig sind, verpflichtet sind, eine Arbeitserlaubnis oder eine Arbeitsbestätigung für ihre Tätigkeit zu beantragen. Eine Arbeitsbestätigung ist für die Arbeitnehmer und Angestellten vorgesehen, die nach dem Erlaß des Präsidenten grundsätzlich ohne gesonderte Erlaubnis in Rußland arbeiten dürfen. Dies sind insbesondere leitende Angestellte in Gemeinschaftsunternehmen (Generaldirektor, Haputbuchhalter etc.) Alle anderen nichtrussischen Arbeitnehmer bedürfen einer Arbeitserlaubnis.

[21] *Schwarz*, Investieren in Rußland, Berlin 1996, S.53.

Für die Erteilung der Arbeitsbestätigung wie der Arbeitserlaubnis sind die jeweiligen "Migrationsdienste" zuständig, die mittlerweile auf Stadtebene gebildet worden sind. In Moskau ist dies z.B. der Moskauer Migrationsdienst.

Für den Antrag eines Mitarbeiters gegenüber dem Leiter des Migrationsdienstes benötigt man:

- einen formellen Antrag auf Erteilung der Arbeitsbestätigung/Arbeitserlaubnis, der durch den ausländischen Mitarbeiter und den Leiter des Unternehmens zu unterschreiben ist;
- eine Liste aller leitenden Mitarbeiter mit Name, Amtstellung und Paßangaben;
- den Arbeitsvertrag zwischen dem ausländischen Mitarbeiter und dem russischen Unternehmen;
- eine Kopie der Gründungsdokumente des Unternehmens (Satzung und Gründungsvertrag);
- eine beglaubigte Kopie der Registrierungsbescheinigung des russischen Unternehmens von der Registrierungsbehörde und (soweit es dort registriert wurde) von der Registrierungskammer der Russischen Föderation;
- eine Bescheinigung des Staatlichen Amts für Statistik (GOSKOMSTAT) über die registrierten Unternehmenstätigkeiten;
- die Bescheinigung der Steuerbehörde darüber, daß das russische Unternehmen steuerlich gemeldet ist;
- die Eröffnungssalden des Bankkontos über das Devisen- und Rubelkonto;
- Paß und gültiges Visum.[22]

3. Unternehmensgründung durch Ausländer

Gemäß dem Gesetz vom 4.7.1991 sind die ausländischen Investoren berechtigt, sowohl ein Unternehmen gemeinsam mit juristischen Personen oder Staatsbürgern Rußlands als auch ein Unternehmen mit 100% Beteiligung ausländischer juristischer Personen zu gründen. Im Fall der Gründung eines Gemeinschaftsunternehmens werden von der russischen Gesetzgebung keine anteilsmäßigen Begrenzungen für ausländische Gründer festgelegt. Das Verhältnis von Anteilen zwischen in- und ausländischen Gründern ist beliebig. Aber bei den Entscheidungen über Gewährung von Vergünstigungen kommt es inzwischen wesentlich auf dieses Verhältnis an. So dürfen nur diejenigen Gemeinschaftsunternehmen ihre Produkte für eigene Bedürfnisse ohne Lizenzen ausführen, bei denen der Anteil des ausländischen Kapitals am gesam-

[22] *Schwarz*, Investieren in Rußland, Berlin 1996, S.312 ff.

ten Stammkapital mehr als 30% beträgt (Art. 25 des oben genannten Gesetzes).

Für ebendiese Unternehmen, genauer gesagt, nur für diejenigen, die bis zum 1.1.1992 eingetragen worden sind, bleibt auch die Befreiung von Zöllen auf Ausfuhren von Mineralöl, Erdgas und Produkten deren Verarbeitung weiterhin gültig. Die Unternehmen sind auch nach wie vor von der Entrichtung der Zölle auf die Einfuhren von Vermögensgegenständen, die satzungsgemäß jeweils eine Stammeinlage in Sachwerten bilden, sowie von der Besteuerung dieser Vermögensgegenstände befreit. Diese Vergünstigung gilt jedoch nur innerhalb der Frist, die jeweils im Gründungsvertrag bzw. in der Satzung des Unternehmens für die Aufbringung des Stammkapitals in Sachwerten festgelegt worden ist.

4. Erwerb von Unternehmensbeteiligungen durch Ausländer

Ausländische Investoren sind berechtigt, Beteiligungen, Anteile, Aktien an den in Rußland befindlichen Unternehmen zu erwerben. Im Gesetz über ausländische Investitionen ist diese Frage ungenügend geregelt. In Art. 35 des Gesetzs war vorgesehen, daß, wenn der ausländische Investor Anteile oder Aktien in ausländischer Währung erwirbt, ein solcher Betrieb als Unternehmen mit ausländischer Beteiligung angesehen wird. Wenn er jedoch in Rubeln bezahlt, so wird ein solcher Betrieb als Unternehmen mit ausländischer Beteiligung nur anerkannt, wenn der ausländische Investor Eigentümer von mehr als 50% des Vermögens ist. Nur in diesem Fall gelten für diesen Betrieb die Vergünstigungen für Unternehmen mit ausländischer Beteiligung. Diese Regeln haben jedoch in der Praxis ihre Bedeutung verloren. Für den Erwerb von Anteilen und Aktien sind zur Zeit die Bestimmungen des neuen ZGB über Wertpapiere in Geltung. Es sind auch die Grenzen zu berücksichtigen, die für ausländische Investoren im Zusammenhang mit ihrer Teilnahme an der Privatisierung eingeführt worden sind. Solche Begrenzungen waren in besonderen Zweigen der Wirtschaft vorgesehen, z.B. wurde eine Regelung eingeführt, aufgrund derer nach der Versteigerung die föderalen Sicherheitsorgane über die erwerbenden ausländischen Investoren zu informieren sind. Diese Organe haben das Recht, ein Gutachten über das Verbot des Erwerbs durch einen bestimmten ausländischen Investor zu erstellen. Aufgrund dieses Gutachtens trifft die Regierung der RF eine Entscheidung über ein Erwerbsverbot.

5. Erwerb von Grundstücken durch Ausländer

Was den Erwerb von Grundstücken durch ausländische Investoren betrifft, so können sie nach geltendem russischen Recht kein Eigentum an Grund und Boden haben. Sie dürfen Grundstücke nur pachten. Das Pachtrecht kann langfristig sein. In den verschiedenen Territorien der Föderationssubjekte sind besondere Regelungen zu beachten. Der Präsident der RF hat einige Erlasse verabschiedet, um die Lage in diesen Gebieten zu verändern und den Erwerb von Grundstücken durch ausländische Investoren zu ermöglichen. Aber im Bodenkodex, der von der Staatsduma am 22.Mai 1996 angenommen worden ist, sind solche Möglichkeiten wieder völlig ausgeschlossen worden. Dieser Gesetzentwurf war vom Rat der Föderation am 27. Juni 1996 abgelehnt worden und ist demnach noch nicht in Kraft. Man muß auch zwei Möglichkeiten des Erwerbs von Eigentum an Grund und Boden durch ausländische Investoren erwähnen, die gegenwärtig in Rußland bestehen. Zum einen hat derjenige, der einen Betrieb privatisiert hat, das Recht, den Grund und Boden zu erwerben, auf dem sich der Betrieb befindet. Zum anderen kann der russische Partner den Grund und Boden als Beitrag zum Satzungskapital eines Unternehmens mitbringen. Auf diese Weise wird in einigen Gebieten der RF der Grund und Boden zum Eigentum des gemeinsamen Unternehmens. [23]

6. Veräußerung von Beteiligungen und Gewinntransfer

Hinsichtlich des Rechtstranfers kann man verschiedene Situationen erwähnen. Praktisch kann der ausländische Investor seinen Anteil am Unternehmen mit ausländischer Beteiligung verkaufen. Dieses ist sehr verbreitet in Rußland. Auch können Veränderungen auf der Seite der russischen Partner eintreten. Das bedeutet, daß in einem solchen Fall die Änderungen in die Satzung einzufügen sind und die ganze Prozedur der Bestätigung und Registrierung erneut vorzunehmen ist. Die Änderungen der Partner werden bei der neuen Registrierung in das Staatsregister eingetragen.

Was den Gewinntransfer betrifft, so ist in Art. 10 des Gesetzes über ausländische Invesitionen vorgesehen, daß den ausländischen Investoren nach der entsprechenden Steuer- und Gebührenabführung der ungehinderte Transfer von Zahlungen verschiedener Art (Einkommen aus Investitionen als Gewinnteil, Dividenden) garantiert wird. Garantien solcher Art sind auch in bilateralen Abkommen verankert worden.

---

[23] *Astapowitsch, A.Z.* (Hrsg.), Ausländische Investitionen in Rußland - Tendenzen und Perspektiven, Moskau 1995, S.47.

Literaturhinweise

Arnold, Hans, Zivilgesetzbuch der Russischen Föderation im Entstehen, RIW 1995, 897 ff.

Bauer, Klaus-Albert, GmbH und Aktiengesellschaft im neuen russischen Zivilgesetzbuch, WiRO 1995, 97 ff.

Hüper, Christine, Das neue russische Privatisierungsrecht, WiRO 1995, 45

Laptev, Wladimir Wiktorowitsch, Rechtliche Regelung der Unternehmertätigkeit in Rußland, RIW 1994, 371 ff.

Micheler, Eva, Das neue russische Aktiengesetz im Überblick, WiRO 1996, 81 ff.; Sacheinlagen bei Gründung von Aktiengesellschaften und GmbH nach dem russischen Recht, WiRO 1996, 121 ff.

Müller/Bartholmy/Müller, Gesetz der Russischen Föderation „Über die Aktiengesellschaften", RIW 1996 Beil. 1

Sadikov, Oleg, Das neue Zivilgesetzbuch Rußlands, ZEuP 1996, 259 ff.

Schwarz, Benno, Investieren in Rußland, Berlin 1996

Handels- und Unternehmensrecht in der Tschechischen Republik

IVANA BUČKOVÁ

Gliederung

I. Die gesetzlichen Grundlagen des Handels- und Gesellschaftsrechts

1. Übersicht über die wichtigsten Rechtsvorschriften

Für das Handels- und Gesellschaftsrecht sind die folgenden Rechtsvorschriften von besonderer Bedeutung:

- Gesetz Nr. 513/1991 Sb. Handelsgesetzbuch[1] i.d.g.F., weiter nur HGB;
- Gesetz Nr. 455/1991 Sb. Gewerbegesetz[2] i.d.g.F., weiter nur GewG;
- Gesetz Nr. 63/1991 Sb. über den Schutz des Wirtschaftswettbewerbs[3] (Kartellgesetz) i.d.g.F., weiter nur KartG;
- Gesetz Nr. 328/1991 Sb. über Konkurs und Ausgleich[4] i.d.g.F., weiter nur KAG;
- diverse Kapitalmarktgesetze, z.B. Gesetz Nr. 591/1992 Sb. über Wertpapiere[5] i.d.g.F., weiter nur WPG, Gesetz Nr. 214/1992 Sb. über die Wertpapierbörse i.d.g.F., Gesetz Nr. 21/1992 Sb. über die Banken[6] i.d.g.F., weiter nur BankG, Gesetz Nr 6/1993 Sb. über die Tschechische Nationalbank[7] i.d.g.F., Gesetz Nr. 219/1995 Sb. Devisengesetz[8], weiter nur DevG;
- Investitionsschutzabkommen zwischen Deutschland und Tschechien[9];
- Gesetz Nr. 65/1965 Sb. i.d.g.F., Arbeitsgesetzbuch[10], weiter nur ArbGB.

[1] Obchodní zákoník.

[2] Živnostenský zákon.

[3] Zákon o ochraně hospodářské soutěže.

[4] Zákon o konkurzu a vyrovnání.

[5] Zákon o cenných papírech.

[6] Zákon o bankách.

[7] Zákon o České národní bance.

[8] Devizový zákon.

[9] Ges. Nr. 573/1992 Sb., dohoda o podpoře a vzájemné ochraně investic.

[10] Zákoník práce.

2. Das Handelsgesetzbuch (HGB)

In der sozialistischen Tschechoslowakei gab es ein dualistisches System für sog. sozialistische und nichtsozialistische Rechtssubjekte. Die sozialistischen Rechtssubjekte („Organisationen") unterlagen vor allem dem streng an die sozialistische Planwirtschaft orientierten Wirtschaftsgesetzbuch[11], für die nichtsozialistischen Rechtssubjekte wurde ein liberales Gesetzbuch des internationalen Handels[12] geschaffen.

Das Ende 1991 verabschiedete tschechische HGB hat die Ungleichheiten zwischen den sozialistischen und nichtsozialistichen Rechtssubjekten aufgehoben und für sämtliche Rechtsträger die gleichen Rechtsbedingungen ihrer unternehmerischen Tätigkeit festgelegt. Die Grundlagen für das HGB waren einerseits das österreichische und das deutsche HGB und andererseits die bereits im Gesetzbuch des internationalen Handels geregelten Rechtsinstitute.

Genauso wie in Deutschland und in Österreich sind in Tschechien die Personengesellschaften im HGB geregelt. Für die Kapitalgesellschaften gibt es in Tschechien hingegen keine Sondergesetze, auch sie bilden einen Teil des HGB.

Anders als in Deutschland und in Österreich kennt das tschechische HGB nicht den Begriff des Kaufmanns, sondern nur den des „*Unternehmers*"[13]. Im Einklang mit der tschechischen Rechtsterminologie wird im weiteren Text anstatt „Kaufmann" der Begriff „Unternehmer" verwendet.

II. Die Rechtsformen der Unternehmen

1. Einzelunternehmer

Einzelunternehmer i.S.d. tschechischen HGB sind Personen, die ihre unternehmerische Tätigkeit

- aufgrund einer Gewerbeberechtigung ausüben und im Gewerberegister eingetragen sind, oder

[11] Hospodářský zákoník.

[12] Zákoník mezinárodního obchodu.

[13] Unter dem Begriff „Unternehmer" ist jede natürliche und juristische Person zu verstehen, die eine unternehmerische Tätigkeit (d.h. eine nachhaltige, auf eigene Rechnung, im eigenen Namen, auf eigene Verantwortung zur Gewinnerzielung betriebene Tätigkeit) ausübt und entweder im Handelsregister bzw. in einer speziellen Evidenz (dies gilt nur für die selbständigen Landwirte) eingetragen ist oder die unternehmerische Tätigkeit aufgrund einer Gewerbeberechtigung oder aufgrund einer anderen Berechtigung ausübt.

- aufgrund einer anderen Berechtigung ausüben und in entsprechenden Listen eingetragen sind (z.B. sog. Freiberufler wie Rechtsanwälte und Notare) oder
- als selbständige, in einer speziellen Evidenz eingetragenen Landwirte ausüben.

2. *Personen- und Kapitalgesellschaften*

Im Einklang mit dem deutschen und österreichischen Recht kennt das tschechische HGB zwei Formen der Personengesellschaften, die offene Handelsgesellschaft („öffentliche Handelsgesellschaft")[14] und die Kommanditgesellschaft[15], und zwei Grundformen der Kapitalgesellschaften, die Gesellschaft mit beschränkter Haftung[16] und die Aktiengesellschaft[17]. Beide Formen der Personengesellschaften werden sowohl seitens der inländischen als auch seitens der ausländischen Investoren eher selten gegründet. Hingegen sind die beiden Formen der Kapitalgesellschaften in Tschechien relativ weit verbreitet. Die große Anzahl der Aktiengesellschaften ist sicherlich auch durch die sog. „große Privatisierung"[18] bedingt. Die GmbHs sind eine der beliebtesten Gesellschaftsformen der ausländischen Investoren, wenn sie sich für die Gründung einer neuen Gesellschaft entschließen. Sowohl die Personen- als auch die Kapitalgesellschaften sind grundsätzlich nach deutschem und österreichischem Vorbild konzipiert. Im Vergleich mit Deutschland und Österreich ist in einigen Bereichen die rechtliche Regelung im HGB relativ knapp (z.B. beim Konzernrecht), einige in Deutschland und in Österreich bekannte Rechtsinstrumente fehlen völlig (z.B. die Regelung der Entlastung der Geschäftsführer einer GmbH und der Vorstandsmitglieder einer AG).

3. *Mischformen*

Die Mischformen zwischen Personen- und Kapitalgesellschaften wie z.B. die GmbH & Co.KG sind zwar in Tschechien bekannt, werden jedoch relativ selten gegründet.

---

[14] Veřejná obchodní společnost.

[15] Komanditní společnost.

[16] Společnost s ručením omezeným.

[17] Akciová společnost.

[18] Zu der sog. „großen Privatisierung" vgl. z.B. *Dědič* in Dědič/Baumgartner, Tschechisches und slowakisches Wirtschaftsrecht, Wien 1994, S 67 ff.

III. Die Gründung der Unternehmen

1. Einzelunternehmer - natürliche Person

Die Einreihung zum Einzelunternehmer geschieht durch die Aufnahme der unternehmerischen Tätigkeit und durch Erlangen der dazu notwendigen Berechtigungen. Betreibt der Einzelunternehmer ein Gewerbe, ist er verpflichtet, vorher eine *Gewerbeberechtigung* je nach Art des Gewerbes beim zuständigen Gewerbeamt einzuholen und sich nachher ins Gewerberegister eintragen zu lassen. Hingegen muß der Einzelunternehmer - natürliche Person nicht zwingend ins Handlesregister eingetragen werden, die Eintragung ins Handelsregister geschieht nur auf seiner Antrag. Betreibt der Einzelunternehmer eine andere Tätigkeit, die nicht ein Gewerbe i.S.d. GewG ist[19], z.B. eine Rechtsanwaltstätigkeit, muß er die dazu notwendige *andere Berechtigung* gemäß den einschlägigen standesrechtlichen Vorschriften einholen und wird in die entsprechenden Standeslisten eingetragen. Betreibt der Einzelunternehmer - natürliche Person eine landwirtschaftliche Tätigkeit, ist er in eine spezielle Evidenz gemäß Gesetz Nr. 105/1990 über die private Unternehmenstätigkeit von Bürger i.d.g.F. einzutragen.

Jedem Unternehmer wird eine, zu statistischen Zwecken dienende *Identifikationsnummer (IČO)*[20] erteilt. Den juristischen Personen erteilt die IČO das Registergericht, den natürlichen Personen wird die IČO seitens der Gewerbeämter erteilt. Vom Finanzamt erhält jeder steuerpflichtige Unternehmer eine *Steueridentifikationsnummer (DIČ)*[21].

2. Personengesellschaften

Weder die oHG noch die KG können als Ein-Personen-Gesellschaften gegründet werden, an der Gründung müssen sich stets mindestens zwei Gesellschafter (natürliche oder juristische Personen) beteiligen. Die Gesellschafter der oHG und der KG schließen miteinander einen schriftlichen *Gesellschaftsvertrag* ab. Die Form eines Notariatsprotokolls ist nicht erforderlich, nur die Unterschriften der Gesellschafter sind amtlich zu beglaubigen. Der zwingende Mindestinhalt des oHG - Gesellschaftsvertrages ist in § 78 HGB, der des KG - Gesellschaftsvertrages in § 94 HGB geregelt. Die *Eintragung* beider Formen der Personengesellschaften ins *Handelsregister* hat konstitutive Wir-

---

[19] § 3 GewG.

[20] Identifikační číslo.

[21] Daňové identifikační číslo.

kung. Der Antrag auf die handelsregisterliche Eintragung ist sowohl bei der oHG als auch bei der KG von allen Gesellschaftern zu unterfertigen, dem Antrag ist der Gesellschaftsvertrag beizulegen.

Ausländische Staatsbürger, die berechtigt sind, im Namen der Personengesellschaften zu handeln, bedürfen einer *Aufenthaltsbewilligung* (dazu siehe näher unter Punkt 10). Ihre amtlich beglaubigte *Musterzeichnung* ist dem Handelsregistergericht vorzulegen.

Da es bei den Personengesellschaften kein vorgeschriebenes Mindestkapital gibt, entfallen die Vorschriften über die Kontoeröffnung, Einzahlung des Mindestkapitals auf das Konto und die Erklärung des Kapitalverwalters über die Einzahlung des Mindestkapitals, wie es bei den Kapitalgesellschaften der Fall ist.

Betreibt die Personengesellschaft ein Gewerbe, so ist sie noch vor der Eintragung ins Handelsregister verpflichtet, eine *Gewerbeberechtigung* bei der zuständigen Gewerbebehörde einzuholen und einen *verantwortlichen Vertreter* (in der deutschen und österreichischen Terminologie einen gewerberechtlichen Geschäftsführer) zu bestellen.

Zu IČO und DIČ gilt dasselbe wie bei den Einzelunternehmen.

3. Kapitalgesellschaften

a) Gesellschaft mit beschränkter Haftung

Die GmbH ist eine der beliebtesten Gesellschaftsformen der ausländischen Investoren. Ein Grund dafür ist sicherlich eine im Vergleich mit der Aktiengesellschaft einfachere Gründung (z.B. keine Zeichnung der Aktien) und vor allem die im Vergleich mit Deutschland und Österreich sehr geringe Höhe des *Stammkapitals*, die nach HGB nur *100.000,-* tschechische Kronen betragen muß. Das Stammkapital ist in die Stammeinlagen geteilt, die Mindesthöhe einer *Stammeinlage* beträgt *20.000,-* tschechische Kronen. Jedem Gesellschafter steht ex lege nur eine Stammeinlage zu, ihre Höhe kann für die einzelnen Gesellschafter unterschiedlich bestimmt werden, muß jedoch durch 1.000 dividierbar sein. Es sind sowohl *Bar-* als auch *Sacheinlagen* zulässig. Bei den Sacheinlagen muß im Gesellschaftsvertrag die Art der Sacheinlage[22] und der Betrag, mit welchem die Sacheinlage an die Einlage des Gesellschafters angerechnet wird, angeführt werden. Darüberhinaus sind die Sacheinlagen durch einen Sachverständigen (in bestimmten Fällen durch zwei Sachverständige) zu bewerten.

---

[22] Vgl. § 109 Abs. 3 iVm § 59 Abs. 2, 3 HGB.

Die GmbH kann durch einen oder durch mehrere Rechtssubjekte gegründet werden. Anders als bei der Aktiengesellschaft kann der Gründer auch bei der Ein-Personen-GmbH eine natürliche Person sein.

Wird die GmbH durch einen alleinigen Gründer gegründet, hat dieser eine *Gründungsurkunde,* und zwar in Form eines *Notariatsprotokolles*, auszufertigen. In der Gründungsurkunde sollen alle für das Bestehen der Gesellschaft notwendigen Bestimmungen geregelt werden, der zwingende Mindestinhalt ist mit dem des GmbH-Gesellschaftsvertrages ident[23].

Mehrere Gründer haben einen *Gesellschaftsvertrag* abzuschließen. In diesem Fall kann auf ein notarielles Protokoll verzichtet werden, nur die Unterschriften der Gründer müssen amtlich (d.h. entweder durch einen Notar, durch ein Verwaltungsorgan oder durch ein Gericht) beglaubigt werden. In Bezug auf Österreich ist der ganze Beglaubigungsvorgang um einiges einfacher, da aufgrund des Rechtshilfeabkommens zwischen Tschechien und Österreich die Beglaubigung auch von einem österreichischen Notar, Verwaltungsorgan oder Gericht durchgeführt werden kann. Aufgrund der Kostenersparnis werden die Urkunden öfters durch tschechische Organe beglaubigt. Mit der Bundesrepublik Deutschland wurde bis jetzt kein solches Abkommen geschlossen. Auch der Gesellschaftsvertrag muß wenigstens den zwingenden Mindestinhalt wie die Gründungsurkunde enthalten.

Sind die Personen, die berechtigt sind, im Namen der Gesellschaft zu handeln, d.h. vor allem der/die Geschäftsführer und der/die Prokurist(en), ausländische Staatsbürger, bedürfen sie einer *Aufenthaltsbewilligung* (dazu siehe näher unter Punkt 10). Hingegen ist für die Organe der GmbH *keine Arbeitsbewilligung* erforderlich, es sei denn, daß diese für die Gesellschaft eine andere als mit ihrer Organtätigkeit zusammenhängende Arbeit zusätzlich ausüben[24] - dies kommt allerdings in der Praxis kaum vor.

Vor der Eintragung ins Handelsregister, die eine konstitutive Wirkung hat, muß die GmbH bei einer Bank ihrer Wahl ein *Konto* eröffnen. Die Bedingungen für die Kontoeröffnung sind von Bank zu Bank verschieden, am häufigsten wenden sich die ausländischen Investoren an die Zweigniederlassun-

---

[23] § 110 HGB: der Handelsname und der Sitz der Gesellschaft, Name und Wohnsitz bzw. Handelsname und Sitz der Gesellschafter, der Unternehmensgegenstand, die Höhe des Stammkapitals und der Stammeinlagen, die Art und Frist für die Bezahlung der Stammeinlagen, der Name und der Wohnort der ersten Geschäftsführer und die Art, wie sie im Namen der Gesellschaft handeln, der Name und der Wohnort der Mitglieder des ersten Aufsichtsrates, falls der Aufsichtsrat errichtet wurde.

[24] Vgl. Urteil des Obergerichts Prag 6 Cdo 108/92 vom 21.4.1993.

gen oder Tochtergesellschaften von ihren „Heimatbanken“. Das Stammkapital wird dann auf das Konto überwiesen.

Darüberhinaus sind dem Handelsregistergericht die *Erklärung des Stammkapitalverwalters über die Bezahlung des Stammkapitals*[25] und die amtlich beglaubigten *Musterzeichnungen* der Personen, die berechtigt sind, im Namen der Gesellschaft zu handeln, vorzulegen.

Zur Gewerbeberechtigung, zum verantwortlichen Vertreter, zu IČO und DIČ gilt dasselbe wie bei den Einzelunternehmen und Personengesellschaften.

b) Aktiengesellschaft

Aktiengesellschaften werden eher selten von den ausländischen Investoren gegründet. In der Praxis werden als erster Schritt die Anteile (Aktien) an bereits bestehenden tschechischen Aktiengesellschaften, erworben. Um sich die notwendigen Mehrheiten in den Aktiengesellschaften zu sichern, führen anschließend viele ausländische Investoren die Kapitalerhöhungen durch. Die Struktur der tschechischen Aktiengesellschaft ist insbesondere nach der letzten umfangreichen HGB-Novelle der des deutschen und des österreichischen AktG sehr ähnlich. Trotzdem wäre in vielen Bereichen (z.B. bei der Stellung der AG-Organe) noch eine detailliertere Regelung wünschenswert.

Nach der derzeitigen Fassung des HGB kann die Aktiengesellschaft entweder von *zwei* oder *mehreren Gründern* (die Gründer können in diesem Fall sowohl juristische als auch natürliche Personen sein) oder von einem *alleinigen Gründer* als eine Ein-Personen-AG (dann muß der Gründer zwingend eine juristische Person sein[26]) gegründet werden.

Wird die AG durch einen alleinigen Gründer gegründet, hat dieser eine *Gründungsurkunde* in Form eines *Notariatsprotokolles* auszufertigen.

Mehrere Gründer haben einen *Gründungsvertrag* abzuschließen, ihre Unterschriften müssen amtlich beglaubigt werden. Der zwingende Mindestinhalt

---

[25] Vor der Eintragung der GmbH ins Handelsregister muß bei jeder Bareinlage mindestens 30 % eingezahlt werden, die Gesamtsumme der bereits bezahlten Einlagen muß mindestens 50.000 tschechische Kronen betragen. Die Sacheinlagen sind vor der Eintragung des Stammkapitals ins Handelsregister zu bezahlen. Ist die GmbH durch einen alleinigen Gründer gegründet worden, kann die handelsregisterliche Eintragung erst nach Einzahlung des gesamten Stammkapitals erfolgen.

[26] Es ist jedoch nicht ausgeschlossen, daß sich später nach der Gründung der Aktiengesellschaft alle Aktien in den Händen von einer einzigen natürlichen Person befinden. Das Gesetz verlangt lediglich, daß die Gründung der Aktiengesellschaft als Ein-Personen-Gesellschaft von einer juristischen Person durchgeführt wird.

der Gründungsurkunde ist mit dem des Gründungsvertrages ident (§ 163 HGB). Einen Teil der Gründungsurkunde / des Gründungsvertrages bildet auch die Satzung der AG, zwingender Mindestinhalt der Satzung ist in § 173 HGB festgelegt.

Das *Mindestgrundkapital* einer tschechischen Aktiengesellschaft beträgt gemäß HGB *1 Million* tschechische Kronen, in manchen Sondervorschriften (z.B. bei den Banken) wird ein höheres Mindestgrundkapital verlangt[27].

Über die Aufenthalts- und Arbeitsbewilligung für die Vorstandsmitglieder und die Prokuristen, über die Kontoeröffnung, Erklärung des Stammkapitalverwalters, Musterzeichnung, Gewerbeberechtigung, IČO und DIČ gilt dasselbe wie oben.

IV. Organe und Vertretungsmacht

1. Offene Handelsgesellschaft

Die *Handelsleitung* der oHG steht grundsätzlich jedem Gesellschafter zu. Der tatsächliche Leitungsumfang richtet sich nach der Vereinbarung zwischen den Gesellschaftern und ist durch den Gesellschaftsvertrag modifizierbar. *Nach außen hin* sind zur Vertretung der oHG alle Gesellschafter alleine berechtigt, es sei denn, daß der Gesellschaftsvertrag eine gemeinsame Vertretung vorschreibt. Der Gesellschaftsvertrag kann auch nur einigen der oHG - Gesellschafter die Stellung des Statutarorgans einräumen. Die Namen und Wohnorte der Personen, die zu Statutarorganen der oHG bestellt wurden, sind ins Handelsregister einzutragen.

2. Kommanditgesellschaft

Zur *Handelsleitung* der KG sind ex lege nur die Komplementäre berechtigt. Die Komplementäre sind auch *Statutarorgane* der KG. Wenn im Gesellschaftsvertrag nichts anderes vereinbart ist, ist kraft HGB jeder von ihnen einzelvertretungsbefugt. Die Namen und Wohnorte der Komplementäre, die im Namen der Gesellschaft handeln, sind ins Handelsregister einzutragen.

[27] Vgl. § 1 des Erlasses der Tschechischen Nationalbank Nr. 24/1994 Sb., wonach das Mindestgrundkapital einer Bank minimal 500,000.000 tschechische Kronen betragen muß, damit die Bank überhaupt um eine Konzession ansuchen kann.

3. Gesellschaft mit beschränkter Haftung

Die zwingenden *Organe* der tschechischen GmbH sind denen des deutschen und des österreichischen Rechts ähnlich. Das höchste Organ ist die *Generalversammlung*, die mit zahlreichen Befugnissen bereits kraft HGB erstattet ist. Diese Befugnisse können noch durch den Gesellschaftsvertrag/die Gründungsurkunde bzw. durch die Satzung erweitert werden.

Das Vertretungs- und Geschäftsführungsorgan (Statutarorgan) ist ein *Geschäftsführer* oder mehrere Geschäftsführer. Die Bestellung und Abberufung der Geschäftsführer steht der Generalversammlung zu. Die Geschäftsführer sind ex lege einzelvertretungsbefugt, es sei denn, daß der Gesellschaftsvertrag/die Gründungsurkunde bzw. die Satzung die Einzelvertretungsbefugnis ausschließen. Das Vertretungsbefugnis des Geschäftsführers kann durch den Gesellschaftsvertrag/die Satzung/den Generalversammlungsbeschluß beschränkt werden. Eine solche Beschränkung wirkt allerdings nur gesellschaftsintern, sie ist gegenüber Dritten unwirksam.

Im Gegensatz zu Deutschland und Österreich ist bei einer tschechischen GmbH der *Aufsichtsrat* stets ein fakultatives Organ, unabhängig von der Größe der Gesellschaft. Es steht vollkommen im Ermessen der Gesellschaft, ob sie einen Aufsichtsrat errichtet oder nicht. Sowohl bei den Geschäftsführern als auch bei den Aufsichtsratmitgliedern ist die Drittorganschaft zulässig. Weder die Aufsichtsratmitglieder noch die Geschäftsführer müssen gleichzeitig Gesellschafter sein, vielmehr können auch völlig gesellschaftsfremde Dritte diese Funktionen ausüben. Es muß sich allerdings um natürliche Personen handeln, bei ausländischen Geschäftsführern ist auf die Aufenthaltsbewilligung zu achten.

4. Aktiengesellschaft

Die Konzeption der AG - Organe ist der deutschen und der österreichischen Regelung gleich. Auch für die tschechische Aktiengesellschaft gilt ein *tripolares System*, die entsprechenden Aufgaben sind unter der *Hauptversammlung*, dem *Aufsichtsrat* und dem *Vorstand* (obligatorische Organe) aufgeteilt. Genauso wie bei der GmbH ist auch nach tschechischem Recht für den Aufsichtsrat und den Vorstand der Aktiengesellschaft die *Drittorganschaft* typisch.

Das tschechische HGB bezeichnet die *Hauptversammlung* als das höchste Organ der Gesellschaft. Wie bei der GmbH ist auch die AG - Hauptversammlug mit zahlreichen Befugnissen ausgestattet.

Anders als bei der GmbH muß bei jeder AG ein *Aufsichtsrat* errichtet werden. In Deutschland, Österreich und Tschechien erfolgt die Bestellung der Aufsichtsratmitglieder durch *Wahl*. Die Entsendung, die gerichtliche Bestellung bzw. die Bestellung der Aufsichtsratmitglieder durch den Betriebsrat[28] i.S.d. österreichischen bzw. deutschen Rechts ist dem tschechischen HGB unbekannt. Mangels einer abweichenden satzungsmäßigen Regelung werden *zwei Drittel* der Aufsichtsratmitglieder von der Hauptversammlung gewählt, ein Drittel der Aufsichtsratmitglieder wählen die Arbeitnehmer der Aktiengesellschaft, vorausgesetzt, daß die Gesellschaft die notwendige 50-Mitarbeiter-Grenze erfüllt bzw. daß die Wahl der Arbeitnehmervertreter in der Satzung vorgesehen ist. Die Satzung kann auch eine höhere Anzahl der Arbeitnehmervertreter bestimmen. Die Gesamtanzahl der Arbeitnehmervertreter darf jedoch nicht die Gesamtanzahl der durch die Hauptversammlung bestellten Aufsichtsratmitglieder übersteigen, d.h. die Arbeitnehmervertreter dürfen maximal die Hälfte des gesamten Aufsichtsrats bilden, wobei auf die sondergesetzlichen Beschränkungen in Bezug auf die Arbeitnehmervertreter zu achten ist[29].

Statutarorgan der AG sind die *Vorstandsmitglieder*. Im Gegensatz zu Deutschland und Österreich besteht der Vorstand einer tschechischen Aktiengesellschaft stets aus mindestens *drei Mitgliedern*, Ein-Mann-Vorstände sind nach derzeitigem tschechischen Recht unzulässig. Die genaue Anzahl der Vorstandsmitglieder bleibt idR der Satzung überlassen, es gibt keine gesetzliche Obergrenze. Es ist nicht ausgeschlossen, daß bestimmte Sondergesetze eine höhere Mindestanzahl von den Vorstandsmitgliedern vorschreiben, wie z.B. das Ges. Nr. 42/1994 Sb. über die Pensionszusatzversicherung[30]; gemäß § 7 Abs. 1 dieses Gesetzes muß der Vorstand mindestens fünf Mitglieder haben.

Anders als in Deutschland und in Österreich werden die Vorstandsmitglieder ex lege durch die *Hauptversammlung* bestellt, es sei denn, daß die Satzung den *Aufsichtsrat* zur Bestellung der Vorstandsmitglieder ermächtigt. Mangels einer solchen satzungsmäßigen Bestimmung sind die Vorstandsmitglieder stets durch die Hauptversammlung zu bestellen. Im Einklang mit der österreichischen und deutschen Regelung können die Vorstandsmitglieder

---

[28] Im derzeitigen tschechischen Arbeitsrecht spielen die Betriebsräte i.S.d. deutschen und österreichischen Rechts überhaupt keine Rolle.

[29] Vgl. z.B. § 10 Abs. 3 BörseG; § 10 Abs. 2 des Ges. Nr. 569/1991 Sb. über den Bodenfonds der Tschechischen Republik.

[30] Zákon o penzijním připojištění.

ihre Funktion maximal *fünf Jahre* ausüben. Das HGB enthält jedoch keine Bestimmungen über die Zulässigkeit bzw. über nähere Bedingungen ihrer Wiederbestellung. Diese ist oft ein Bestandteil der Satzung. Ob die Satzung noch weitere Voraussetzungen, wie z.B. tschechische Staatsbürgerschaft, Altersgrenzen usw[31] festlegen kann, bleibt im tschechischen Recht offen. Es ist eher unüblich, solche Bedingungen in den Satzungen von tschechischen Aktiengesellschaften zu verankern.

5. Prokura

Die spezielle Art der kaufmänischen Vollmacht, die Prokura, kann nur einer *natürlichen Person* erteilt werden - dabei spielt es keine Rolle, ob diese Person in irgendeiner Beziehung zum Unternehmen steht, es kann auch ein völlig Unternehmensfremder sein. Die Prokura ermächtigt den Prokuristen zu sämtlichen Handlungen, die beim Betrieb des Unternehmes entstehen. Ex lege ist aus dem Umfang der Prokura die Berechtigung zur Veräußerung und Belastung von Immobilien *ausgenommen*, es sei denn, daß in der Prokura diese Berechtigung ausdrücklich verankert ist. Nach der tschechischen Lehre schließt die Prokura auch alle außergewöhnlichen Rechtsgeschäfte aus, und zwar unabhängig davon, ob diese mit dem Unternehmensbetrieb zusammenhängen, aber ihn wesentlich beeinträchtigen, oder ob sie gar nicht mit dem Unternehmensbetrieb zusammenhängen. Eine etwaige *interne Beschränkung* von Prokura wirkt nicht gegenüber Dritten.

Die Prokura kann auch mehreren Personen erteilt werden. Dabei ist zu bestimmen, in welcher Art und Weise die Prokuristen handeln. Die Erteilung der Prokura ist ab der Eintragung ins Handelsregister wirksam.

6. Handlungsvollmacht

Die Personen, die beim Unternehmensbetrieb mit einer bestimmten Tätigkeit beauftragt wurden, sind zu allen mit dieser Tätigkeit zusammenhängenden Handlungen bevollmächtigt. Auch die Handlungsvollmacht erstreckt sich nur auf natürliche Personen, wie bei der Prokura können diese Personen auch Unternehmesnfremde sein.

---

[31] Vgl. *Doralt,* in: Kastner/Doralt/Nowotny, Grundriß des österreichischen Gesellschaftsrechts, Wien 1993, S 220.

V. Haftungsverhältnisse

1. Haftung des Einzelunternehmens

Mangels entsprechender HGB - Haftungsbestimmungen in Bezug auf den Einzelunternehmer sind auf ihn die allgemeinen schadenersatzrechtlichen Bestimmungen des HGB (§§ 373 ff HGB) und subsidiär auch des BGB (§§ 420 ff) anzuwenden.

2. Haftung der Gesellschaften allgemein

Die Haftungsbestimmungen des HGB in Bezug auf die Gesellschaften und ihre Gesellschafter ist nach herrschender tschechischen Lehre zwingend, der Gesellschaftsvertrag bzw. die Satzung können keine abweichende Regelung festlegen[32].

Während des *Fortbestehens der Gesellschaft* haften die Gesellschaft und die Gesellschafter grundsätzlich nach den speziellen HGB - Bestimmungen je nach Form der Gesellschaft.

Im Falle einer *Konkurseröffnung* haften die Gesellschafter für die Verbindlichkeiten der Gesellschaft nur bis zur Höhe, in welcher die Gläubiger, die ihre Forderungen rechtzeitig angemeldet haben, nicht im Konkursverfahren aus dem verbliebenen Gesellschaftsvermögen befriedigt wurden.

Nach der *Auflösung der Gesellschaft* haften die Gesellschafter für die Verbindlichkeiten der Gesellschaft in gleicher Art und Weise wie während des Fortbestehens der Gesellschaft. Wird die Gesellschaft liquidiert, haften die Gesellschaften für die Gesellschaftsverbindlichkeiten bis zur Höhe ihres Liquidationsanteiles, mindestens jedoch in dem Umfang, in welchem sie während des Fortbestehens der Gesellschaft gehaftet haben.

3. Haftung der Personengesellschaften/der Gesellschafter der Personengesellschaften

Die Haftung der Personengesellschaften und ihrer Gesellschafter ist der deutschen und österreichischen Regelung sehr ählich. Die *offene Handelsgesellschaft* ist nach tschechischem Recht eine juristische Person und haftet für ihre Verbindlichkeiten mit ihrem ganzen Vermögen. Die oHG - Gesellschafter haften für die Verbindlichkeiten der Gesellschaft primär, persönlich, unbeschränkt und solidarisch mit ihrem ganzen Vermögen.

---

[32] Vgl. *Pelikánová*, Kommentar zum HGB, Prag 1995, S 165.

Auch der *Kommanditgesellschaft* wird nach tschechischem Recht die Rechtssubjektivität zuerkannt. Bei der Kommanditgesellschaft ist zu unterscheiden: die Komplementäre haften wie bei einer oHG mit ihrem ganzen Vermögen, Kommanditisten haften wie bei einer GmbH für die Verbindlichkeiten der KG nur bis zur Höhe ihrer nicht einbezahlten, im Handelsregister eingetragenen Einlagen.

4. Haftung der Kapitalgesellschaften

Auch die Haftung der Kapitalgesellschaften ist mit der deutschen und österreichischen Regelung ident. Beide Arten der Kapitalgesellschaften, sowohl die GmbH als auch die AG haften für ihre Verbindlichkeiten mit ihrem ganzen Vermögen.

Die GmbH - Gesellschafter haften für die Verbindlichkeiten der Gesellschaft nur bis zur Höhe ihrer nicht einbezahlten, im Handelsregister eingetragenen Einlagen. Im Augenblick der vollständigen Einzahlung der Einlage und ihrer Eintragung im Handelsregister haftet der Gesellschafter während des Fortbestehens der Gesellschaft nicht[33]. Anders ist die Situation bei der Auflösung der Gesellschaft und im Falle eines Konkurses (dazu siehe oben).

Im Einklang mit der deutschen und österreichischen Regelung schließt auch das tschechische HGB bei der Aktiengesellschaft die Haftung der Aktionäre aus. Mehr als den Wert ihrer Aktien können auch die tschechischen Aktionäre nicht verlieren.

5. Haftung der Organe

a) Haftung der Vorstandsmitglieder und der Aufsichtsratmitglieder

Die Novelle des HGB hat bei der Regelung der Haftung der Vorstandsmitglieder einige Verbesserungen gebracht. Das HGB stellt allgemein fest, daß die Vorstandsmitglieder ihre Tätigkeit mit der erforderlichen Sorgfalt auszuüben haben. Persönliche Erfordernisse, wie z.B. Kompetenz oder fachliche Eignung, verlangt das HGB allerdings nicht[34]. Die fachliche Eignung kann jedoch in Sondergesetzen vorgesehen werden, wie z.B. für die Vorstandsmitglieder der Banken oder der Investmentgesellschaften oder des Pensionsfonds.

Die Novelle des HGB stellt neuerlich die *Solidarhaftung* der Vorstandsmitglieder *gegenüber der Gesellschaft* fest. Weiterhin ist es nicht zulässig,

---

[33] Vgl. *Pelikánová*, Fn. 32, S 218.

[34] Vgl. Kritik von *Pelikánová*, Fn. 32, S 548.

die Haftung der Vorstandsmitglieder vertraglich oder satzungsmäßig zu beschränken oder auszuschließen. Einen einzigen *Liberationsgrund* stellt die Schadenszufügung im Zusammenhang mit der Erfüllung einer Hauptversammlungsweisung dar.

Was die Haftung gegenüber *Dritten* betrifft, sind die Vorstandsmitglieder, die ihre Pflichten verletzt haben und einem Dritten dadurch einen Schaden zugefügt haben, ihm gegenüber solidarisch schadenersatzpflichtig, aber nur dann, wenn die Aktiengesellschaft selbst entweder den Schadenersatzanspruch nicht geltend machte bzw. nicht eintrieb und die Gläubiger wegen Zahlungsunfähigkeit oder wegen Zahlungseinstellung seitens der Aktiengesellschaft nicht die Befriedigung ihrer Forderungen erlangen können.

Die Sanktionen im Falle eines Verstoßes gegen das *Konkurrenzverbot* sind im HGB speziell geregelt. Die Aktiengesellschaft kann verlangen, daß das Vorstandsmitglied den durch die Konkurrenzhandlung erreichten Vorteil (die Vergütung i.S.d. öAktG und dAktG) herausgibt oder die entsprechenden Rechte aus diesem Vorteil an die Aktiengesellschaft abtritt (sog. *Eintrittsrecht*). *Darüberhinaus* kann die Aktiengesellschaft auch *Schadenersatz* verlangen (anders deutsches und österreichisches Recht, wonach der Schadenersatzanspruch zum Eintrittsrecht nicht kumulativ, sondern alternativ ist[35]). Das Recht auf die Vorteilsherausgabe und das Eintrittsrecht *präkludieren* (nicht verjähren wie im deutschen und österreichischen Recht) in einer *dreimonatigen subjektiven Präklusionsfrist* (diese Frist läuft ab dem Tage, an welchem die Aktiengesellschaft über den Verstoß gegen das Konkurrenzverbot erfahren hat), spätestens jedoch in einer *einjährigen objektiven Präklusionsfrist* (die Frist läuft ein Jahr ab der Verletzung des Konkurrenzverbotes). Das *Schadenersatzrecht* unterliegt *nicht* der Präklusion, sondern lediglich einer *Verjährung*. Die *subjektive* Verjährungsfrist beträgt *4 Jahre*, die *objektive 10 Jahre* (§§ 397, 398 HGB).

Für die *Haftung der Aufsichtsratmitglieder* gegenüber der Gesellschaft und gegenüber Dritten gilt dasselbe wie bei den Vorstandsmitgliedern.

b) Haftung der Geschäftsführer

Im Gegensatz zur Haftung der Vorstandsmitglieder einer Aktiengesellschaft ist die Haftung der GmbH - Geschäftsführer im tschechichen HGB nicht in den die GmbH betreffenden Vorschriften exspressis Verbis geregelt.

Die Beziehungen zwischen der Gesellschaft und den Geschäftsführern richten sich sinngemäß nach dem *Auftragsvertrag* (§ 66 Abs. 2 iVm § 566

[35] Vgl. *Hüffer*, Aktiengesetz, München 1995, S. 352.

HGB). Aus dieser Gesetzeskonstruktion kann die Haftung der Geschäftsführer aufgrund des Auftragsvertrages abgeleitet werden. Darüberhinaus hat die HGB - Novelle eine neue Bestimmung über die *actio ut singuli* festgelegt. Danach ist jeder Gesellschafter berechtigt, im Namen der Gesellschaft die Schadenersatzklage gegenüber dem schadenersatzpflichtigen Geschäftsführer gerichtlich geltend zu machen. Diese actio ut singuli ist allerdings nicht analog auf die Aktiengesellschaft auszudehnen.

Auch die GmbH - Geschäftsführer unterliegen dem *Konkurrenzverbot*, über die Sanktionen einschließlich Schadenersatz gilt dasselbe wie bei der Aktiengesellschaft.

VI. Konzernrecht

Trotz der Novelle des HGB, die einige Verbesserungen auf dem Gebiet des Konzernrechts brachte, sind die konzernrechtlichen Bestimmungen im tschechischen HGB im Vergleich mit Deutschland und Österreich relativ wenig entwickelt.

Die Novelle des HGB fügte die Bestimmungen über die herrschenden und beherrschten Rechtssubjekte ein. Danach ist unter einer *beherrschten Gesellschaft* die Gesellschaft zu verstehen, in welcher ein bestimmtes Rechtssubkjekt einen Mehrheitsanteil an Stimmrechten hat. Eine *herrschende Gesellschaft* ist die Gesellschaft, welche diese Mehrheitsstimmrechte an einer anderen Gesellschaft hat. Weiterhin bestimmt das Gesetz, unter welchen Voraussetzungen der Mehrheitsanteil an den Stimmrechten erhöht bzw.. herabgesetzt werden kann.

Genauso wie in Deutschland und in Österreich gelten auch in Tschechien in Bezug auf die Kapitalgesellschaften Beschränkungen beim Erwerb eigener Geschäftsanteile und beim Erwerb eigener Aktien. Der *Erwerb eigener GmbH - Geschäftsanteile* ist nach tschechischem HGB verboten. Hingegen ist der *Erwerb eigener Aktien* unter bestimmten Voraussetzungen zulässig.

VII. Handelsgeschäfte

1.Handelsgeschäfte allgemein

Im Gegensatz zum sehr rigorosen Wirtschaftsgesetzbuch, das den Rechtssubjekten nur wenig Spielraum bei der Gestaltung ihrer Vertragsverhältnisse geboten hat, ist das tschechische Handelsgesetzbuch auf dem Grundsatz der *Vertragsautonomie* aufgebaut. Die Vertragsparteien können grundsätzlich von den Bestimmungen des HGB abweichen und ihre Rechtsverhältnisse nach ihrem Willen gestalten. Wie in Deutschland und in Österreich ist auch in Tschechien die Vertragsautonomie nicht absolut. Eine Schranke der Vertragsautonomie bilden die Grundsätze des redlichen Geschäftsverkehrs, weiters die guten Sitten und der Einklang mit den geltenden Rechtsvorschriften. Anders als das Wirtschaftsgesetzbuch legt das HGB *keinen Kontrahierungszwang* mehr fest.

Die Mehrzahl der Bestimmungen über Handelsgeschäfte hat einen *dispositiven* Charakter. Die *Ausnahmen* von der Dispositivität zählt § 263 HGB taxativ auf. Es sind vor allem Bestimmungen, die nicht nur die Vertragsparteien selbst, sondern auch Dritte betreffen, wie z.B. der Übergang der Rechte und Pflichten aus den arbeitsrechtlichen Verhältnissen beim Unternehmenskauf. Die Vertragsparteien können von den Bestimmungen des § 263 nicht abweichen, sie sind verpflichtet, die gesetzliche Regelung völlig zu respektieren.

Genauso wie in Deutschland und in Österreich ist auf die durch das HGB nicht geregelten Handelsgeschäfte das tschechische BGB *subsidiär* anzuwenden.

2. Die Anwendung des HGB

Dem HGB unterliegen folgende Rechtsgeschäfte:

- Rechtsgeschäfte zwischen Unternehmern, die bei ihrer unternehmerischen Tätigkeit oder im unmittelbaren Zusammenhang mit ihrer unternehmerischen Tätigkeit entstehen.
- Rechtsgeschäfte zwischen dem Staat und den Unternehmern, die im Rahmen der unternehmerischen Tätigkeit entstehen und zur Befriedigung von öffentlichen Interessen dienen.
- Die sog. absoluten Geschäfte - diese absoluten Geschäfte sind im HGB taxativ aufgezählt; zu den absoluten Geschäften gehören z.B. der Unternehmenskauf oder die Beziehungen zwischen der Gesellschaft und dem Gesellschafter. Die absoluten Geschäfte sind stets dem HGB unterzuordnen, ohne Rücksicht darauf, welchen Statuts die Parteien des Rechtsgeschäftes haben.
- Die Rechtsgeschäfte, bei welchen die Vertragsparteien die Anwendung des HGB vereinbart haben - in diesem Fall muß die Vereinbarung zwingend die Schriftform einhalten.

VIII. Arbeitsrecht

Das tschechische Arbeitsrecht ist eines der Gebiete, das den Änderungen nach 1989 am wenigsten unterzogen wurde. Bis dato gilt in Tschechien das von den gröbsten sozialistischen Merkmalen bereinigte Arbeitsgesetzbuch vom Jahre 1965, in der Fassung mehrerer Novellen. Derzeit ist eine neue Kodifikation des Arbeitsrechts in Planung.

Im Vergleich mit Österreich und Deutschland ist die Arbeitnehmermitbestimmung in tschechischen Betrieben bedeutend schwächer. Die Betriebsräte und ihre Rolle i.S.d. deutschen und österreichischen Rechts sind dem tschechischen Arbeitsrecht unbekannt.

Für einen ausländischen Investor sind im Bereich des tschechischen Arbeitsrechtes einige wichtige Gebiete von Bedeutung:

- bei der Gründung eines Unternehmens die Anstellung der neuen Arbeitnehmer (insbesondere die Klärung, welchem Recht das Arbeitsverhältnis unterliegen soll);
- beim Erwerb eines tschechischen Unternehmens das Schicksal der in diesem Unternehmen beschäftigten Arbeitnehmer;
- die Beendigung der Arbeitsverhältnisse (insbesondere die Kündigung bzw. die Entlassung).

1. Maßgebendes Recht bei der Anstellung neuer Arbeitnehmer

Bei der Anstellung neuer Arbeitnehmer ist vor allem die Frage zu klären, nach welchem Recht sich ihr Arbeitsverhältnis richten soll[36]. Praktisch kommen folgende Möglichkeiten in Betracht:

Der Arbeitgeber ist ein Ausländer und der Arbeitnehmer ein Inländer (ein Tscheche); die Arbeit wird auf dem Gebiet der ČR ausgeübt, oder der Arbeitgeber ist ein Inländer, der Arbeitnehmer ein Ausländer, die Arbeit wird auf dem Gebiet der ČR ausgeübt. In beiden Fällen gilt der Grundsatz lex loci laboris und die Arbeitsverhältnisse richten sich nach dem ArbGB, d.h. nach tschechischem Recht. Das tschechische Gesetz über das internationale Privat- und Prozeßrecht gibt jedoch den Vertragsparteien die Möglichkeit, ein anderes als das tschechische Recht zu wählen, wenn ihre Wahl nicht gegen die unabdingbaren Grundsätze der tschechischen Rechts- und Staatsordnung verstößt. Die dritte Möglichkeit ist, daß sowohl der Arbeitgeber als auch der

[36] Aus deutschsprachiger Literatur vgl. zu dieser Frage *Bučková*, Die Rechtsgrundlagen der Beschäftigung ausländischer Arbeitnehmer in Tschechien, Ecolex 1996, S 140 ff.

Arbeitnehmer Ausländer sind, die Arbeit wird auf dem Gebiet der ČR ausgeübt - in diesem Fall kommt der Grundsatz lex loci laboris nicht zur Anwendung, sondern es ist das Recht des Sitzes/Wohnsitzes des Arbeitgebers maßgebend, vorausgesetzt, daß die Vertragsparteien nichts Abweichendes vereinbart haben. Sonderregeln gelten für Verkehrsunternehmen.

2. Arbeitsverhältnisse im Falle eines Unternehmenserwerbs

Im Falle eines *Unternehmenskaufs* i.S.d. §§ 476 ff HGB gehen *sämtliche Rechte und Pflichten* aus den Arbeitsverhältnissen vom Verkäufer auf den Erwerber über. Dieselbe Bestimmung enthält auch das Gesetz Nr. 92/1991 Sb. i.d.g.F., über die Bedingungen der Übertragung des Staatsvermögens auf andere Personen[37], (kurz Gesetz über „große Privatisierung" genannt) in Bezug auf die *privatisierten Unternehmen.* Sowohl die HGB - Regelung als auch die Regelung im Gesetz über die große Privatisierung sind zwingend, die Vertragsparteien können den Übergang von arbeitsrechtlichen Rechten und Pflichten nicht modifizieren.

3. Beendigung der Arbeitsverhätnisse nach tschechischem Recht

Die in der Praxis am häufigsten vorkommenden Beendigungsmöglichkeiten sind die Kündigung bzw. die Entlassung der Arbeitnehmer.

Die *Kündigung* seitens des Arbeitgebers muß unter sonstiger Nichtigkeit die schriftliche Form einhalten und dem Arbeitnehmer zugestellt werden. Weiters ist die Kündigung nur aus bestimmten, im ArbGB *erschöpfend* aufgezählten *Gründen* möglich. Die Kündigungsgründe sind:

- Auflösung oder Umsiedlung des Arbeitgebers oder eines Teiles des Arbeitgebers;
- Übertragung des Arbeitgebers oder seines Teiles auf einen anderen Arbeitgeber, falls der neue Arbeitgeber keine Möglichkeit hat, den Arbeitnehmer entsprechend seinem Arbeitsvertrag zu beschäftigen
- Überflüssigkeit des Arbeitnehmers wegen Organisationsänderungen beim Arbeitgeber;
- dauernder, für die Arbeitsleistung unzureichender Gesundheitszustand des Arbeitnehmers;
- mangelnde rechtliche bzw. fachliche Voraussetzungen für die Arbeitstätigkeit, mangelnde Arbeitsleistung (in diesem Fall muß der Arbeitgeber

[37] Zákon o podmínkách převodu majetku státu na jiné osoby.

den Arbeitnehmer binnen 12 Monaten im voraus schriftlich zur Besserung seiner Arbeitsleistung erfolglos auffordern);

- Vorliegen eines Entlassungsgrundes oder wegen schwerwiegender Verletzung der Arbeitsdisziplin bzw. wegen einer systematischen, nicht schwerwiegenden Verletzung der Arbeitsdisziplin, falls der Arbeitgeber den Arbeitnehmer innerhalb der letzten sechs Monate schriftlich auf die Möglichkeit einer Kündigung aufmerksam machte.

Bestimmte Personen stehen unter einem allgemeinen Kündigungsschutz (z.B. Präsenz- und Zivildiener, schwangere Arbeitnehmerinnen), bestimmte unter einem besonderen Kündigungsschutz (Behinderte, Gewerkschaftsmitglieder).

Auch bei der *Entlassung* (in der Terminologie des ArbGB "sofortige Beendigung") ist zwingend die Schriftform einzuhalten. Auch sie muß dem Arbeitnehmer zugestellt werden. Die Entlassung ist nur *ausnahmsweise* aus *taxativ aufgezählten Gründen* zulässig:

- rechtskräftige Verurteilung zu einer mehr als einjährigen Freiheitsstrafe wegen einer vorsätzlichen Straftat;
- rechtskräftige Verurteilung zu einer mindestens sechsmonatigen Freiheitsstrafe wegen einer vorsätzlichen, mit der Arbeitsleistung verbundenen Straftat;
- bei besonders schwerwiegender Verletzung der Arbeitsdisziplin.

Wie bei der Kündigung stehen bestimmte Personen unter Entlassungsschutz (schwangere Arbeitnehmerinnen, alleinstehende Arbeitnehmerinnen oder alleinstehende Arbeitnehmer, die ein bis zu 3 Jahre altes Kind dauernd betreuen, und Gewerkschaftsmitglieder).

IX. Besonderheiten privatisierter Unternehmen

Im Zuge der bereits oben erwähnten großen Privatisierung wurde die Mehrzahl der ehemaligen Staatsbetriebe in Aktiengesellschaften umgewandelt. Die Höhe der Beteiligung des Staates an den privatisierten Unternehmen ist unterschiedlich. Für ausländische Investoren ist insbesondere die mit den *Mehrstimmrechtsaktien* (die sog. *„goldenen" Aktien)* verbundene Problematik von Bedeutung.

Gemäß Art. IV des Ges. Nr. 210/1993 sind die „goldenen" Aktien in Tschechien nur insoweit zulässig, wenn sie zu Zwecken des Gesetzes über die große Privatisierung ausgegeben wurden, die Gründer der Aktiengesellschaft entweder der Fonds des Nationalvermögens oder der Grundstücksfonds der Tschechischen Republik sind, diese Fonds auch Eigentümer von den „goldenen" Aktien sind und ihre Ausgabe in der Satzung der betroffenen Fonds vorgesehen ist (Art IV Ziff 2 des Ges. Nr. 210/1993 Sb). Alle diese Bedingungen sind kumulativ[38].

Ein weiteres Problem, das in der Praxis zum Gegenstand zahlreicher Streitigkeiten führt, sind die *Haftungen* im Bezug auf das privatisierte Vermögen. Das bereits erwähnte Gesetz über die große Privatisierung bestimmt, daß das zu privatisierende Vermögen grundsätzlich in der ersten Phase auf den sog. *Fonds des Nationalvermögens* übergeht. In der zweiten Phase wird das betroffene Vermögen an den zuständigen Interessenten übertragen. Mit dem Eigentumsrecht an privatisiertem Vermögen gehen auf den Erwerber auch andere mit dem privatisierten Vermögen zusammenhängende Rechte und Pflichten über. Der Fonds des Nationalvermögens haftet für die vor dem 13. August 1993 entstandenen, auf den Erwerber übergegangenen Verpflichtungen nur subsidiär. Für die nach diesem Stichtag entstandenen Verpflichtungen haftet der Fonds nicht mehr. In der Praxis ist es schwierig festzustellen, welche Rechtssubjekte nach der durchgeführten Privatisierung überhaupt entstanden sind und in welchem Umfang sie die Haftung übernommen haben.

X. Besonderheiten für ausländische Investoren

1. Aufenthaltsbewilligung[39]

Wie bereits oben angeführt, bedürfen alle Ausländer, die berechtigt sind, im Namen der Gesellschaft zu handeln und die als Statutarorgane ins Handelsregister einzutragen sind, einer Aufenthaltsbewilligung. Diese wird ihnen vom zuständigen *Fremdenpolizeiorgan* auf Antrag erteilt. Dem Antrag sind beizulegen: Nachweis über die Wohnmöglichkeit, 3 Paßbilder und ein mindestens 1 1/2 Jahre gültiger Reisepaß.

[38] Zum Wesen und zur Zulässigkeit von „goldenen" Aktien siehe näher *Dědič*, Sind Aktien mit Sonderstimmrechten zulässig? (Jsou přípustné akcie se zvláštními hlasovacími právy?), Obchodní právo (Handelsrecht) 3/1994, S 8 ff.

[39] Vgl. auch *Bučková*, Fn. 36.

2. Arbeitsbewilligung[40]

Genauso wie in Deutschland und in Österreich bedürfen in Tschechien ausländische Arbeitnehmer für die Ausübung einer Beschäftigung einer Arbeitsbewilligung. Die Arbeitsbewilligungen sind (leider nicht besonders ausführlich) in einem Teil des Gesetzes über Beschäftigung[41] (weiter nur BeschG) enthalten. Die genaue Vorgangsweise der Arbeitsbewilligungserteilung und ihres Entzuges ist nicht im BeschG selbst, sondern im Methodischen Hinweis Nr 5/1993 des tschechischen Ministeriums für Arbeit und soziale Angelegenheiten geregelt. Das tschechische BeschG unterscheidet nicht zwischen verschiedenen Arten der Bewilligungen je nach Dauer der Beschäftigung, sondern begnügt sich lediglich mit der Formulierung, daß ausländische Arbeitnehmer nur dann eine Beschäftigung aufnehmen dürfen, wenn ihnen eine Beschäftigungsbewilligung erteilt wurde. Bestimmte Personen benötigen ex lege *keine Bewilligung* (z.B. Flüchtlinge, Diplomaten, Personen, die ihre Arbeit aufgrund einer Gewerbeberechtigung oder einer Eintragung im Handelsregister ausüben.

Die Beschäftigungsbewilligung erteilt *das zuständige Arbeitsamt* nur für einen konkreten Arbeitgeber, für einen konkreten Arbeitsort und für eine konkrete Art der Arbeit, jedoch nur unter der Bedingung, daß an dem Arbeitsplatz kein tschechischer Arbeitnehmer beschäftigt werden kann. Die Arbeitsbewilligung ist stets befristet, am häufigsten werden die Arbeitsbewilligungen *für ein Jahr* ausgestellt. Eine *wiederholte Verlängerung* der Arbeitsbewilligung ist möglich. Über die Bewilligung der Verlängerung entscheidet je nach Entwicklung des tschechischen Arbeitsmarktes das zuständige Arbeitsamt.

In Tschechien sind Arbeitsbewilligungen grundsätzlich auch für *entsandte Arbeitnehmer* erforderlich, und zwar ohne Rücksicht darauf, ob das Arbeitsverhältnis selbst dem tschechischen Recht unterliegt oder nicht und ohne Rücksicht auf die Dauer der Entsendung. Sollten Zweifel daran bestehen, ob bestimmte Personen eine Arbeitsbewilligung benötigen, empfiehlt sich stets

---

[40] Vgl. auch *Bučková*, Fn. 36, *Jungmannová*, K některým právním problémům na úseku zaměstnanosti (zu einigen rechtlichen Problemen im Beschäftigungsbereich), Právní praxe (Rechtspraxis) 6/94, 344; *Nový*, Právní úprava zaměstnávání zahraničních osob - cizinců a možnosti jejich podnikání v ČR (Die rechtliche Regelung der Beschäftigung von ausländischen Rechtspersonen und die Möglichkeiten ihrer Unternehmungstätigkeit in der ČR), Obchodní právo 1/95, 2 ff; *Pařízková*, Cizinci na trhu práce v ČR (Ausländer auf dem Arbeitsmarkt in der ČR), Právo a zaměstnání (Recht und Beschäftigung) 4/95, 5 ff.

[41] Zákon o zaměstnanosti.

eine Rücksprache mit dem zuständigen Arbeitsamt, um etwaige Geldbußen und die Entstehung faktischer Arbeitsverhältnisse zu vermeiden.

3. Gründung eines Unternehmens durch Ausländer

a) Zweigniederlassung[42]

Im Vergleich mit den Tochtergesellschaften, Joint-Ventures und mit dem Beteiligungserwerb an bereits bestehenden Unternehmen werden Zweigniederlassungen von ausländischen Investoren eher selten gegründet. Der Grund dafür liegt sicherlich darin, daß die Zweigniederlassung einer ausländischen Gesellschaft stets als ein ausländisches Rechtssubjekt zu betrachten ist und keine eigene Rechtspersönlichkeit hat.

Andererseits ist die Errichtung einer Zweigniederlassung relativ unkompliziert, z.B. muß kein Gesellschaftsvertrag wie bei den Handelsgesellschaften abgeschlossen werden. Das HGB stellt lediglich fest, daß die Zweigniederlassung zwingend ins *Handelsregister* einzutragen ist. Ab dem Tage der Eintragung im Handelsregister ist die Zweigniederlassung zur unternehmerischen Tätigkeit in Tschechien berechtigt. Betreibt die Zweigniederlassung ein Gewerbe, ist sie verpflichtet, eine *Gewerbeberechtigung* einzuholen und einen *verantwortlichen Vertreter* (einen gewerberechtlichen Geschäftsführer) zu bestellen, es sei denn, daß der Leiter der Zweigniederlassung sowohl die allgemeinen Voraussetzungen (Unbescholtenheit, Vollendung des 18. Lebensjahres und unbeschränkte Geschäftsfähigkeit) als auch die speziellen Voraussetzungen (fachliche oder andere, in Spezialvorschriften verlangte Eignung) erfüllt. Ist der *Leiter der Zweigniederlassung* ein Ausländer, so muß ihm vor der Eintragung ins Handelsregister eine *Aufenthaltsbewilligung* erteilt werden.

b) Gründung einer Tochtergesellschaft[43]

Die Möglichkeit der Gründung einer Tochtergesellschaft wird seitens der ausländischen Investoren relativ häufig genutzt. Anders als bei den Zweigniederlassungen haben die Tochtergesellschaften ihren Sitz in Tschechien und werden daher kraft HGB als inländische Rechtssubjekte mit allen sich daraus ergebenden Vorteilen (z.B. unbeschränkte Immobilienerwerbsmöglichkeit) behandelt.

---

[42] Organizační složka (podniku).

[43] Dceřinná společnost.

Das HGB läßt folgende Formen der Tochtergesellschaften zu:

- offene Handelsgesellschaft
- Kommanditgesellschaft
- Gesellschaft mit beschränkter Haftung
- Aktiengesellschaft
- Genossenschaft.

c) Joint-Venture

Unternehmen in der Form eines Joint-Venture sind beliebt. Ausländische Investoren können gemeinsam mit einem tschechischen Partner ein gemeinsames Unternehmen in der Form einer oHG, einer KG, einer GmbH, einer AG bzw. einer Genossenschaft gründen.

4. Beteiligungserwerb durch Ausländer[44]

Der Erwerb von Beteiligungen an bereits bestehenden tschechischen Unternehmen, sei es Erwerb von GmbH - Geschäftsanteilen, sei es Erwerb von Aktien, gehört zu einer der beliebtesten Investitionsmöglichkeiten in Tschechien.

Grundsätzlich dürfen ausländische Gesellschafter *Geschäftsanteile einer tschechischen GmbH* frei erwerben. Schwierigkeiten können jedoch entstehen, wenn das Stammkapital der Gesellschaft aus Geldeinlagen und aus Immobilien oder nur aus Immobilien besteht und die Gesellschaft aufgelöst wird. In diesem Fall ist auf die devisenrechtlichen Vorschriften über die Beschränkung des Immobilienerwerbs für Ausländer Rücksicht zu nehmen.

Nach dem geltenden tschechischen Recht können Ausländer tschechische *Aktien* grundsätzlich frei erwerben. Die vorherige Zustimmung der Nationalbank ist jedoch erforderlich:

- wenn es sich um einen Beteiligungsanteil (Vermögensanteil)[45] einer ausländischen Person an einer bereits gegründeten Bank handelt;

---

[44] Vgl. näher z.B. *Bučková*, Übertragung von GmbH - Geschäftsanteilen und Aktien sowie Zulässigkeit der auf sie bezogenen Optionsrechte im tschechischen Recht, WiRO 2/1996, S. 58 ff und die in diesem Artikel angeführte Literatur.

[45] Als Beteiligungsanteil gilt der Besitz von Aktien, die Ausübung der mit Aktien verbundenen Stimmrechte oder der Erwerb von Aktien, welche aufgrund einer Vereinbarung oder aufgrund eines Auftrags von einem Dritten erworben wurden (Amtliche Mitteilung der Tschechischen Nationalbank vom 26.11.1993).

- zur Übertragung des Beteiligungsanteils von mehr als 15 % des Grundkapitals einer Bank[46].

Beschränkungen gelten auch für den Erwerb von Aktien der tschechischen *Wertpapierbörse*. Ausländische Personen (d.h. juristische Personen mit Sitz und natürliche Personen mit Wohnsitz außerhalb des Gebietes Tschechiens) und Joint-Ventures mit Sitz in Tschechien, bei welchen der Kapitalanteil des ausländischen Partners 50 % des Grundkapitals übersteigt, dürfen Aktien der Wertpapierbörse nur bis zu 1/3 ihres Grundkapitals erwerben. Die Börsenaktien lauten nur auf Namen und zu ihrer Übertragung ist die Zustimmung der Börsenkammer notwendig.

5. Immobilienerwerb durch Ausländer

Gegen alle Erwartungen lockerte auch das neue tschechische Devisengesetz den Erwerb von inländischen Immobilien nicht. Nach wie vor dürfen Ausländer Immobilien in der Tschechischen Republik nur ausnahmsweise erwerben. Die Erwerbsmöglichkeiten beschränken sich auf folgende Fälle:

- Erbschaft;
- für die diplomatische Vertretung eines fremden Staates im Falle der Gegenseitigkeit;
- wenn die Immobilie in die eheliche Gütergemeinschaft (in der Terminologie des tschechischen Eherechts „anteillose Mitgemeinschaft der Ehegatten") erworben wurde und nur einer der Ehegatten ein Ausländer ist, oder wenn der Ausländer die Immobilie vom Ehegatten, von den Eltern oder Großeltern erwerben soll;
- Tausch gegen eine andere inländische Immobilie;
- im Falle eines Vorkaufsrechts aufgrund eines bereits bestehendes Miteigentumsrechts an einer Immobilie;
- beim Bau, den der Ausländer auf dem eigenen Grundstück errichtete;
- falls der Immobilienerwerb durch Sondergesetze (z.B. im Rahmen der Restitutionen) gestattet ist.

[46] Unter Übertragung eines Beteiligungsanteils ist der Verkauf von Aktien oder die Abtretung von Stimmrechten an einen Dritten zu verstehen (Amtliche Mitteilung der Tschechischen Nationalbank vom 26.11.1993).

6. Investitionsschutz und Gewinntransfer

Die Investitionen eines ausländischen Investors in der Tschechischen Republik sind doppelt geschützt, und zwar durch das *HGB* und vor allem durch das *Investitionsschutzabkommen* zwischen Deutschland und Tschechien[47].

Das *HGB* bietet den Schutz gegen die Enteignung des mit der unternehmerischen Tätigkeit in Tschechien zusammenhängenden ausländischen Vermögens und gegen die Beschränkung des Eigentumsrechtes im Bezug auf dieses Vermögen. Das *Investitionsschutzabkommen* zwischen Tschechien und Deutschland gewährt einen vollkommenen Schutz und Sicherheit in Bezug auf die Investitionen, Reinvestitionen und ihre Erträge. Dieser Schutz erstreckt sich vor allem auf die etwaige Enteignung bzw. Verstaatlichung oder ähnliche Beschränkungen der Investitionen. Weiterhin gewährt das Investitionsschutzabkommen die *freie Überweisung der Finanzmittel* (Kapital, Gewinn, Dividenden, Zinsen, Zahlungen für Darlehenstilgungen, Liquidationserlöse, Entschädigungen, usw.) die sich auf eine Investition der Vertragspartei auf dem Gebiet der anderen Vertragspartei beziehen, in frei konvertibler Währung.

[47] Vereinbarung Nr. 573/1992 Sb. zwischen Tschechien und der Bundesrepublik Deutschland über die Förderung und den Schutz von Investitionen, Dohoda mezi ČSFR a Spolkovou republikou Německo o podpoře a ochraně investic.

Handels- und Unternehmensrecht in Ungarn

TAMÁS SÁRKÖZY

Gliederung:

I. Einleitung und gesetzliche Grundlagen

Das ungarische Handelsrecht gehört nach seiner rechtsdogmatischen Struktur zur deutschen Rechtsgruppe. Ein Zivilgesetzbuch (ZGB) wurde in Ungarn bis 1945 nicht erlassen. Das Zivilrecht entwickelte sich im wesentlichen auf gewohnheits- und präzedenzrechtlichen Grundlagen. Das Handelsrecht wurde dagegen früh kodifiziert: 1875 trat das Handelsgesetzbuch (Gesetz Nr. XXXVII/1875) in Kraft, das nach dem Muster des deutschen bzw. des österreichischen Handelsgesetzbuchs entworfen worden war. Dieses Gesetz regelte die Rechtsstellung der Einzelkaufleute und der Handelsgesellschaften sowie die Handelsgeschäfte. Das Handelsgesetzbuch wurde später durch das Konkursgesetz (1881), die verschiedenen Wertpapiergesetze, die Bankgesetze und das Wettbewerbsgesetz (1923) ergänzt.

Nach 1945 wurden in Ungarn auch die für die sozialistische Planwirtschaft typischen Rechtsinstitutionen eingeführt. Nach 1956 bildeten sich in Ungarn allerdings allmählich auch die Grundelemente der Marktwirtschaft heraus (wegen der sozialistischen Ideologie selbstverständlich in verzerrter Form). Während der sogenannten Soft-Diktatur, dem „Gulasch-Kommunismus“ - und nicht zuletzt als Ergebnis der 1968er Wirtschaftsreform - gelangten in

Ungarn zahlreiche marktwirtschaftliche Einrichtungen bereits vor 1990, also vor dem politisch-wirtschaftlichen Systemwechsel, zur Einführung.

1959 wurde das ungarische Zivilgesetzbuch erlassen, welches einheitlich die traditionellen zivilrechtlichen Verträge zwischen den Staatsbürgern und die wirtschaftlichen Verträge regelte (Gesetz Nr. IV/1959)[1]. Die planwirtschaftlichen Merkmale wurden schrittweise aus dem ZGB herausgenommen, so daß gegenwärtig das ZGB - obwohl es einer Modernisierung bedarf - grundsätzlich in der Lage ist, den Ansprüchen einer Marktwirtschaft gerecht zu werden.

Da der „mutterrechtliche" Charakter des ZGB aufrechterhalten werden sollte, wurde ein neues Handelsgesetzbuch nicht angenommen. Die Basisinstitutionen des Handelsrechts sind vielmehr in mehreren seit 1988 erlassenen Spezialgesetzen enthalten, die an das ZGB anknüpfen. Nachfolgend sind die wichtigsten dieser Gesetze aufgeführt:

a) Gesetz Nr. VI vom Jahre 1988 über die Wirtschaftsgesellschaften
b) Gesetz Nr. V vom Jahre 1990 über die Einzelkaufleute
c) Gesetz Nr. I vom Jahre 1992 über die Genossenschaften
d) Gesetz Nr. IL vom Jahre 1991 über das Konkursverfahren und die Liquidation
e) Gesetz Nr. VI vom Jahre 1990 über die Emission von Wertpapieren und über die Wertpapierbörse
f) Gesetz Nr. LXXXVI vom Jahre 1990 über das Verbot des unehrenhaften Marktverhaltens (Wettbewerbsgesetz - enthält auch die Grundregeln des Kartellverbots, der Fusionskontrolle und des Konzernrechtes)
g) Gesetz Nr. LXIX vom Jahre 1991 über die Geldinstitute (Bankgesetz)
h) Gesetz Nr. XXXIX vom Jahre 1995 über die Privatisierung des staatlichen Vermögens (das ist bereits das dritte Privatisierungsgesetz nach dem Gesetz Nr. XIII vom Jahre 1989 und dem Gesetz Nr. LIV. vom Jahre 1992)
i) Gesetz Nr. XVI vom Jahre 1991 über die Konzession
j) Gesetz Nr. XCVI vom Jahre 1995 über die Versicherung
k) Gesetz Nr. XVIII vom Jahre 1991 über die Rechnungslegung
l) Gesetz Nr. XXII vom Jahre 1992 über das Arbeitsgesetzbuch

Die gesetzliche Regelung der Grundeinrichtungen des ungarischen Handelsrechts ist - mit Ausnahme des Immobilienrechts (Fehlen eines modernen Grundstücksrechts) - im wesentlichen abgeschlossen. Auf dem Gebiet der Wirtschaftsgesetzgebung befindet sich Ungarn meiner Meinung nach im

---

[1] *Eörsi*, Richterrecht und Gesetzesrecht in Ungarn, RabelsZ 1966, S. 117 ff.

Vergleich zu den anderen, früheren sozialistischen Ländern entscheidend im Vorteil. Die Aufgabe der nächsten Jahre in Ungarn sind:

- Überprüfung der zwischen 1988 und 1995 verfaßten Gesetze unter Berücksichtigung der praktischen Erfahrungen (Novellierung dieser Gesetze)
- Weiterentwicklung der Rechtsharmonisierung mit der Europäischen Union (das ungarische Handelsrecht ist im wesentlichen bereits gemeinschaftsrechtskonform);
- Ausschaltung der infolge des "Spurts in der Gesetzgebung" aufgetretenen technischen Fehler und inneren Widersprüche;
- Beseitigung der Kluft zwischen Gesetzgebung und Rechtsanwendung, Schaffung der für das Funktionieren eines modernen Handelsrechts notwendigen personellen und technischen Infrastruktur, Entwicklung einer Kultur der Rechtsanwendung im Gebiet des Handelsrechts (richterliche, schiedsrichterliche, notarielle Praxis), Schaffung einer ausreichenden Rechtssicherheit für Investoren.

Schon die gegenwärtige, 1990 angenommene Verfassung regelt die Grundprinzipien der Wirtschaftsverfassung - Eigentumsschutz, Gewerbefreiheit, Vertragsfreiheit, Wettbewerbsprinzip. In der für 1997 geplanten, neuen Verfassung werden voraussichtlich die wirtschaftlichen und sozialen Grundrechte noch stärker zur Geltung kommen.[2]

II. Rechtsformen der Unternehmen

1. Der Einzelkaufmann

Das Gesetz Nr. V/1990 regelt die Einzelunternehmungen. Das Recht, ein Unternehmen zu betreiben, ist ein subjektives Recht. Nur derjenige, den das Gesetz ausdrücklich ausschließt (z.B. wegen Begehung eine Vermögensdelikts), kann kein Einzelunternehmer sein. Die kommunale bzw. städtische Selbstverwaltung erteilt nach einem wirklich einfachen Verfahren die Genehmigungen (Ausweise) zur Führung einer individuellen Unternehmung. (Von den 10 Millionen Einwohnern Ungarns sind eine halbe Million Einzelunternehmer.) Falls es ein Unternehmer wünscht, trägt das zuständige Fir-

---

[2] S. *Sárközy*, The Present State and the Future Work of Hungarian Economic Legislation, Acta Iuridica Hungarica 1-2/1993, S. 8 ff.

mengericht auf seinen Antrag hin das Unternehmen als Einzelfirma ein, und zwar auf der Grundlage der Gesetzesverordnung Nr. 23/1989.[3]

Der Einzelkaufmann haftet mit seinem gesamten Privatvermögen für die Verbindlichkeiten seines Unternehmens. Das Gesellschaftsgesetz macht es ihm allerdings - gemäß Regelungen, die im Vergleich zur westeuropäischen Praxis um einiges liberaler sind - möglich, Einmanngesellschaften in der Form einer GmbH oder einer Aktiengesellschaft zu gründen.

2. *Die Wirtschaftsgesellschaften*

Das Gesetz Nr. VI/1988 über die Wirtschaftsgesellschaften (Handelsgesellschaften) regelt sechs Gesellschaftsformen. Auch im ungarischen Handelsrecht besteht ein Formenzwang, also ein Numerus Clausus der Wirtschaftsgesellschaften. Ausgesprochene Mischformen (zum Beispiel GmbH & Co. KG) kennt das Gesellschaftsgesetz nicht. Allerdings formuliert § 20 dieses Gesetzes das Prinzip der Dispositivität (das lediglich für das Aktienrecht nicht gilt), so daß für die Gesellschaftsgründer die Möglichkeit besteht, die Typenvermischung bis zu einem gewissen Grad zu verwirklichen.

Die sechs Gesellschaftsformen sind die folgenden:

- Die offene Handelsgesellschaft. Sie entspricht im wesentlichen der im deutschen Recht bekannten Form; sie ist eine Personengesellschaft ohne Rechtspersönlichkeit.
- Die Kommanditgesellschaft. Sie entspricht im wesentlichen der im deutschen Recht bekannten Form. Eine stille Gesellschaft kann unter Anwendung der Regeln für die Kommanditgesellschaft gegründet werden - das ungarische Handelsrecht kennt den ausdrücklichen Begriff der stillen Gesellschaft nicht. Die KG ist die von den Kleinunternehmungen bevorzugte Rechtsform; es bestehen ca. 100.000 Kommanditgesellschaften in Ungarn. Die Rechtsform der KG wird in erster Linie wegen ihrer günstigen steuerlichen Behandlung gewählt. Die Kommanditgesellschaft ist keine juristische Person. Sie ist jedoch unter ihrem Firmennamen rechtsfähig und kann Eigentum erwerben, Verträge schließen und besitzt die aktive und passive Prozeßfähigkeit.
- Die Vereinigung. Die Vereinigung ist eine Gesellschaft, die der Koordination von Rechtspersonen dient, nach dem Muster der französischen grou-

[3] Dazu *Vékás*, Neue Formen privatwirtschaftlicher Erwerbstätigkeit, in: ***Brunner/Pfaff*** (Hrsg.), Wandlungen in der Eigentumsverfassung der sozialistischen Länder Südosteuropas, München 1991, S. 75 ff.

pement d'intérêt économique. Ihre Regelung steht der Europäischen Kooperationsgesellschaft sehr nahe. Die Vereinigung ist juristische Person.

- Das Gemeinsame Unternehmen. Hierbei handelt es sich um eine im Aussterben begriffene, aus dem Sozialismus übernommene Unternehmensform mit juristischer Persönlichkeit, wobei die Gesellschafter wie Bürgen haften.
- Die Gesellschaft mit beschränkter Haftung. Das ungarische GmbH-Recht entspricht im wesentlichen der deutschen Regelung. Die ungarische GmbH ist eine zwischen den Personen- und den Kapitalgesellschaften stehende Form. Sie wird von von den Privatkaufleuten bevorzugt (ihre Zahl geht an die 100.000). Die GmbH kann mit sehr niedrigem Stammkapital gegründet werden (1 Mio Ft.).
- Die Aktiengesellschaft. Auch hier diente die deutsche Regelung als Vorbild. Die Aktiengesellschaft kann sowohl mit öffentlicher Aktienausgabe als auch geschlossen gegründet werden. Das Mindestgrundkapital beträgt 10 Mio. Ft. Dem deutschen System entsprechend gibt es kein einheitliches Board, sondern der Vorstand und der Aufsichtsrat sind voneinander getrennt tätig (auch der Rechnungsprüfer ist verbindlich). Im Gegensatz zum neueren deutschen Recht sind jedoch Vorstand und Aufsichtsrat gleichrangig. Beide Organe werden in gleicher Weise von der Hauptversammlung gewählt, der Aufsichtsrat kann aber nur eine Kontrolltätigkeit ausüben. Bisher sind nur verhältnismäßig wenig nicht geschlossene Aktiengesellschaften gegründet worden. Auch die ausländischen Investoren gründen überwiegend geschlossen. Gleichzeitig ist die Zahl der AG´s in Ungarn trotzdem größer als in Deutschland, da die Gesetze Nr. LIII und LIV/1992 unter Anwendung der Technik des deutschen Umwandlungsgesetzes (Gesamtrechtsnachfolge) die Zwangsumwandlung der staatlichen Unternehmen in AG´s anordneten (nur zu ca. 10 % erfolgte eine Umwandlung in GmbH´s). Der Umwandlungsprozeß von staatlichen Unternehmen in Aktiengesellschaften wurde im wesentlichen im Jahre 1995 abgeschlossen.

3. *Im Zivilgesetzbuch geregelte Unternehmensformen*

Die wichtigste im ZGB vorgesehene Rechtsperson des sozialistischen Systems war das staatliche Unternehmen nach sowjetischem Muster, das im Gesetz Nr. VI/1977 eine ausführliche Regelung erfahren hat. Die Form des staatlichen Unternehmens hat im Laufe der Umwandlung der staatlichen Unternehmen in AG´s und GmbH´s seine Bedeutung im wesentlichen eingebüßt.

Eine ebenfalls bedeutungslos gewordene Rechtsform ist das sogenannte Tochterunternehmen, ein Unternehmen, das durch staatliche Unternehmen bzw. Genossenschaften, jedoch nicht in der Form einer Wirtschaftsgesellschaft, gegründet wurde.

Die örtlichen Selbstverwaltungen (Gemeinden, Städte) haben ebenfalls die Befugnis, für öffentliche Zwecke Unternehmen zu gründen, allerdings nicht in der Form einer Wirtschaftsgesellschaft (GmbH oder AG), sondern auf der Grundlage des § 74 ZGB in der früheren Form des staatlichen Unternehmens bzw. Tochterunternehmens. Eine ähnliche Möglichkeit besteht auch für die Vereine. (In Ungarn kann der Verein bzw. die Stiftung nicht zu wirtschaftlichen Zwecken gegründet werden; das ungarische Recht kennt nur den sogenannten Idealverein bzw. die Idealstiftung.)

Die Wirtschaftsgesellschaft kann nur geschäftsmäßige, wirtschaftliche Tätigkeiten ausführen. Für grundsätzlich nicht wirtschaftliche Ziele steht die Gesellschaft des bürgerlichen Rechts (§ 568 ZGB) zur Verfügung, bzw. die Gemeinnützige Gesellschaft als Nonprofit-GmbH (§ 61 ZGB).

4. Die Genossenschaft

Eine den Wirtschaftsgesellschaften sehr nahestehende, aber in Ungarn durch gesondertes Gesetz geregelte Form ist die Genossenschaft (Gesetz Nr. I/1992). Die Genossenschaft ist in Ungarn eine sehr verbreitete Unternehmensform, nicht nur in der Landwirtschaft, sondern auch in Industrie, im Handel und in Bereichen des Dienstleistungssektors. Bei den Genossenschaften gibt es kein Mindest-Grundkapital, es gilt das Prinzip „ein Gesellschafter - eine Stimme", und die Organisations- und Tätigkeitsregeln sind ebenfalls recht einfach.

III. Gründung, Organe, Haftungsverhältnisse und Erlöschen der Wirtschaftsgesellschaften

Zur Gründung einer Wirtschaftsgesellschaft ist ein von einem Rechtsanwalt gegengezeichneter oder von einem Notar ausgefertigter Gesellschaftsvertrag erforderlich. Bei der öffentlich gegründeten Aktiengesellschaft ersetzt die auf der konstituierenden Hauptversammlung angenommene Satzung den Gesellschaftsvertrag. Bei den Einmanngesellschaften, bzw. bei der geschlossenen Aktiengesellschaft erfüllt die Gründungsurkunde die Funktion des Gesellschaftsvertrags.

Die Wirtschaftsgesellschaft kommt in einem nicht streitigen Verfahren mit Eintragung in das Firmenregister durch das Firmengericht zustande. Die Eintragung wirkt auf den Zeitpunkt der Schließung des Gesellschaftsvertrages zurück (konstitutive und ex tunc wirkende Firmeneintragung). Die Kommitatsgerichte führen als Firmengerichte die öffentlichen Glauben genießenden Firmenregister. Das Firmengericht ist verpflichtet, die Gesellschaft einzutragen, falls sie den gesetzlichen Voraussetzungen entspricht.

Wirtschaftsgesellschaften und Genossenschaften können im Wege der Gesamtrechtsnachfolge in andere Gesellschaften (z. B. eine GmbH in eine AG) umgewandelt werden. Die neue Gesellschaft kommt mit Firmeneintragung zustande. Die Umwandlung wird durch das VIII. Kapitel des Wirtschaftsgesellschaftsgesetzes geregelt - erforderlich ist ein Umwandlungsplan, eine Vermögensbilanz, die nicht älter als 3 Monate ist, usw. Die Umwandlung muß in einem amtlichen Anzeigenblatt (Firmenanzeiger) bekanntgemacht werden, und die Gläubiger können im Falle der Entstehung einer Haftungsbeschränkung Sicherheitsleistungen verlangen.

Bei der Vereinigung bzw. Teilung von Gesellschaften sind die Regeln der Umwandlung entsprechend anzuwenden, aber in diesen Fällen schließen die Parteien einen Vereinigungs- bzw. Teilungsvertrag.

Das *Firmengericht* übt eine Gesetzmäßigkeitsaufsicht über die gesamte Tätigkeit der Firmen (Einzelfirmen, Wirtschaftsgesellschaften, Genossenschaften) aus.

Die Gesellschaft erlischt, wenn sie vom Firmengericht im Firmenregister gelöscht wird. Falls keine Probleme hinsichtlich der Zahlungsfähigkeit bestehen, erlischt die Gesellschaft nach einem Endabrechnungsverfahren ohne Rechtsnachfolger. Falls die Gesellschaft zahlungsunfähig wird, erlischt sie nur unter bestimmten Voraussetzungen. Im Falle eines erfolglosen, unter anderem auf eine Reorganisation abzielenden Konkursverfahrens, wird die Gesellschaft nach den Bestimmungen des Gesetzes Nr. IL/1991 liquidiert.

Von den sechs Wirtschaftsgesellschaftstypen besitzen die offene Handelsgesellschaft und die Kommanditgesellschaft keine eigene Rechtspersönlichkeit, was jedoch nur einen formalen Unterschied darstellt. Tatsächlich haben die oHG und die KG unter ihren Firmennamen die gleichen Möglichkeiten zum Eigentumserwerb und zum Vertragsschluß wie die Gesellschaften mit eigener Rechtspersönlichkeit.

Die Wirtschaftsgesellschaften müssen ein Vermögen aufweisen; ein Mindestvermögen schreibt das Gesetz nur für die Gesellschaftsformen mit beschränkter Haftung, d. h. für die AG und die GmbH, vor.

Das Vermögen kann aus Geld- und aus Sacheinlagen bestehen, die Geldeinlage muß jedoch im Falle der GmbH und der AG 30 % des Stammkapitals bzw. des Grundkapitals erreichen.

Die Sacheinlagen (Apport) können auch aus Vermögensrechten, geistigen Werken und anderen vermögensrechtlich faßbaren Werten (z. B. goodwill) bestehen. Der Apport ist von einem Buchprüfer schätzen zu lassen, wobei der Gesellschafter 5 Jahre lang für die Richtigkeit der Wertbestimmung haftet.

Die Gesellschafter der offenen Handelsgesellschaft haften unbeschränkt und gemeinschaftlich mit ihrem gesamten Privatvermögen für die Schulden der Gesellschaft. Die Haftung der Komplementäre der KG entspricht der Haftung der Gesellschafter der Offenen Handelsgesellschaft. Der Kommanditist haftet gegenüber den Gläubigern der Gesellschaft überhaupt nicht, sondern er ist nur der Gesellschaft hinsichtlich der Leistung seiner Vermögenseinlage verpflichtet.

Die Gesellschafter der Vereinigung und des gemeinsamen Unternehmens haften sekundär (als Bürgen) für die Schulden der Gesellschaft. Die Gesellschafter (bzw. die Aktionäre) der GmbH und der AG haften nicht für die Schulden der Gesellschaft.

Die Struktur der offenen Handelsgesellschaft und der KG ist außerordentlich einfach, die Gesellschafterversammlung nicht formgebunden, jeder Gesellschafter kann bei der oHG Geschäftsführer sein. Das Grundorgan der Vereinigung bzw. des gemeinsamen Unternehmens ist der aus den Gesellschaftern bestehende Verwaltungsrat, die operative Leitung übt der vom Verwaltungsrat gewählte Direktor aus. Grundorgan der GmbH ist die Gesellschafterversammlung, die operative Leitung üben ein oder mehrere von der Gesellschafterversammlung gewählte Geschäftsführer aus. Die Bildung eines Aufsichtsrates bei der GmbH ist - ebenso, wie bei den bereits erwähnten vier vorhergehenden Gesellschaften - im allgemeinen fakultativ. Wenn das Stammkapital der GmbH 20 Mio Ft. übersteigt oder die GmbH mehr als 25 Gesellschafter aufweist, ist der Aufsichtsrat allerdings auch für die GmbH verbindlich.

Grundorgan der AG ist die Hauptversammlung. Als Grundregel kann jeder Aktionär auf der Grundlage des Nennwertes seiner Aktie stimmen, es sei denn, er hat auf der Grundlage seiner Vorzugsaktie auf sein Stimmrecht verzichtet (bekannt sind auch Vorzugsaktien mit einem Stimmenplus). Die Generalversammlung wählt das operativ leitende Organ der AG, den aus drei bis 11 Mitgliedern bestehenden Vorstand. Die Vorstandstätigkeit wird vom Aufsichtsrat (mindestens 3 Mitglieder, eine Höchstmitliederzahl ist nicht festgesetzt) und vom Wirtschaftsprüfer kontrolliert.

Die Geschäftsführer oder die Mitglieder des Vorstandes einer Wirtschaftsgesellschaft werden von der Gesellschafterversammlung (Hauptversammlung) auf bestimmte Zeit, höchstens jedoch auf fünf Jahre, gewählt. Für Schäden, die der Gesellschaft durch die Ausübung einer solchen Leitungsfunktion entstehen, haften sie mit ihrem gesamten Privatvermögen gemäß den allgemeinen Vorschriften des bürgerlichen Rechtes, es sei denn, sie beweisen, daß sie sich so verhalten haben, wie dies im Interesse der Schadensverhütung und -behebung in der gegebenen Situation zu erwarten war. Die Geschäftsführer und Vorstandsmitglieder können in einem Arbeitsverhältnis zu der Gesellschaft stehen. Dies ist jedoch nicht zwingend.

Die leitenden Funktionsträger üben die gesetzlichen Vertretung der Gesellschaft aus und verfügen über das Recht der Firmenzeichnung. Der Gesellschaftsvertrag kann dieses Firmenzeichnungsrecht begrenzen.[4]

IV. Privatisierung

Wie bereits erwähnt, wurden bis zum Jahre 1995 die staatlichen Unternehmen in AG's (ein kleiner Teil in GmbH's) umgewandelt. Unter Privatisierung wird gem. § 1 des Gesetzes Nr. XXXIX/1995 die Veräußerung von Gesellschaftsanteilen (Aktien, GmbH-Geschäftsanteile) an Privateigentümer verstanden. Der Staat wird bei der Privatisierung von einer Einmann-Aktiengesellschaft der Regierung, der Staatlichen Privatisierungs- und Vermögensverwaltung AG, vertreten.

Das ungarische Privatisierungsgesetz sieht - mit Ausnahme des im Staatshaushaltsgesetz bestimmten Fiskalvermögens - eine Privatisierungspflicht zulasten des ungarischen Staates vor. Das Staatsvermögen im Unternehmenssektor muß daher an Privateigentümer veräußert werden. Eine Ausnahme bilden nur die Beteiligungen des Staates an Gesellschaften, die das Parlament gesetzlich von der Privatisierungspflicht freigestellt hat. Der sich in dauerndem Staatseigentum befindliche Kreis ist gegenwärtig in der Anlage des Gesetzes Nr. XXXIX/1995 festgelegt. In dauerndem Staatseigentum bleiben hauptsächlich die landesweiten Versorgungswerke, bzw. die vom volkswirtschaftlichen Gesichtspunkt her strategischen Unternehmen. Gegenwärtig machen diese 10 % des nationalen Vermögens aus. Das staatliche Eigentum

---

[4] Zu Einzelheiten des Vertretungsrechts vgl. *Pajor-Bytomski*, Gesellschaftsrecht in Ungarn, München 1994, S. 52 ff, 55 ff; *dieselbe*, Handelsgesellschaften in Osteuropa, München 1993, S. 228 ff; *Vida*, Gründung einer GmbH in Ungarn, RIW 1992, S. 813 ff.

kann bei diesen Gesellschaften 100% betragen, meist schreibt das Gesetz 50 % plus 1 Stimme vor; privatisierbar sind dann 49 %.

Die Privatisierung erfolgt grundsätzlich im Rahmen eines Wettbewerbsverfahrens im Wege der öffentlichen Ausschreibung. Eine unentgeltliche Vermögensübertragung kann nur durch das Gesetz ermöglicht werden. Die Privatisierung erfolgt im allgemeinen gegen Bargeld, aber andere materielle Gegenleistungen kommen auch in Frage (Bereiterklärung zur technischen Entwicklung, Übernahme einer Beschäftigungspflicht, Beseitigung eines Umweltschadens usw.).

Die ungarischen Bürger genießen im Rahmen der Privatisierung besondere Vergünstigugen (z. B. Gewährung günstiger Kredite usw.). Der Belegschaft der zu privatisierenden Unternehmen läßt der ungarische Staat im allgemeinen 10-15 % Belegschaftsaktien zukommen.

In den Jahren 1995-1996 beschleunigte sich die bereits seit 1988 laufende Privatisierung erheblich. Abgeschlossen wurde die Privatisierung des Energiesektors. Die Privatisierung der Großunternehmen und Banken schreitet gut voran, auch die sogenannte vereinfachte - den Unternehmensführungen anvertraute und somit dezentralisierte - Privatisierung der Klein- und Mittelbetriebe. Es besteht daher die begründete Erwartung, daß bis 1998 die institutionelle Privatisierung in Ungarn abgeschlossen werden kann und daß das Privateigentum in der Wirtschaft eine umfassende Überlegenheit erlangt.[5]

V. Investitionen von Ausländern

In Ungarn gibt es kein besonderes Joint Venture-Gesetz, Ausländer können sich im allgemeinen unter den gleichen Bedingungen wie Ungarn an Wirtschaftsgesellschaften (bzw. Genossenschaften) beteiligen - Es gibt hierzu nur eine Ausnahme: Ein Ausländer kann Aktionärsrechte nur auf der Grundlage von Namensaktien ausüben. (Ein ausländischer Staatsbürger kann nur dann Einzelkaufmann sein, wenn er über eine ständige Aufenthaltsgenehmigung verfügt.)

Die Gesellschaftsgründung durch Ausländer ist nicht an eine Genehmigung gebunden. Ausländer können uneingeschränkt Mehrheiten erwerben und AG's und GmbH's gründen, die in ihrem 100%igen Eigentum stehen.

Ausländische Staatsbürger können in den Wirtschaftsgesellschaften auch unbeschränkt Führungspositionen (als leitende Angestellte) innehaben. In diesem Falle benötigen sie keine Arbeitserlaubnis und bekommen automa-

---

[5] Vgl. *Sárközy*, Das neue ungarische Privatisierungsgesetz, Osteuropa Recht 1996, S. 1 ff.

tisch eine Auftenthaltserlaubnis. Auch bei der Privatisierung können Ausländer unter gleichen Bedingungen wie Ungarn Eigentum erwerben, allerdings muß in einigen Fällen bei gleichwertigen Angeboten das heimische Angebot bevorzugt werden.

Beschränkungen des Eigentumserwerbs durch Ausländer bestehen in der Landwirtschaft (Erwerbsbeschränkungen für Ackerland) und im Bank- und Versicherungssektor, wo spezielle Genehmigungen erforderlich sind. Beschränkungen sehen auch die Telekommunikationsgesetze (z. B. das Mediengesetz von 1996) vor. Im allgemeinen sind sich die ungarischen Gesetze allerdings in Bezug auf den Eigentumserwerb durch Ausländer recht liberal. So kann sich z.B. ein Ausländer zu 100% an dem Kapital einer GmbH beteiligen, die dann als ungarische juristische Person von allen Eigentumserwerbsbeschränkungen befreit ist.

Das Gesetz garantiert die Sicherheit der ausländischen Investitionen und verbietet die Verstaatlichung. Das Gesellschaftsgesetz formuliert auch das Prinzip des freien Devisentransfers: Ein Ausländer kann seine Einlage, bzw. seinen Gewinn in der Währung der Investition frei ins Ausland übertragen (§ 9 des Wirtschaftsgesellschaftsgesetzes).

Die Wirtschaftsgesellschaften mit ausländischer Mehrheit können prinzipiell unbeschränkt ausländische Arbeiter anstellen. Neben diesen günstigen Bedingungen erhalten sie eine Aufenthalts- und eine Arbeitserlaubnis.

Die Steuer- und Zollvergünstigungen für die ausländischen Investoren regelt ein gesondertes Gesetz, das XXIV/1988. Dieses Gesetz regelt auch die Gesellschaften in Zollfreigebieten bzw. Off Shore-Gesellschaften.

Hinsichtlich der Entscheidung von Rechtsstreitigkeiten können sich Ausländer unbeschränkt eine ausländische Schiedsgerichtsbarkeit ausbedingen (§ 18 des Wirtschaftsgesellschaftsgesetzes). Das anzuwendende materielle Recht ist natürlich - entsprechend den Grundprinzipien des internationalen Privatrechtes - das ungarische Gesellschaftsrecht.

Seit 1988 floß aktives Kapital in Höhe von 14 Mrd. Dollar nach Ungarn, das ist der höchste Wert in Osteuropa. Es ist aber schwierig, die Wettbewerbsfähigkeit des Landes im Bereich des Imports von ausländischem Aktivkapital zu erhalten. Der ungarische Markt ist klein, die Arbeitskräfte sind relativ teuer und die wirtschaftspolitischen Bedingungen verhältnismäßig ungünstig.[6]

---

[6] Vgl. *Winkler/Ziemons*, Ausländische Investitionen in Osteuropa, in: Handbuch Wirtschaft und Recht in Osteuropa, Bd. II/Länderteil Ungarn, S. 1 ff.

VI. Arbeitsrechtliche Bestimmungen

Das im Arbeitsgesetzbuch von 1992 geregelte Individualarbeitsrecht ist stark sozialstaatlich orientiert. Es berücksichtigt verstärkt den Interessenschutz der Arbeitnehmer (z. B. im Kündigungsfall). Eine eventuelle Privatisierung berührt die bereits geschlossenen Arbeitsverträge nicht, was ausländischen Investoren Probleme bereitet. Auch die bereits geschlossenen Kollektivverträge (Tarifverträge), die in Ungarn auf Unternehmensebene geschlossen werden, sind von der Privatisierung nicht betroffen.

Die Stellung der Betriebsräte in ungarischen Unternehmen entspricht im wesentlichen der Stellung der Betriebsräte in Deutschland. Im Zeichen der Koalitionsfreiheit besteht auch eine starke Gewerkschaftsbewegung. Dies bereitet allerdings nur bei den privatisierten Unternehmen Schwierigkeiten, bei den neuen Unternehmen mit ausländischen Eigentümern sind die Lohnverhältnisse im Vergleich zu den einst staatlichen Unternehmen um einiges besser, so daß die Gewerkschaft gegen diese nicht vorgeht. Ungarn verfügt auch über ein recht liberales Streikrecht (Gesetz VII/1989), aber in den vergangenen 8 Jahren kamen Streiks kaum vor.

Das ungarische Gesellschaftsgesetz kennt die Einrichtung der Unternehmensmitbestimmung Diese beschränkt sich jedoch auf eine Partizipation im Sinne der Meinungsäußerung und der Wahrnehmung einer Kontrollfunktion. In jeder Gesellschaft, in der die Zahl der Vollzeitangestellten einen jährlichen Durchschnitt von 200 Arbeitnehmern übersteigt, wird gemäß § 13 des Wirtschaftsgesellschaftsgesetzes ein Drittel des Aufsichtsrates von den Arbeitnehmern aus ihren Reihen gewählt. Die Meinung der Belegschaft innerhalb des Aufsichtsrats muß auf der Gesellschafterversammlung (Hauptversammlung) der Gesellschaft dargelegt werden; über ein Vetorecht verfügen die Arbeitnehmer dabei aber natürlich nicht.

VII. Konzernrecht

Dem Konzernrecht kam bisher in Ungarn keine bedeutende Rolle zu. Die Grundlagen des Konzernrechts sind in Ungarn jedoch vorhanden.

Die §§ 321 bis 330 des Wirtschaftsgesellschaftsgesetzes regeln das Eingliederungs-Konzernrecht in bezug auf die Aktiengesellschaften. Mit anderen Worten, es regelt nur die Beteiligungen zwischen den in Ungarn eingetragenen Aktiengesellschaften; auf die GmbH erstreckt sich die gesellschaftsrechtliche Regelung des Konzernrechts bisher noch nicht (eine umfassendere Regelung ist in Vorbereitung).

Das Wirtschaftsgesellschaftsgesetz enthält im AG-Bereich Regelungen hinsichtlich der bedeutenden Beteiligung (25 % + 1 Stimme), der mehrheitlichen Beteiligung (50 % + 1 Stimme), und der Beteiligung, welche eine, die unmittelbare Leitung ermöglichende, strategische Mehrheit sichert (75 %). Im Falle der mehrheitlichen Beteiligung spricht sie den Minderheits-Aktionären der Tochtergesellschaften bedeutende Rechte zu. Bei einer Beteiligung, die 75 % erreicht oder übersteigt, haftet das Mutterunternehmen für die Schulden des Tochterunternehmens. Die konzernrechtliche Verbindung muß öffentlich bekanntgemacht werden - auch die gegenseitige, bedeutende Beteilung (sog. Überkreuzbeteiligung).

Das Wettbewerbsgesetz vom Jahre 1990 enthält neben einem Kartellverbot wesentliche konzernrechtliche Bestimmungen, und zwar hinsichtlich aller Unternehmensformen. Seine Bestimmungen erstrecken sich sowohl auf die durch Beteiligung oder durch Vertrag zustandegekommenen Konzerne als auch auf die faktischen Konzerne. Wenn somit die verbundenen Unternehmen über einen Marktanteil verfügen, der in Hinblick auf irgendwelche von ihnen vertriebenen Waren 30 % des betreffenden Marktes übersteigt, ist die Genehmigung des Kartellamtes zum Erwerb der Beteiligung in der anderen Gesellschaft erforderlich. Das Genehmigungsverfahren ist identisch mit der Fusionskontrolle: Zur organisatorischen Vereinigung (Verschmelzung, Inkorporation) ist auch hier nur dann eine Genehmigung erforderlich, wenn der Marktanteil 30 % übersteigt. Gegen die Entscheidung des Kartellamtes kann gerichtlich vorgegangen werden. Ein ohne Genehmigung geschlossener Vertrag ist ungültig.

Das Rechnungslegungsgesetz von 1991 schreibt dementsprechend auch im Falle der Verbindung von Unternehmen in Hinblick auf alle Gesellschaftsformen die Erstellung einer konsolidierten Bilanz vor.[7]

VIII. Handelsgeschäfte

Das Zivilgesetzbuch unterscheidet grundsätzlich a) die zwischen Staatsbürgern bzw. zwischen Staatsbürgern und Wirtschaftsorganisationen geschlossenen und b) die zwischen Wirtschaftsorganisationen geschlossenen Verträge; dabei gilt über die Wirtschaftsgesellschaften und Genossenschaften hinaus auch der Einzelunternehmer als Wirtschaftsorganisation. Den Begriff des Handelsgeschäftes kennt das ZGB nicht.

---

[7] Dazu näher *Kaló*, Das Recht der verbundenen Unternehmen in Ungarn, WiRO 1994, S.452 ff.

Der Lieferungs- und der Versorgungsvertrag (ZGB, XXXIV. Kapitel) fallen beispielsweise nach den Regelungen des ZGB unter den Begriff des Kaufvertrages. Unterarten des Werkvertrages sind der Bau-, der Planungs- und der Technologiemontage-Vertrag sowie der Reisevertrag und der Forschungsvertrag (ZGB, XXV. Kapitel). Eine gemeinsame Unterart des Kaufvertrages und des Werkvertrages ist der Vertrag über den Verkauf von landwirtschaftlichen Erzeugnissen (ZGB, XXVI. Kapitel). Das ZGB regelt - in denkbar traditioneller Weise - die Kommission (ZGB, XLII. Kapitel), den Frachtvertrag (ZGB, XLI. Kapitel), den Speditionsvertrag (ZGB XLIII. Kapitel), die Kredit- und Kontoverträge (ZGB XLIV. Kapitel) und die Versicherungsverträge (ZGB XLV. Kapitel).

Die Regelung des Vertragsrecht im ZGB ist in Hinblick auf die Handelsgeschäfte veraltet. Gegenwärtig sind Vorbereitungen zu einer Reform des vertragsrechtlichen Teils des ZGB im Gange. Bisher führten teils gesonderte Gesetze neue Vertragstypen ein (das Konzessionsgesetz den Konzessionsvertrag, den Leasingvertrag, und das Privatisierungsgesetz den Vermögensverwaltungsvertrag, das Wertpapiergesetz die Börsengeschäfte), teils entstehen in der Praxis unter Ausnutzung des Dispositivität des ZGB-Vertragsrechts neue gemischte Vertragstypen (factoring, franchise usw.).

Literaturhinweise

Bokodi, Bela/Palos, Monika, Privatisierung und ausländische Investitionsmöglichkeiten in Ungarn, RIW 1993, 467 ff.

Doralt, Péter/Török, Gábor, AG-Mustersatzung Ungarn, Wien 1995

Darázs, Lénárd, Grundzüge des Insolvenzrechts in Ungarn, WiRO 1993, 151ff.

Eörsi, Gyula, Richterrecht und Gesetzesrecht in Ungarn, RabelsZ 1966, 117 ff.

Gálffy, Zoltán, Die Verschmelzung ungarischer Aktiengesellschaften, WiRO 1995, 81ff.

Gobert, Arne, Aktuelles Wirtschaftsrecht in Ungarn - Die wichtigsten gesetzlichen Regelungen für ausländische Investoren, ROW 1995, 213 ff.

Gobert, Arne, Erwerb von Grundeigentum und Bodennutzungsrechten in Ungarn nach dem Bodengesetz über den fruchtbaren Boden, ROW 1995, 216 ff.

Kaló, Ágnes, Das Recht der verbundenen Unternehmen in Ungarn, WiRO 1994, 452 ff.

Kaló, Ágnes/Vörös, Imre, Der Ausschluß eines GmbH-Gesellschafters nach ungarischem Recht, WiRO 1995, 412 ff.

Kuschel, Hans-Dieter, Die Niederlassungsfreiheit für Unternehmen der Europäischen Gemeinschaft in den Europaabkommen der EG mit der ČSFR, Polen und Ungarn, EuZW 1992, 571 ff.

Kuss, Klaus-Jürgen, Neue Investitionsmechanismen in Osteuropa: Anteilserwerb - Unternehmenskauf - Unternehmenspacht, RIW 1993, 99 ff.

Langenhenning, Sheila, Franchising in der Tschechischen Republik, Ungarn und Polen, WiRO 1993, 413ff.

Mádl, Ferenc, Das erste ungarische Zivilgesetzbuch im Spiegel der Geschichte der zivilrechtlichen Kodifikation, in: Das ungarische Zivilgesetzbuch in fünf Studien, Budapest 1963

Oberfinanzdirektion Münster, Rechtsformen osteuropäischer Unternehmen, RIW 1993, 606.

Pajor-Bytomski, Magdalena, Gesellschaftsrecht in Ungarn, München 1994

dieselbe, Handelsgesellschaften in Osteuropa, München 1993

Rother, Christopher, Entwicklungstendenzen im ungarischen Wirtschafts- und Privatisierungsrecht 1991/92, ROW 1992, 201 ff.

Rother, Christopher, Privatisierung in Ungarn, in: Roggemann, Herwig/Emil Konstantinov (Hrsg.): Wege zur Privatisierung in Bulgarien (Quellen zur Rechtsvergleichung aus dem Osteuropa-Institut der Freien Universität Berlin, Band 36), Berlin 1994, S. 136 ff.

Sárközy, *Tamás/Ziemons, Hildegard*, Die Gründung einer Tochtergesellschaft in Ungarn, in: Lutter (Hrsg.), Die Gründung einer Tochtergesellschaft im Ausland, 3. Aufl. Berlin/New York 1995, S. 902 ff.

Schütze, Die Anerkennung und Vollstreckbarerklärung deutscher Zivilurteile in Ungarn, RIW 1993, 416 ff.

Spuller, Gábor, Ungarn: Gesetz über die Produktivflächen, WiRO 1995, 190 ff.

Vékás, Lajos, Privatrecht und Wirtschaftsverfassung in Ungarn, in: Schlechtriem (Hrsg.), Privatrecht und Wirtschaftsverfassung, Baden-Baden 1994, S. 43 ff.

Vida, Alexander, Gründung einer GmbH in Ungarn, RIW 1992, 813 ff.

II. Teil: Recht der Kreditsicherheiten in Polen, Rußland, Tschechien und Ungarn

Einleitung

Marktwirtschaft ist Kreditwirtschaft und Zinswirtschaft. Sie kann nur funktionieren, wenn ein entwickelter Bankenapparat die Wirtschaft marktförmig mit Krediten versorgt. Unentbehrlich ist dabei ein entwickeltes Recht der Kreditsicherheiten, das aufgrund einer modernen staatlichen Infrastruktur tatsächlich funktioniert und dem Kreditgeber die verlangte Sicherheit gibt.

Die Länder des östlichen Mitteleuropa und Osteuropas, die dem sozialistischen Lager angehörten und im Rat für gegenseitige Wirtschaftshilfe zusammengeschlossen waren, hatten im Rahmen der Planwirtschaft ein vollständig anderes System der Kreditversorgung. Die Kreditgebung erfolgte unter Einschaltung des Bankenapparats letzlich in einem planbürokratischen Genehmigungsverfahren mit hohen zeitlichen Verzögerungen und ohne die Möglichkeit einer flexiblen Anpassung an Bedürfnisse, Nachfrage und technischen Fortschritt. Auch erfolgreiche Unternehmen waren nicht in der Lage, erzielte Gewinne sofort zu reinvestieren, sondern mußten diese Gewinne im Rahmen eines umfassenden Abschöpfungssystems abführen und sich im System der sogenannten Zwangskreditierung auf dem vorgenannten bürokratischen Weg um Kredite bemühen. Die planbürokratische Steuerung der Kreditversorgung der Wirtschaft ist eine der wichtigeren Ursachen für das letztendliche Scheitern des sozialistischen Systems. Spuren dieser planbürokratischen Kreditversorgung finden sich noch teilweise im Rechtssystem und in vorhandenen Verwaltungsstrukturen, teilweise aber auch vor allem im Denken der in der Wirtschaft tätigen Menschen. Ein Umdenken hat eingesetzt, ist aber noch sehr unterschiedlich entwickelt.

In manchen Ländern, namentlich in Rußland, ist die Entwicklung eines modernen Rechts der Kreditsicherheiten noch von einem großen Mißtrauen gegen die Anerkennung eines klaren privatrechtlichen Konzepts des Eigentums begleitet und einem fast ebenso großen Mißtrauen gegenüper der Tätigkeit der Banken und ihrem legitimen Bedürfnis nach Sicherung ihrer Kredite. Wer in den genannten Ländern tätig ist, muß Defizite sowohl in der Rechtsenwicklung als auch in der praktischen Handhabung des Rechts, in der bürokratischen Behandlung, in der zum Teil fehlenden staatlichen Infrastruktur, z.B. Funktionieren der Grundbuchämter, ebenso einrechnen wie die genannten Vorbehalte im Denken. Auch für den Praktiker ist es nützlich, sich sowohl die prägende Kraft von 40 oder 70 Jahren Sozialismus als auch die sonstigen historischen Vorbedingungen der Rechtsentwicklung zu vergegenwärtigen.

In den Rezeptionsprozessen ist ferner ein Wetteifer verschiedener westlicher Länder, ihrer Regierungen, aber auch ihrer Wirtschaft oder der Anwaltsfirmen, um eine möglichst weitgehende Einführung der eigenen heimischen Rechtskonzepte zu beobachten. In mancher Hinsicht ist dieser Wettstreit nützlich, in anderer Hinsicht vielleicht auch nicht. Die Länder, die sich auf die europäische Union vorbereiten, sehen mit Recht weniger auf die nationale Herkunft bestimmter Konzepte, als vielmehr auf ihre Geeignetheit als Teil des künftigen europäischen Rechts.

Die folgenden Beiträge sind ebenso wie diejenigen im ersten Teil dieses Bandes in vieler Hinsicht nur eine Momentaufnahme in einem dynamischen Prozeß. Die Referate geben aber auch in vieler Hinsicht sehr nützliche Hinweise auf Grundfragen und Grundbedingungen, welche den tagtäglichen Wandel überdauern und einen vielleicht länger andauernden Nutzen beim Verständnis der Rechtsentwicklung der genannten Länder vermitteln. Im Schlußbeitrag wird auch die Perspektive des deutschen Juristen und Bankkaufmanns verdeutlicht und damit das von den vorhergehenden Referaten gezeichnete Bild teils vertieft, teils ergänzt.

Norbert Horn

Recht der Kreditsicherheiten in Polen

WOJCIECH PYZIOŁ

Gliederung

I. Einführung

1. Die Bedeutung der Kreditsicherheiten in Polen

Die Kreditsicherheiten, die vor dem Jahre 1989 in Polen nur einen relativ geringen Stellenwert hatten, haben in den letzten sieben Jahren im Rahmen der marktwirtschaften Entwicklung wesentlich an Bedeutung gewonnen. Diese Tendenz ist eng mit der wachsenden Rolle des Kredites verbunden. In der Praxis dienen die verschiedenen Kreditsicherheiten vor allem der Sicherung von Bankkrediten. Da das polnische Recht den Banken als Kreditgebern und Sicherungsnehmern eine privilegierte Rechtstellung einräumt, muß man bei der Darstellung der Rechtsprobleme der Sicherheiten insbesondere die Kreditverhältnisse unter Beteiligung von Banken beleuchten.

2. Instrumente der Kreditsicherung und allgemeine Probleme

In der Bankpraxis werden Kredite vorwiegend durch Hypothek, Pfandrecht, Sicherungsübereignung, Bürgschaft und Garantie gesichert, welche im Rahmen dieses Beitrages näher dargestellt werden. Folgende Kreditsicherheiten sind weniger gebräuchlich und werden deshalb hier nur erwähnt:

- Eigentumsvorbehalt (beim Abzahlungskauf) [1];
- Schuldübernahme;
- kumulativer Schuldbeitritt;
- Forderungsabtretung;
- Wechsel und Wechselaval;

[1] Vgl. *Nowak/Stumpf*, Eigentumsvorbehalt im polnischen Recht, RIW 1992, 275 f.

- Kreditversicherung (im Außenhandel);
- Bankkontosperre.

Vor der Darstellung der Sicherheitenproblematik ist es notwendig, zwei allgemeine Probleme vor die Klammer zu ziehen und vorab darzustellen. Zunächst ist auf zwei wichtige gesetzliche Privilegien der Banken hinzuweisen, die sich aus dem Bankengesetz ergeben. Eine Besonderheit des polnischen Bankrechts stellt der Bankenvollstreckungstitel dar. Nach Art. 53 Abs. 2 des Bankengesetzes dienen Auszüge aus den Büchern der Bank sowie andere Urkunden der Bank, die eine Forderung belegen und aus denen die Fälligkeit der Forderungen hervorgeht, der Bank unmittelbar als Vollstreckungstitel. Eine Vollstreckungsklausel ist für einen solchen Titel nicht erforderlich. Die Zwangsvollstreckung kann die Bank nach ihrer Wahl im Zivil- oder Verwaltungsverfahren betreiben. Mit der aus Art. 53 Abs. 3 des Bankengesetzes folgenden Klagemöglichkeit, die mit der Oppositionsklage nach Art. 840 ZVO vergleichbar ist, kann der Schuldner die Zwangsvollstreckung abwehren.

Die zweite Privilegierung der Banken folgt aus Art. 52 des Bankengesetzes. Danach kann eine Bank gegen eine Forderung des Schuldners auch dann aufrechnen, wenn der Schuldner entweder in Liquidation ist oder wenn der Bank das Recht zusteht, die Forderung vor ihrer Fälligkeit zu verlangen [2].

Des weiteren ist auf den Inhalt des Art. 1025 ZVO hinzuweisen, der die Reihenfolge der Befriedigung regelt. Dieses Artikel ist deshalb wichtig, weil er über den „realen" Wert der einzelnen Sicherungsinstrumente entscheidet. Art. 1025 ZVO legt acht Kategorien von Forderungen fest:

- Vollstreckungskosten und Alimentationsforderungen;
- Arbeitsentgelte, Entschädigungsrenten wegen Krankheit, Arbeitsunfähigkeit, Gebrechen oder Tod sowie die Kosten für die letzte Krankheit und ein angemessenes Begräbnis des Schuldners;
- Steuerforderungen und sonstige Forderungen, welche auf dem Gesetz über Steuerverpflichtungen beruhen;
- Gebühren für das „Ewige Nießbrauchsrecht" von Liegenschaften und die Gebühr für die Nutzung von Gebäuden, die im Eigentum des Staates oder einer Gemeinde stehen [3];

---

[2] Vgl. z.B. Art. 458 ZGB und Art. 31-32 des Bankengesetzes.

[3] Vgl. zum Begriff und Inhalt des ewigen Nießbrauchsrechts: *Tigges*, Polnisches Grundstücksrecht, WiRO 1996, 1, 5.

- Forderungen aus Bankkrediten;
- Forderungen, welche durch eine Hypothek oder ein Pfandrecht gesichert sind oder einen gesetzlichen Vorrang genießen;
- Forderungen von Gläubigern, die das Vollstreckungsverfahren betreiben;
- Sonstige Forderungen.

Sofern der Verwertungserlös für die Befriedigung aller Gläubiger eines Ranges nicht ausreicht, werden diese verhältnismäßig befriedigt (Art. 1026 § 1 ZVO). Lediglich bei Forderungen des sechsten Ranges entscheidet die Priorität der Rechte.

II. Das Pfandrecht

1. Allgemeine Bemerkungen

Das Pfandrecht ist ein beschränkt dingliches Recht (Art. 244 ZGB) und ist am nächsten mit der Hypothek verwandt. Dennoch wird nach polnischem Recht die Hypothek nicht als Pfandrecht an Liegenschafen angesehen [4]. Die unterschiedliche Behandlung wird auch aus der getrennten Regelung beider Rechtsinstitute deutlich. Das Pfandrecht ist im Zivilgesetzbuch und Bankengesetz geregelt (Art. 306 bis 335 ZGB; Art. 30 Abs. 2 und 3 Bankengesetz), die Bestimmungen über die Hypothek sind hingegen im Gesetz über Grundbücher und Hypotheken zu finden.
Art. 306 ZGB enthält die grundlegende Definition des Pfandrechts: „Eine bewegliche Sache kann zur Sicherung einer bestimmten Forderung mit einem Recht belastet werden, kraft dessen der Gläubiger aus der Sache Befriedigung mit Vorrang vor den persönlichen Gläubigern des Eigentümers der Sache, ausgenommen denjenigen, denen kraft Gesetzes eine besondere Priorität zusteht, ohne Rücksicht darauf verlangen kann, wessen Eigentum sie geworden ist". Das Registerpfandrecht (Art. 308 ZGB), das nur zu Gunsten einer Bank bestellt werden kann, spielt als Sonderform des Pfandrechts im polnischen Rechtssystem eine besonders wichtige Rolle. Für die Entstehung des Regi-

[4] Vgl. zum Pfandrecht: *J. Ignatowicz*, Prawo rzeczowe (Sachenrecht), Warszawa 1994, 265 ff, *J. Ignatowicz*, System prawa cywilnego (System des Zivilrechts), Band II, Wrocław-Warszawa-Kraków-Gdańsk, 1977; *T. Kot*, Zastaw na papierach wartościowych (Das Pfand auf Wertpapieren), Rejent 1993, nr 5; *S. Rudnicki*, Zabezpieczenia majątkowe kredytów bankowych w praktyce (Die Kreditsicherheiten in der Praxis), Sopot 1995; *J. Skąpski*, Zastaw na rzeczach ruchomych - Zagadnienia wybrane (Pfandrecht an beweglichen Sachen - ausgewählte Probleme), Studia Cywilistyczne, 1966, nr 8.

sterpfandrechts muß die Bank nicht in den Besitz der Sache gelangen. Gemäß Art. 327 ZGB können auch Rechte Gegenstand des Pfandrechts sein, sofern sie veräußerlich sind. Mit der Entstehung des Kapitalmarktes in den letzten Jahren hat das Pfandrecht an Wertpapieren an Bedeutung gewonnen. Besonders interessant in diesem Zusammenhang ist die Bestellung eines Pfandrechts an Aktien.

2. Akzessorietät

Das Pfandrecht ist auf die Sicherung einer Forderung gerichtet und vom Entstehen und Fortbestehen der zu sichernden Forderung abhängig. Gemäß Art. 323 § 1 ZGB geht das Pfandrecht durch die Übertragung der durch ein Pfandrecht gesicherten Forderung über. Wurde die Forderung unter Auschluß des Pfandrechts übertragen, so erlischt dieses. Das Pfandrecht kann hingegen nicht ohne die gesicherte Forderung über-tragen werden (Art. 323 § 2 ZGB).

Gemäß Art. 314 ZGB sichert das Pfandrecht neben der Hauptforderung auch solche Ansprüche, die mit ihr verbunden sind, insbesondere Ansprüche auf nichtverjährte Zinsen, auf Schadensersatz wegen Nicht- oder Schlechterfüllung der Verpflichtung, auf Ersatz der auf die Sache gemachten Aufwendungen sowie auf die Kosten der Rechtsverfolgung.

Das Pfandrecht sichert die im Zeitpunkt der Bestellung bestimmte Forderung mit allen sich aus ihr ergebenden Ansprüchen, die eine natürliche Folge der Forderungsentwicklung darstellen. Erhöht sich die gesicherte Forderung hingegen durch eine Vereinbarung zwischen Gläubiger und Schuldner, führt das nach h.L. nicht zur Erweiterung der Haftung. Dies gilt jedoch nicht, wenn die Parteien des Pfandvertrages etwas anderes vereinbart haben oder der Pfandgeber gleichzeitig auch persönlicher Schuldner ist.

Die Akzessorietät des Pfandrechts ergibt sich zudem aus Art. 315 ZGB, wonach ein Verpfänder, welcher nicht zugleich der Schuldner ist, unabhängig von den Einwendungen, die ihm persönlich zustehen, auch die Einwendungen erheben kann, welche dem Schuldner zustehen oder auf die der Schuldner nach der Bestellung des Pfandrechts verzichtet hat. Im Zivilgesetzbuch finden sich Vorschriften, welche die Akzes-sorietät des Pfandrechts modifizieren und teilweise aufheben. Art. 306 § 2 ZGB sieht vor, daß ein Pfandrecht auch zur Sicherung einer zukünftigen oder bedingten Forderung bestellt werden kann. Das Pfandrecht besteht also eine gewisse Zeit ohne die zu sichernde Forderung. Ferner kann der Pfandgläubiger die Befriedigung aus der verpfändeten Sache ohne

Rücksicht auf eine sich aus den Vorschriften des Erbrechts ergebende Beschränkung der Haftung des Schuldners verlangen (Art. 316 ZGB).

Durch die Verjährung der gesicherten Forderung wird das Recht des Pfandgläubigers auf Befriedigung aus der belasteten Sache nicht berührt (Art. 317 Satz 1 ZGB). Das gilt jedoch nicht für Ansprüche auf Zinsen oder andere Nebenleistungen (Art. 317 Satz 2 ZGB).

3. Gegenstand des Pfandrechtes

Das Pfandrecht kann an beweglichen Sachen bestellt werden und erstreckt sich auf alle ihre Bestandteile sowie auf das Zubehör. Eine Mehrheit von Sachen kann hingegen nicht Gegenstand des Pfandrechts sein. Werden Sachgesamtheiten uno actu überlassen, so erstreckt sich das Pfandrecht auf jede einzelne Sache. Im Moment der Befriedigung des Pfandnehmers aus einer Sache des Gesamtpfandes erlöschen auch die Pfandrechte an den anderen verpfändeten Gegenständen. Sofern ein Pfandrecht an Rechten begründet werden soll, kann dieses nur an veräußerlichen Rechten bestellt werden.

Der verpfändete Gegenstand muß einen selbständigen und im Verkehr anerkannten Vermögenswert haben. Es ist daher nicht möglich, das Pfandrecht an einer Sachen zu bestellen, die nur einen ideellen Wert hat (z.B. an einem nur für den Erben wertvollen Erbstück). Hingegen kann ein Pfandrecht an Sachen bestellt werden, die gemäß Art. 750 und 829 ff ZVO der Vollstreckung oder Pfändung nicht unterliegen.

4. Die gesicherte Forderung

Das Pfandrecht ist nach dem Gesetz auf die Sicherung einer Forderung gerichtet. Diese muß zwar keine Geldforderung sein, jedoch muß die Umwandlung in eine Geldforderung möglich sein.

Obwohl Art. 306 § 1 ZGB vorschreibt, daß das Pfandrecht nur zur Sicherung einer bestimmten Forderung bestellt werden kann, muß die Forderung nicht von vornherein definiert sein. Forderungen, die sich erst aus einem ständigen Kreditverhältnis ergeben oder der Höhe nach noch unbestimmte Schadenersatzansprüche können ebenfalls durch das Pfandrecht gesichert werden.

Gemäß Art. 306 § 2 ZGB kann das Pfandrecht auch für künftige oder bedingte Forderungen bestellt werden. Eine zukünftige Forderung kann sich aus einem bereits begründeten oder erst in Zukunft entstehenden

Rechtsverhältnis ergeben. Für die Pfandrechtsbestellung ist jedoch die genaue Bestimmung der zukünftigen Forderung erforderlich.

5. Das vertragliche Pfandrecht

a) Bestellung des Pfandrechts

Gemäß Art. 307 § 1 ZGB ist für die Bestellung des Pfandrechts neben dem Pfandvertrag zwischen dem Eigentümer der Sache und dem Gläubiger auch, vorbehaltlich der im Gesetz vorgesehenen Ausnahmen (Registerpfandrecht), die Übergabe der Sache an den Gläubiger oder einen Dritten erforderlich. Weiterhin setzt die wirksame Entstehung des Pfandrechts die Eigentümerstellung des Verpfänders voraus. Dieser Grundsatz wird jedoch im Falle des gutgläubigen Erwerbs eines Pfandrechtes durchgebrochen, wenn die Voraussetzungen für einen gutgläubigen Eigentumserwerb gemäß Art. 309 i.V.m. Art. 169 und 170 ZGB erfüllt sind.

Der Vertrag zwischen dem Gläubiger und dem Eigentümer der Sache (Pfandvertrag) stellt ein Verfügungsgeschäft dar und ist gleichzeitig ein dinglicher Vertrag. Der Pfandgeber und der Gläubiger müssen sich darüber einigen, daß der Gläubiger aus einem Schuldverhältnis an der zu verpfändenden Sache oder an dem zu verpfändenden Recht ein Pfandrecht zur Sicherung seiner Forderungen erwirbt. Aus dem Vertrag muß sich weiter ergeben, daß die Parteien die Sache verpfänden und nicht zur Sicherheit übereignen wollen. Die dingliche Einigung über die Pfandrechtsbestellung ist begrifflich streng von der Verpflichtung zur Pfandrechtsbestellung (pactum de pignore dando) zu unterscheiden. Die Verpflichtung stellt oft einen Teil des schuldrechtlichen Vertrages dar, aufgrund dessen die gesicherte Forderung entstanden ist (z.B. eine Verpflichtung zur Pfandrechtsbestellung aus einem Kreditvertrag). Die Verpflichtung zur Pfandrechtsbestellung kann aber auch nach der Entstehung der Forderung zustande kommen. Der Verpflichtungsvertrag zur Pfandrechtsbestellung soll im Hinblick auf die zivilprozessualen Beweisbeschänkungen in schriftlicher Form geschlossen werden.

Die Übergabe der Pfandsache bedeutet, daß dem Gläubiger oder einem Dritten der unmittelbare Besitz verschafft wird. Wenn sich die Sache bereits im Besitz des Gläubigers befindet, wird das Pfandrecht durch die Übergabe kurzer Hand (solo consensu) bestellt (Art. 307 § 2 ZGB). Entscheidend ist, daß der Pfandgeber keine Verfügungsgewalt über die Sache zurückbehält; ein Besitzkonstitut kann also die Übergabe der Pfandsache nicht ersetzen. Wenn sich die Pfandsache bei einer dritten Person befindet, ist auch die Übergabe durch Besitzanweisung möglich. Die Übergabe von Dokumenten, die für die Verfügung über die Sache notwendig sind, sowie die Übergabe von Mitteln, welche die Ausübung der tatsächlichen Herrschaft über die Sache ermöglichen, stehen gemäß Art. 348 Satz 2 ZGB der Übergabe der Sache gleich.

b) Die Formerfordernisse

Das Zivilgesetzbuch schreibt für die Pfandrechtsbestellung an Sachen keine Form vor. Lediglich zur Bestellung eines Registerpfandrechts ist die Schriftform erforderlich (Art. 308 ZGB). Auch wenn das Gesetz also grundsätzlich keine besondere Form für ein Rechtsgeschäft vorschreibt, ist die Einhaltung der schriftlichen Form zu Beweiszwecken (ad probationem) gemäß Art. 74 § 1 und Art. 75 § 1 ZGB zu empfehlen.

c) Rechte und Pflichten des Pfandnehmers und Pfandgebers

Zwischen dem jeweiligen Pfandnehmer und -geber, gleichgültig ob letzterer Eigentümer der Sache ist oder nicht, entsteht ein gesetzliches Schuldverhältnis mit schuldrechtlichen Rechten und Pflichten. Eine Ergänzung oder Modifikation der gegenseitigen Pflichten durch Parteivereinbarung ist möglich. Der Pfandnehmer, dem die Sache übergeben worden ist, muß entsprechend den Vorschriften über die entgeltliche Verwahrung (Art. 837 bis 840 ZGB) den Pfandgegenstand verwahren (Art. 318 Satz 1 ZGB). Nach dem Erlöschen des Pfandrechts hat der Pfandgeber gegen den Pfandgläubiger aus dem Pfandvertrag einen Anspruch auf Rückgabe der Pfandsache (Art. 318 Satz 2 ZGB). Zudem kann die Herausgabe aufgrund der Vindikationslage verlangt werden, welche mit dem Erlöschen des Pfandrechts entsteht.

d) Das Registerpfandrecht

Gemäß Art. 308 § 1 ZGB kann zur Sicherung einer kreditgewährenden Bank ein Pfandrecht an einer beweglichen Sache bestellt werden. Dabei verbleibt der Besitz der Pfandsache entweder beim Verpfänder oder einem Dritten. Das Pfandrecht bleibt auch dann bestehen, wenn die Sache einer Verarbeitung unterzogen wird. Im Falle der Verbindung der verpfändeten Sache mit einer anderen Sache erstreckt sich das Pfandrecht auch auf die verbundene Sache (Art. 308 § 2 ZGB). Der Fortbestand des Pfandrechts in diesen Fällen ist zum Schutz der Bank erforderlich, denn

zur Sicherheit können vom Verpfänder auch Anlagen, Vorräte und halbfertige Produkte verpfändet werden.
Der Registerpfandvertrag bedarf der Schriftform (Art. 308 § 3 Satz 1 ZGB). Wird dieses Formerfordernis nicht beachtet, ist der Vertrag nichtig. Zudem muß der Pfandvertrag den verpfändeten Gegenstand genau bestimmen. Schließlich ist der Vertrag in das von der Bank geführte Pfandregister einzutragen (Art. 308 § 3 Satz 2 ZGB). Diese Eintragung hat konstitutive Wirkung, d.h. das Pfandrecht entsteht erst mit der Eintragung in das Register (Art. 308 § 3, Satz 3 ZGB). Der konstitutive Charakter der Eintragung bezieht sich nur auf den Pfandvertrag. Wird das Registerpfand an einem Warenlager mit wechselndem Bestand bestellt, sind auch die neu eingebrachten Sachen ohne weiteres mit dem Registerpfandrecht belastet.

Da sich die mit dem Pfandrecht belastete Sache weiterhin im Besitz des Pfandgebers oder eines Dritten befindet, besteht die Gefahr, daß die Pfandsache veräußert wird und ein gutgläubiger Erwerber die Sache lastenfrei nach Art. 170 ZGB erwirbt. Durch eine Bezeichnung der Sache als Pfandsache kann der gutgläubige Erwerb nach Art. 170 ZGB ausgeschlossen werden. Dies ist allerdings den Parteien überlassen, denn das Gesetz sieht keine diesbezüglichen Pflichten vor. Nur im Falle der Bestellung eines Pfandrechts an einem registrierten Kraftfahrzeug ist gemäß Art. 30 Abs. 2 Bankengesetz die Pfandbestellung im Zulassungsschein zu vermerken. Diese Vorschrift enthält darüber hinaus auch eine Ermächtigung des Verkehrs- und Seewirtschaftsministers zur näheren Ausgestaltung dieses Vermerks.

Die Bankregister werden von den einzelnen Banken geführt, so daß für Dritte praktisch keine Möglichkeit besteht, sich über die Belastungen einer Sache zu informieren. Folglich stellt die bloße Eintragung in das Bankregister eine Durchbrechung des Publizitätsgrundsatzes des Sachenrechts dar. Deshalb wird zur Zeit in Polen an der Neuregelung des Registerpfandrechts gearbeitet. In diesem Zusammenhang ist darauf hinzuweisen, daß der Entwurf des neuen Gesetzes über das Bankrecht auch Vorschriften über das Pfandrecht enthält. Gemäß Art. 52 des Entwurfes kann eine Bankforderung auch durch die Bestellung eines Pfandrechts an einer Mehrheit von beweglichen Sachen oder an veräußerlichen Rechten gesichert werden. Ferner ist danach die Ersetzung der belasteten Sachen oder Rechte durch andere Pfandgegenstände im Rahmen der wirtschaftlichen Tätigkeit möglich. Nach Art. 53 des Entwurfes ist die Verpfändung eines Kraftfahrzeuges nicht nur im Zulassungsschein, sondern auch in dem vom Gemeindeamt geführten Kraftfahrzeugregister zu vermerken.

6. Das gesetzliche Pfandrecht

Für gesetzliche Pfandrechte gelten die Vorschriften der Art. 306 bis 335 ZGB (Art. 326 ZGB). Da die gesetzlichen Pfandrechte kraft Gesetzes (ex lege) und ohne Herausgabe der Sache an den Pfandnehmer oder einen Dritten entstehen, können sie sich auf die vertraglich begründeten Pfandrechte an derselben Sache auswirken. Die vertraglichen Pfandgläubiger haben keine Möglichkeit, sich über das Bestehen eines gesetzlichen Pfandrechts zu informieren. Dadurch kann die Befriedigung des vertraglichen Pfandnehmers aus der Pfandsache erschwert oder vereitelt werden.

Zu den wichtigsten gesetzlichen Pfandrechten im polnischen Rechtssystem gehört das Pfandrecht des Fiskus an den Sachen und Rechten des Schuldners zur Sicherung der Einbringlichkeit der Abgaben gemäß Art. 23 des Gesetzes über die Steuerverpflichtungen. Zudem steht dem Fiskus ein gegenüber anderen Pfandgläubigern vorrangiges Befriedigungsrecht zu, wenn nicht eine in Art. 23 des Gesetzes über die Steuerverpflichtungen genannte Ausnahme vorliegt. Die Forderungen der Sozialversicherungsanstalt sind Steuerforderungen gleichgestellt. Ferner steht der Bank ein gesetzliches Pfandrecht gemäß Art. 588 § 2 ZGB an der Kaufsache zu, wenn sie einen Abzahlungskauf finanziert hat. Als weiteres gesetzliches Pfandrecht ist das Vermieterpfandrecht zu nennen, welches dem Vermieter ein Pfandrecht an den Sachen des Mieters und der Familienmitglieder, die mit dem Mieter zusammen wohnen, einräumt (Art. 670, 671, 686 ZGB). Darüber hinaus steht dem Verpächter an den zur Betriebsführung dienenden Sachen des Pächters ein gesetzliches Pfandrecht zu (Art. 701, 702 ZGB), soweit sich die Gegenstände im Bereich der Pachtsache befinden. Schließlich hat ein Agent an den Sachen des Auftraggebers ein gesetzliches Pfandrecht (Art. 764 ZGB); der Kommissionär an den Sachen, die Gegenstand des Kommissionsvertrages sind (Art. 773 ZGB); der Beförderungsunternehmer an der Warensendung (Art. 790 ZGB); der Spediteur an den transportierten Waren (Art. 802 ZGB); der Gastwirt an den in sein Unternehmen eingebrachten Sachen (Art. 850 ZGB); der Lagerhalter an den gelagerten Waren (Art. 857 ZGB).

7. Das Pfandrecht an Schiffen

Das Pfandrecht an Schiffen stellt eine besondere Art des Pfandrechts dar und ist in Art. 60 und 61 Seekodex geregelt. Für das Pfandrecht an Schiffen, die in dem Schiffsregister eingetragen sind, gelten die Vorschriften über Hypotheken. Es handelt sich um eine sogenannte Schiffshypothek. Bei den Schiffen, die nicht im Schiffsregister eingetragen sind, werden die Vorschriften über das Pfandrecht an beweglichen Sachen angewendet. Das Pfandrecht an Schiffen kann auch als Registerpfandrecht bestellt werden.

8. Die Befriedigung des Pfandgläubigers

Gemäß Art. 312 Satz 1 ZGB erfolgt die Befriedigung des Pfandnehmers aus der verpfändeten Sache nach den Vorschriften über das gerichtliche Vollstreckungsverfahren. Ist der persönliche Schuldner zugleich Pfandbesteller, kann der Gläubiger mit einem Vollstreckungstitel in das gesamte Vermögen des Schuldners einschließlich der verpfändeten Sache vollstrecken. Ist der Pfandgeber hingegen nicht der persönliche Schuldner, kann der Gläubiger nur Befriedigung aus der Pfandsache verlangen.

Notwendige Voraussetzung für die Zwangsvollstreckung ist zunächst ein Vollstreckungstitel. Titel sind die im gerichtlichen Verfahren ergangenen Urteile sowie Prozeßvergleiche. Ferner kann aus Vollstreckungstiteln der Banken und notariellen Urkunden vollstreckt werden, in denen sich der Schuldner der sofortigen Zwangsvollstreckung unterworfen hat und die eine Zahlungsfrist enthalten (Art. 777 Pkt. 1 ZVO). Weitere Voraussetzung für die Zwangsvollstreckung ist eine Klausel.

Die Befriedigung aus der Pfandsache erfolgt im Wege der Pfändung durch den Gerichtsvollzieher und anschließender öffentlicher Versteigerung. Ist die Verwertung des Pfandes aufgrund fehlender Kaufinteressenten nicht möglich, kann sich der Gläubiger das Eigentum an der Pfandsache zuweisen lassen (Art. 844 bis 870 ZVO). Alle auf dem Pfand lastenden Pfandrechte erlöschen im Moment des Eigentumsübergangs auf einen Erwerber unabhängig davon, ob das Zwangsvollstreckungsverfahren durch alle Pfandnehmer oder nur einige von ihnen betrieben wurde. Die Reihenfolge der zu befriedigenen Gläubiger ergibt sich aus Art. 1025 ZVO. Dabei kann sich der Pfandnehmer erst an sechster Stelle aus dem Verwertungserlös befriedigen. An fünfter Stelle stehen die Forderungen der Banken aus Kreditgeschäften. Wenn der Pfandnehmer eine Bank ist und der Verpfänder zugleich Kreditnehmer dieser Bank ist, kommt die Befriedigung des Kreditgebers an fünfter oder sechster Stelle in Betracht. Die Rangstelle ist in diesen Fällen abhängig von dem Inhalt des Vollstreckungstitels, aufgrund dessen die Zwangsvollstreckung durchgeführt wurde. Hat der Kreditgeber den Vollstreckungstitel gegen den Kreditnehmer als Pfandgeber und nicht aufgrund der persönlichen Schuld erhalten, kann sich der Kreditgeber lediglich an sechster Rangstelle befriedigen. Wurde die Forderung von einer Bank abgetreten, kann sich der Zessionar nur dann wie der Zedent an fünfter Rangstelle befriedigen, wenn auch der Zessionar ein Kreditintitut ist. Reicht der Erlös für die Befriedigung aller Gläubiger einer Rangposition nicht aus, werden diese verhältnismäßig befriedigt (Art. 1026 § 1 ZVO). Lediglich innerhalb der sechsten Rangstelle gilt das Prioritätsprinzip. Art. 310 ZGB, der die Rangfolge der Pfandrechte regelt, ist im Hinsicht auf das gesetzliche Pfandrecht ohne Bedeutung, denn im Vollstreckungsverfahren hat der Fiskus gemäß Art. 1025 ZVO stets den Vorrang vor allen anderen Pfandgläubigern, ohne daß es auf den Zeitpunkt der Pfandrechtsbestellung ankommt.

Eine große Rolle bei der Problematik der Befriedigung aus der Pfandsache spielt Art. 312 Satz 2 ZGB, wonach Kreditinstitute in ihren Statuten vom Gesetz abweichende Regeln der Befriedigung aus einer Pfandsache einführen können. In der Praxis kommen vor allem Bestimmungen in Betracht, welche die Übernahme der Pfandsache durch den Pfandnehmer oder den freihändigen Verkauf der Pfandsache im Namen des Pfandgebers und die Befriedigung aus dem erlangten Erlös vorsehen. Die Befriedigung aus dem Pfand erfolgt in diesen Fällen außerhalb des Vollstreckungsverfahrens. Jedoch besteht die Einschränkung, daß die entsprechenden Bestimmungen nicht nur in das Statut der Bank, sondern auch in den Pfandvertrag aufzunehmen sind. Da sich die Banken gemäß Art. 312 Satz 2 ZGB außerhalb des Vollstreckungsverfahrens befriedigen, ist die Reihenfolge des Art. 1025 ZVO nicht zu berücksichtigen. Da sich nach den Vollstreckungsvorschriften der Fiskus nur im Gerichts- oder Verwaltungsverfahren auf gesetzliche Pfandrechte berufen kann, muß eine Bank bei der Befriedigung aus der Pfandsachen gemäß Art. 312 Satz 2 ZGB auch keine in Art. 23 Gesetz über Steuerverpflichtungen genannten Forderungen des Staates berücksichtigen.

9. Das Pfandrecht an Rechten

Das Pfandrecht an Rechten ist in Art. 327-335 ZGB geregelt. Gegenstand können nur Rechte sein, die veräußerlich sind (Art. 327 ZGB). In der Praxis spielt das Pfandrecht an Wertpapieren eine wichtige Rolle. Gemäß Art. 329 § 1 ZGB finden für die Bestellung des Pfandrechts an Rechten die Vorschriften über die Übertragung der Rechte entsprechende Anwendung. Der Pfandvertrag muß auch dann schriftlich und unter einem bestimmten Datum abgeschlossen werden, wenn die Vorschriften über die Rechtsübertragung diese

Form nicht erfordern. Wenn das Pfandrecht an einer Forderung weder durch Übergabe eines Papiers noch durch Indossament bestellt wird, so ist eine schriftliche Anzeige des Pfandgebers an den Forderungsschuldner erforderlich (Art. 329 § 2 ZGB).

Der Pfandgläubiger erlangt aus dem Pfandvertrag gemäß Art. 330 ZGB eine besondere Rechsstellung. Er darf gemäß Art. 330 ZGB alle Rechtsgeschäfte vornehmen und alle Anspüche geltend machen, welche der Erhaltung des mit dem Pfandrecht belasteten Rechts dienen. Der Pfandnehmer hat also sowohl gegenüber dem Schuldner aus dem verpfändeten Recht als auch gegenüber Dritten eine mit dem Gläubiger vergleichbare Stellung. Er kann z.B. Handlungen vornehmen, welche die Verjährung unterbrechen (Art. 123 ZGB) oder Gläubigerbenach-teiligungen für unwirksam erklären lassen (actio pauliana - Art. 527 ZGB). Wird die Forderung, für die ein Pfandrecht bestellt ist, erfüllt, setzt sich das Pfandrecht an dem Leistungsgegenstand fort (Art. 332 ZGB). Dies ist jedoch nur dann der Fall, wenn der Gegenstand nicht an den Pfandgeber herausgegeben wird, denn in diesem Fall erlischt das Pfandrecht gemäß Art. 325 § 1 ZGB. Hängt die Fälligkeit der belasteten Forderung von einer Kündigung durch den Gläubiger ab, kann der Verpfänder diese ohne Zustimmung des Pfandgläubigers erklären. Ist die durch ein Pfandrecht gesicherte Forderung bereits fällig, kann der Pfandgläubiger die belastete Forderung bis zur Höhe der gesicherten Forderung kündigen (Art. 331 § 1, Satz 2 ZGB). Hängt die Fälligkeit der mit einem Pfandrecht belasteten Forderung von einer Kündigung des Schuldners ab, so hat die Kündigung auch gegenüber dem Pfand-gläubiger zu erfolgen (Art. 331 § 2 ZGB). Erfüllt der Schuldner der mit einem Pfandrecht belasteten Forderung die ihm obliegende Leistung vor Fälligkeit der gesicherten Forderung, können sowohl der Verpfänder als auch der Pfandgläubiger die Hinterlegung des Leistungsgegenstandes bei Gericht verlangen (Art. 334 ZGB). Zum Empfang der Leistung sind beide gemeinschaftlich berechtigt (Art. 333 Satz 1 ZGB). Jeder von ihnen kann aber die Erfüllung der Leistung zur gesamten Hand oder die Hinterlegung des Leistungsgegenstandes bei Gericht verlangen (Art. 333 Satz 2 ZGB).

Eine besondere Art der Befriedigung aus dem belasteten Recht sieht Art. 335 ZGB vor. Nach dieser Vorschrift kann der Pfandgläubiger, wenn eine durch ein Pfandrecht gesicherte Geldforderung bereits fällig ist, anstelle der Erfüllung der Forderung verlangen, daß der Verpfänder ihm die belastete Forderung, wenn sie eine Geldforderung ist, bis zur

Höhe der durch das Pfandrecht gesicherten Forderung überträgt. Der Pfandgläubiger kann den ihm aus diesen Grunde anfallenden Teil der Forderung mit Vorrang vor demjenigen Teil der Forderung geltend machen, der dem Verpfänder zusteht.

III. Hypothek

1. Wesen der Hypothek

Die Hypothek ist in Art. 65 bis 112 des Gesetzes über Grundbücher und Hypotheken (GüGuH) geregelt [5]. Gemäß Art. 65 Abs 1 GüGuH kann zur Sicherung einer bestimmten Forderung eine Liegenschaft zu Gunsten des Gläubigers mit einem Recht belastet werden. Der Gläubiger kann sich vorrangig aus der Liegenschaft befriedigen, ohne daß es darauf ankommt, wer Eigentümer der Liegenschaft ist.

Eine Hypothek kann nur eine Geldforderung sichern und muß in einer bestimmten Geldsumme ausgedrückt werden (Art. 68 GüGuH). Die Bestellung einer Hypothek für eine zukünftige oder bedingte, jedoch der Höhe nach bestimmte Forderung, ist möglich. Zur Absicherung einer in Zukunft erst entstehenden und der Höhe nach noch unbestimmten Forderung kann eine sogenannte Höchstbetraghypothek bestellt werden (Art. 102 GüGuH).

Die Höhe der Hypothek kann nicht mit Hilfe einer Valorisierungsklausel bestimmt werden. Mit ihrer Hilfe kann jedoch die abgesicherte Forderung ermittelt werden. Die Höhe der Hypothek und die abgesicherte Forderung sollen in polnischer Währung bestimmt werden, es sei denn, es ist eine Genehmigung nach dem Devisengesetz für die Bestimmung der Verpflichtung in ausländischer Währung erteilt worden [6].

---

[5] Zur Hypothek siehe vor allem: *G. Bieniek*, Zabezpieczanie wierzytelności pieniężnych (Die Sicherungen von Geldforderungen), Praca i Zabezpieczenie Społeczne 1992, nr 10-11 und 12;E. *Drozd, A Oleszko*, Hipoteka w praktyce (Hypothek in der Praxis) Poznań-Kluczbork 1995; *J. Ignatowicz*, Hipoteka na spó³dzielczych prawach do lokali (Hypothek an Genossenschaftsrechten an Räumen), Państwo i Prawo 1992, nr 7; *J. Pisuliński*, Przedmiot i treść hipoteki (Gegenstand und Inhalt der Hypothek), Rejent 1992, nr. 9; *S. Rudnicki*, Komentarz do ustawy o księgach wieczystych i hipotece (Kommentar zum Gesetz über Grundbücher und Hypotheken), Warszawa 1993; *Remin*, Hypothenrecht in Polen, RIW 1992, 1028 ff.

[6] Vgl. zu genehmigungspflichtigen Geschäften: *Gralla*, Polen: Gesetz über das Devisenrecht, WiRO 1995,100,103.

Auch wenn die Bestellung einer Hypothek zur Absicherung einer bereits verjährten Forderung unzulässig ist, berührt die Verjährung der Forderung nach Bestellung der Hypothek die Rechte des Gläubigers aus der Hypothek nicht.

2. Gegenstand der Hypothek

Gemäß Art. 65 Abs. 4 GüGuH können neben Liegenschaften folgende Gegenstände mit Hypotheken belastet werden [7]:

- das sog. „Ewige Nießbrauchsrecht";
- das sog. „genossenschaftliche Eigentumsrecht an Wohnraum";
- das sog. „genossenschaftliche Recht an Gewerberaum";
- das Recht auf ein Einfamilienhaus in einer Wohnungsgemeinschaft,
- eine hypothekarisch gesicherte Forderung.

Liegenschaften im Sinne der Art. 46 ZGB sind Teile der Erdoberfläche, die Gegenstand eines besonderen Eigentums sind (Grundstücke) [8]. Ferner sind darunter mit dem Grundstück verbundene Gebäude oder Teile davon zu verstehen, wenn sie kraft besonderer Vorschriften ein vom Grundstückseigentum abgetrenntes Sondereigentum darstellen. Die Hypothek erstreckt sich auf die gesamte Liegenschaft, so daß die auf einen Teil begrenzte Hypothekenbestellung unzulässig ist. Wenn ein Gebäude Gegenstand der Hypothek ist, wird von der Hypothek auch das Recht erfaßt, das mit dem Gebäude verbunden ist (z.B. das ewige Nießbrauchsrecht). Wenn jedoch dieses Recht nicht mit einer Hypothek belastet werden kann, ist die Bestellung der Hypothek insgesamt ausgeschlossen. Die Bestellung einer Hypothek auf das gesamte Vermögen oder mehrere Liegenschaften des Schuldners ist nicht möglich.

3. Umfang der Hypothek

Die Hypothek belastet die gesamte Liegenschaft mit allen ihren Bestandteilen (Art. 84 GüGuH). Sie erstreckt sich auch auf die Bestandteile, die von der Liegenschaft abgetrennt wurden, es sei denn, daß diese Bestandteile im Rahmen einer ordnungsgemäßen Wirtschaft veräußert

---

[7] Vgl. *Remin*, Hypothekenrecht in Polen, RIW 1992,1028; *Tigges,* Polnisches Grundstücksrecht, WiRO 1996,1,6.

[8] Vgl. *Tigges*, Polnisches Grundstücksrecht, WiRO 1996,1,2.

wurden und der Veräußerungsvertrag durch eine Urkunde mit öffentlich beglaubigtem Datum bewiesen werden kann (Art. 85 Abs. 1 GüGuH).

4. Akzessorietät der Hypothek

Die Hypothek stellt ein akzessorisches Recht dar. Die Akzessorität wird an folgenden Merkmalen deutlich. Zunächst kann eine Hypothek nicht ohne eine zu sichernde Forderung entstehen. Zudem erlischt die Hypothek mit dem Erlöschen der gesicherten Forderung (Art. 94 GüGuH). Ferner kann die Übertragung der gesicherten Forderung nicht ohne gleichzeitige Übertragung der Hypothek erfolgen (Art. 79 GüGuH). Schließlich kann der Eigentümer, welcher nicht zugleich der persönliche Schuldner ist, nicht nur eigene Einreden und Einwendungen gegenüber dem Gläubiger geltend machen, sondern sich auch auf die Einreden und Einwendungen berufen, die dem Schuldner zustehen oder auf die der Schuldner verzichtet hat (Art. 73).

Freilich gilt der Akzessorietätsgrundsatz nicht unbeschränkt. Die Durchbrechung der Akzessorietät wird vor allem bei der Höchstbetragshypothek erkennbar. Die abgesicherte (auch künftige) Forderung kann nämlich ohne Hypothek abgetreten werden (Art. 107 GüGuH).

5. Entstehung der Hypothek

a) Vertragliche Hypothek

Für die Entstehung der vertraglichen Hypothek ist ein Vertrag zwischen dem Gläubiger und dem Eigentümer der Liegenschaft sowie die Eintragung der Hypothek in das Grundbuch erforderlich (Art. 67 GüGuH). Gemäß Art. 245 § 2 ZGB muß die Willenserklärung des Eigentümers in notariellen Form abgegeben werden. Die Erklärung des Gläubigers hingegen kann nach dem Gesetz in beliebiger Form erfolgen, jedoch werden in der Praxis die Willenserklärungen beider Seiten in einer notariellen Form abgegeben. Die Eintragung in das Grundbuch hat konstitutiven Charakter, ohne daß dadurch materiell-rechtliche Mängel geheilt werden. Die Hypothek ist in einem solchen Fall trotz der Eintragung nicht wirksam entstanden.

b) Die Bankhypothek als Sonderform der vertraglichen Hypothek

Gemäß Art. 50 des Bankengesetzes dienen Bankurkunden, welche die Kreditvergabe, die Kredithöhe, die Verzinsung und andere Bedingungen des Kreditvertrages beweisen, als Grundlage für die Eintragung der Hypothek auf die Liegenschaft des Kreditnehmers (oder auf sonstigen in Art. 65 GüGuH vorgesehenen Rechten). Die Erklärung des Schuldners, die ansonsten in notarieller Form abzugeben ist, wird bei dieser Art der Hypothek durch den Antrag ersetzt, dem die in Art. 50 des Bankengesetzes genannten Urkunden beizufügen sind.

Die rechtliche Bedeutung des Art. 50 ist in der Lehre umstritten. Einige Autoren sind der Meinung, die Bankhypothek entstehe ohne Zustimmung des Schuldners allein aufgrund des Antrages der Bank [9]. Die Gegenmeinung geht davon aus, daß auch bei der Bankhypothek die Zustimmung des Schuldners notwendig ist, jedoch wird diese bereits im Zusammenhang mit der Kreditvergabe (z.B. im Kreditvertrag) erteilt [10].

c) Gesetzliche Hypothek

Nach Art. 66 GüGuH kann zur Absicherung einer Forderung des Fiskus eine Hypothek kraft Gesetzes und ohne Eintragung in das Grundbuch entstehen [11]. Dies kann auch eine Gesamthypothek sein, die sich auf alle Liegenschaften des Schuldners erstreckt. Ein gutgläubiger rechtsgeschäftlicher Erwerber ist in diesem Fall nicht geschützt, da er die Liegenschaft nicht lastenfrei erwerben kann.

Von großer Bedeutung für die Praxis ist auch die Regelung des Art. 24 des Gesetzes über Steuerverpflichtungen, wonach auf der Liegenschaft des Steuerschuldners eine gesetzliche Hypothek für Steuerverbindlichkeiten entsteht. Diese Hypothek wird durch Zustellung des endgültigen Beschlusses, in welchem die Steuerverpflichtung auferlegt wird, begründet. Regelmäßig entstehen Steuerverpflichtungen jedoch schon kraft Gesetzes und nicht erst durch Beschluß, womit in diesen Fällen keine Hypothek i.S.d. Art. 24 des Gesetzes über Steuerverpflichtungen begründet wird.

d) Die Zwangshypothek

Die Zwangshypothek nach Art. 102 - 112 GüGuH soll keine Forderung sichern, sondern dient der effektiven Durchführung des Vollstreckungsverfahrens einer bereits fälligen Forderung. Sie kann auch als Höchstbetragshypothek entstehen, wenn die Forderung der Höhe nach noch

---

[9] Vgl. *S. Rudnicki*, op. cit., 196-198.

[10] Vgl. *E. Drozd/A. Oleszko*, op. cit., 122 ff.

[11] Vgl. *Remin*, Hypothekenrecht in Polen, RIW 1992, 1028.

nicht bestimmt ist. Die Zwangshypothek entsteht im Moment der Eintragung in das Grundbuch. Die Eintragung erfolgt aufgrund eines gerichtlichen bzw. verwaltungsrechtlichen Vollstreckungstitels, einer nicht in Rechtskraft erwachsen Entscheidung des Gerichts, einer einstweiligen Verfügung des Gerichts oder aufgrund eines Beschlusses der Staatsanwaltschaft. Ferner sind auch notarielle Urkunden, in denen sich der Schuldner der sofortigen Zwangsvollstreckung unterworfen hat, Vollstreckungstitel (Art. 777 ZVO) [12]. Schließlich können Banken aufgrund eines Vollstreckungstitels der Banken nach Art. 53 Bankengesetz die Bestellung einer Zwangshypothek beantragen. Diese Hypothek ist von der nach Art. 50 Bankengesetz entstandenen zu unterscheiden, weil letztere nur für noch nicht fällige Forderungen aus Kreditverträgen entstehen kann.

e) Die Gesamthypothek

Die Gesamthypothek entsteht kraft Gesetzes im Moment der Teilung der mit einer Hypothek belasteten Liegenschaft. Sie belastet alle durch die Teilung entstandenen Liegenschaften (Art. 76 Abs. 1 GüGuH). Die vertragliche Bestellung einer Gesamthypothek ist ausgeschlossen.

f) Die Höchstbetragshypothek

Nach Art. 102 Abs. 1 GüGuH können der Höhe nach noch unbestimmte Forderungen durch Eintragung einer Hypothek bis zu einem bestimmten Höchstbetrag gesichert werden. Die Höchstbetragshypothek kann sowohl bereits entstandene Forderungen als auch künftige Forderungen aus einem bestimmten Rechtsverhältnis sichern. Die Höchstbetragshypothek kann aufgrund eines Vertrages, einer nicht rechtskräftigen Gerichtsentscheidung, einer einstweiligen Verfügung sowie aufgrund eines Beschlusses der Staatsanwaltschaft entstehen.

6. Die Priorität der Hypothek

Art. 249 bis 251 ZGB regeln die Rangfolge der beschränkt-dinglichen Rechte. Für die Hypothek gelten ergänzend die Sonderregeln der Art. 11 bis 15 GüGuH. Diese Vorschriften regeln nicht nur das Rangverhältnis mehrerer Hypotheken, sondern auch zwischen verschiedenen Arten beschränkt-dinglicher Rechte.

---

[12] Vgl. *Remin*, Hypothekenrecht in Polen, RIW 1992, 1028.

Ist eine Sache mit mehreren beschränkt dinglichen Rechten belastet, darf das später entstandene Recht gemäß Art. 249 ZGB nicht unter Beeinträchtigung des früher entstandenen ausgeübt werden (prior tempore potior iure). Über das Rangverhältnis mehrerer Hypotheken entscheidet das Eintragungsdatum (Art. 12 § 1 GüGuH). Die Eintragung erfolgt unter dem Datum, an dem der Eintragungsantrag gestellt worden ist (Art. 29 GüGuH). Rechte, welche aufgrund gleichzeitig gestellter Anträge eingetragen werden, haben gleichen Rang (Art. 12 § 2 GüGuH). Das im Grundbuch eingetragene Recht hat immer den Vorrang vor den nicht im Grundbuch eingetragenen Rechten (Art. 11 GüGuH).

Die gesetzliche Hypothek ist wie die anderen Hypotheken zu behandeln und genießt keinen Vorrang, was allerdings in der Praxis oft nicht relevant ist. Wenn beispielsweise die Vollstreckung in die Liegenschaft des Steuerschuldners betrieben wird, ist der Fiskus schon an dritter Stelle zu befriedigen, unabhängig davon, ob ihm eine gesetzliche Hypothek zusteht; die übrigen Hypothekengläubiger sind erst an sechster Stelle zu befriedigen. Das ändert sich jedoch, wenn die mit der gesetzlichen Hypothek belastete Liegenschaft veräußert wird. Die Hypothek für den Fiskus besteht dann zwar fort; da aber der Erwerber der Liegenschaft nicht der persönliche Steuerschuldner ist, kann sich der Fiskus nicht vorrangig in der dritten Klasse befriedigen, sondern gehört zur sechsten Klasse der Gläubiger.

7. Befriedigung aus der mit einer Hypothek belasteten Liegenschaft

Die Regelungen über die Befriedigung der Gläubiger aus einer belasteten Liegenschaft werden gemäß Art. 65 GüGuH entsprechend auf Hypotheken, auf den ewigen Nießbrauch, auf genossenschaftliche Rechte und auf die Hypothekenforderung angewendet.

Die Befriedigung aus der Hypothek, die das ewige Nießbrauchsrecht belastet, erfolgt, als ob der Gegenstand der Hypothek eine Liegenschaft wäre. Sofern die Hypothek auf einem genossenschaftlichen Recht lastet, sind abweichende Vorschriften des Gesetzes über das Genossenschaftsrecht zu berücksichtigen. Gemäß Art. 229 [5] dieses Gesetzes erlischt die Hypothek nicht, wenn das genossenschaftliche Recht am Wohnraum kraft Gesetzes oder Genossenschaftsbeschlusses erlischt. Das Recht geht in diesem Fall auf die Genossenschaft über. Die Genossenschaft ist verpflichtet, das Recht innerhalb von sechs Monaten zu versteigern. Es ist auch darauf hinzuweisen, daß der Genossenschaft gemäß Art. 1025 § 4 ZVO das Recht zusteht, sich vor dem hypothekarischen Gläubiger zu befriedigen, wenn ihr die Forderung aus der Nichteinbringung der Baueinlage, die mit dem Recht verbunden war, zusteht.

Der Gläubiger, dem die Hypothek aufgrund einer hypothekarisch gesicherten Forderung zusteht, kann gemäß Art. 108 [6] GüGuH entweder die Befriedigung vom Schuldner verlangen oder sich aus der belasteten Liegenschaft befriedigen. Die Befriedigung aus der Liegenschaft erfolgt nach den Vorschriften der ZVO (Art. 75 GüGuH). Eine andere Vereinbarung, insbesondere eine Verfallsklausel, ist nichtig (Art. 75 Satz 2 GüGuH). Der Gläubiger kann sich aus der belasteten Liegenschaft erst bei Fälligkeit seiner Forderung befriedigen, es sei denn, daß andere Gläubiger die Zwangsvollstreckung in die Liegenschaft betreiben.

Der Gläubiger benötigt einen Vollstreckungstitel gegen den Eigentümer der Liegenschaft [13]. Er muß also den Eigentümer auf Zahlung des durch die Hypothek gesicherten Geldbetrages verklagen. Die Liegenschaft kann grundsätzlich nur durch Versteigerung im Vollstreckungsverfahren verwertet werden. Wenn die Liegenschaft jedoch in zwei aufeinanderfolgenden Versteigerungsterminen nicht veräußert wird, kann der Gläubiger diese mit Befriedigungswirkung nicht unter Zweidrittel des Schätzwertes übernehmen (Art. 984 § ZVO). Mit der rechtskräftigen Entscheidung des Gerichts über die Zuweisung des Eigentums an den Gläubiger erwirbt dieser das Eigentum daran (Art. 998 § 1 ZVO). Die Gläubiger können sich nur aus dem Erlös i.S.d. Art. 1025, 1026 ZVO befriedigen (Art. 1000 § 1 ZVO). Aufgrund der rechtskräftigen Entscheidung des Gerichts über die Zuweisung des Eigentums kann auch die Löschung aller Belastungen im Grundbuch beantragt werden (Art. 1003 § 1 ZGB). Der Erwerber erwirbt die Liegenschaft grundsätzlich ohne Belastungen. Einige Ausnahmen sieht allerdings Art. 1000 ZVO vor.

Für die Befriedigung hypothekarisch gesicherter Forderungen gelten Besonderheiten, wenn eine von mehreren Hypotheken zur Absicherung eines Bankkredites bestellt worden ist. In diesem Fall gehören die Banken nämlich zur fünften Klasse der Gläubiger (Art. 1025 § 1 Pkt. 5 ZVO). Das bedeutet, daß kreditgebende Banken vom Gesetzgeber gegenüber anderen Hypothekengläubigern bevorzugt behandelt werden, da letztere zur sechsten Klasse der Gläubiger gehören. Dieses Bankenprivileg greift jedoch nicht, wenn mehrere Banken durch Hypotheken gesichert sind. Gemäß Art. 1026 § 1 ZVO werden die Forderungen aller

---

[13] Vgl. *Remin*, Hypothekenrecht in Polen, RIW 1992, 1028, 1029.

Klassen - mit Ausnahme von Klasse 6 - verhältnismäßig befriedigt. Das bedeutet, daß Banken, die durch eine zeitlich frühere Hypothekenbestellung gesichert sind, dieselbe Rechtsposition haben wie diejenigen Banken, für die erst später eine Hypothek bestellt worden ist, oder Banken, welche sich überhaupt nicht abgesichert haben. Alle diese Banken werden verhältnismäßig in der fünften Klasse befriedigt. Dadurch verliert die Hypothek im polnischen Recht weitgehend die Sicherungsfunktion für denjenigen Gläubiger, welcher zeitlich zuerst eine Hypothek an einer bestimmten Liegenschaft begründet hat.

IV. Sicherungsübereignung

1. Zulässigkeit der Sicherungsübereignung

a) Historische Entwicklung bis 1946

Die Sicherungsübereignung war in Polen schon zu Anfang des 20. Jahrhunderts bekannt, wurde aber von den verschiedenen Rechtsordnungen, die sich nach der Teilung Polens am Ende des 18. Jahrhunderts ausgebildet hatten, unterschiedlich behandelt. In den westlichen Teilen Polens, wo das BGB galt, war die Sicherungsübereignung allgemein anerkannt. Auf dem Geltungsgebiet des französischen Code Civil war sie dagegen unzulässig. Sie hat auch wesentliche Einschränkungen im Geltungsbereich des ABGB erfahren. Dieser Rechtszustand dauerte bis zum Inkrafttreten der Verordnung über das Sachenrecht im Jahre 1947 an. Die Einführung eines einheitlichen Sachenrechts brachte eine heftige Diskusion über die Zulässigkeit der Sicherungsübereignung beweglicher und unbeweglicher Sachen mit sich. Auch nach dem Inkrafttreten des neuen ZGB im Jahre 1965 dauert diese Diskussion an [14].

---

[14] Dazu v.a. *J. Pazdan*, Przewłaszczenie na zabezpieczenie (Sicherungs-übereignung), Rejent 1994, nr 5; *W. Prądzyński*, Powiernicze przeniesienie własności celem zabezpieczenia wierzytelności (Treuhänderische Sicherungsübereignung), Przegląd Notarialny 1948, nr 2; *G. Tracz/F. Zoll*, Przewłaszczenie na zabezpieczenie (Sicherungsübereignung), im Druck; *J. Skąpski*, Przewłaszczenie na zabezpieczenie (Sicherungsübereignung), Studia Cywilistyczne 1969, nr 12-14.

b) Die Entwicklung von 1946 bis heute

aa) Bewegliche Sachen

Diejenigen Autoren, welche sich gegen die Zulässigkeit der Sicherungsübereignung aussprechen, sind der Ansicht, die Sicherungsübereignung stelle ein unerlaubtes Scheingeschäft dar, hinter dem sich in Wahrheit ein Pfandrecht verberge. Andere Autoren sind der Meinung, die Sicherungsübereignung sei dann unzulässig, wenn sie für Dritte nicht erkennbar sei und dadurch der Publizitätsgrundsatz des Sachenrechts durchbrochen werde. Nach dieser Meinung ist die Sicherungsübereignung nur dann zulässig, wenn die Sache dem Gläubiger übergeben wird.

Bereits mit Beschluß des Obersten Gerichts vom 10. Mai 1948 hat die Rechtsprechung die Zulässigkeit der Sicherungsüberignung von beweglichen Sachen ausdrücklich bestätigt. Das Gericht hat darauf hingewiesen, daß das Gesetz andere Sicherungsinstrumente neben dem Pfandrecht nicht ausschließe. Die übereignete Sache solle jedoch im Vertrag genau bestimmt und nach außen individualisiert werden, so daß für außenstehende Dritte die Aussonderung der sicherungsübereigneten Sache aus dem Schuldnervermögen ersichtlich ist. Die Sicherungsübereignung stellt nach Ansicht des Gerichts auch kein Scheingeschäft dar, da die Parteien tatsächlich die Sicherungsübereignung bezweckt haben und der Parteiwille nicht auf ein Umgehungsgeschäft gerichtet sei. Diese Rechtsprechung hat das Oberste Gericht durch Urteil vom 19. November 1992 bestätigt und nochmals festgestellt, daß die Sicherungsübereignung keine Umgehung der Vorschriften über das Pfandrecht darstelle. Denn bei einer Gesetzesumgehung sei der Parteiwille auf die Erreichung eines verbotenen Erfolges gerichtet, der bei der Sicherungsübereignung nicht erkennbar sei. Die Parteien einer Sicherungsübereignung bezwecken, eine Forderung stärker als durch ein Pfandrecht zu sichern, was keinen gesetzwidrigen Erfolg darstelle.

Zusammenfassend läßt sich feststellen, daß heute die überwiegende Meinung in bezug auf bewegliche Sachen von der Zulässigkeit der Sicherungsübereignung ausgeht.

bb) Liegenschaften

Im Urteil vom 24. April 1964 hat das Oberste Gericht die Sicherungsübereignung von Liegenschaften abgelehnt. Die Sicherungsübereignung sei eine bedingte Eigentumsübertragung, wobei die Tilgung der Schuld die zu erfüllende Bedingung darstellt. Eine solche bedingte Übereignung ist sowohl nach Art. 45 § 1 der Verordnung über das Sachenrecht als auch nach dem gegenwärtig geltenden ZGB (Art. 157 § 1) ausgeschlossen.

In der Lehre ist die Zulässigkeit der Sicherungsübereignung von Liegenschaften noch immer umstritten, jedoch bejaht die Mehrheit der Autoren ihre Zulässigkeit. Die Gegner sind der Ansicht, die Hypothek sei das allein zulässige Sicherungsmittel bei Immobilien. Denn es könne zu einer unangemessenen Benachteiligung des Schuldners kommen, weil der Wertunterschied zwischen der gesicherten Forderung und der übereigneten Liegenschaft oft unverhältnismäßig sei. Der übersicherte Gläubiger könne zudem die Liegenschaft ohne behördliche Kontrollmöglichkeit verwerten, auch wenn die Forderungshöhe in keinem Verhältnis zum Liegenschaftswert steht [15].

Die meisten Autoren sind jedoch Befürworter der Sicherungsübereignung von Liegenschaften [16]. A. Ohanowicz hat in seiner Glosse zum oben genannten Urteil darauf verwiesen, daß die Sicherungsübereignung von Grundstücken nicht gegen das Gesetz verstoße, weil die Übereignung bedingungslos erfolge. Aufschiebend bedingt sei nur die Verpflichtung des Gläubigers zur Eigentumsübertragung. Das bedeutet, daß diese Verpflichtung wirksam werde, wenn die Bedingung (Tilgung der Schuld) erfüllt werde. Mit der Erfüllung der Bedingung gehe aber das Eigentum der Liegenschaft noch nicht auf den Schuldner über, denn es muß noch ein Verfügungsgeschäft hinzutreten.

Obwohl man heute nach herrschender Literaturmeinung die Sicherungsübereignung von Liegenschaften für zulässig hält, bestehen doch starke Zweifel daran. Man kann z.B. einwenden, mit der Zulassung der Sicherungsübereignung einer Liegenschaft würden die Vorschriften über die Hypothek und die Zwangsvollstreckung umgangen.

2. Die Sicherungübereignung von beweglichen Sachen

Den Parteien, die eine Forderung durch die Sicherungsübereignung von beweglichen Sachen absichern wollen, stehen zwei Möglichkeiten zur Verfügung. Zum einen kommt eine unbedingte Eigentumsübertragung mit bedingter Verpflichtung zur Rückübertragung des Eigentums in Betracht. In diesem Fall kann der Schuldner nach Tilgung der Schuld vom

---

[15] Vgl. *J. Skąpski*, op. cit., 319 ff.

[16] Vgl. z.B. *A. Ohanowicz*, Glosse zum Urteil des OG vom 24. April 1964, Orzecznictwo Sądów Polskich i Komisji Arbitrażowych 1965, nr 11, 490-491; *J. Pazdan*, op. cit., 11 ff.

Gläubiger den Abschluß eines entsprechenden Vertrages verlangen. Das Recht auf Rückübertragung erlischt, falls der Schuldner seine Leistung in der vereinbarten Zeit nicht erfüllt hat. Darüber hinaus können die Parteien vereinbaren, daß die Eigentumsübertragung unter der auflösenden Bedingung, der Tilgung der Schld, erfolgt. Bei dieser Konstruktion fällt das Eigentum mit Bedingungseintritt an den Schuldner automatisch zurück.

In beiden Fällen kann die Sache im Besitz des Schuldners bleiben. Jedoch ist zu berücksichtigen, daß für die Eigentumsübertragung von der Gattung nach bestimmten oder zukünftigen Sachen nach polnischem Recht eine Übergabe erforderlich ist (Realvertrag) [17]. In diesem Zusammenhang ist die Frage zu stellen, ob die Besitzübertragung von Gattungssachen durch Besitzkonstitut (constitutum possesorium) erfolgen kann. Die Frage wird in der polnischen Literatur unter der Voraussetzung bejaht, daß mit der Besitzübertragung durch constitutum possesorium die Absonderung und Individualisierung der Sachen verbunden ist. Die Sachen sind dazu in einem Lager aufzubewahren, zu dem der Gläubiger als Eigentümer jederzeit Zutritt hat. Die sicherungsübereigneten Sachen verlieren mit der Absonderung und Individualisierung die Eigenschaft als Gattungssachen.

3. Die Sicherungsübereignung mehrerer Sachen

Wenn die Tätigkeit des Schuldners auf die Herstellung und den Verkauf von Waren gerichtet ist, wird zur Sicherung eines Kredites oftmals die Sicherungsübereignung eines Warenlagers mit wechselndem Bestand in Frage kommen. Dabei ist es dem Kreditschuldner gestattet, die Waren und Fertigprodukte im Rahmen des Geschäftsbetriebes und im Namen des Eigentümers zu veräußern, wodurch das Eigentumsrecht des Gläubigers erlischt. Das Eigentum des Gläubigers setzt sich kraft des zwischen den Parteien abgeschlossenen Sicherungsvertrages an den neu hergestellten bzw. ersatzweise beschafften Erzeugnissen fort. Der Vorteil dieser Konstruktion liegt darin, daß einerseits der Betriebsablauf ohne Unterbrechung fortgeführt werden kann und andererseits der Kreditgeber seine Sicherung behält. Die Raumsicherungsübereignung hat das Oberste Gericht bereits in einem Beschluß aus

[17] Vgl. zum Begriff der „künftigen", d.h. noch herzustellenden Sachen: *Gralla*, Polen: Kauf und Eigentumsübertragung im polnischen Zivilgesetzbuch, WiRO 1995, 59, 60.

dem Jahre 1948 für zulässig gehalten. Diese Rechtsauffassung wird von der Lehre geteilt [18].

Für den Gläubiger besteht die Gefahr der Entwertung seiner Sicherheit, wenn sich der Schuldner vertragswidrig verhält. Der Bank als Eigentümerin des Warenlagers mit wechselndem Bestand wird deshalb ein Kontrollrecht (z.B. jederzeitige Waren- und Lagerbuchprüfung) eingeräumt. Der Inhalt des Kontrollrechts des Eigentümers, der Termin für die Ergänzung der verkauften Sachen, die Kündigungsmöglichkeiten sowie andere Nebenabreden sollen im Interesse der Parteien im Vertrag genau bestimmt werden.

4. Sicherungübereignung von Liegenschaften

Da Liegenschaften stets individualisiert sind, geht das Eigentum wie bei anderen Speziessachen gemäß Art. 155 § 1 ZGB mit dem Verpflichtungsvertrag auf den Erwerber über. Dieses Einheitsprinzip kann durch Parteivereinbarung ausgeschlossen werden. Der Erwerber ist verpflichtet, die Eintragung im Grundbuch herbeizuführen, wobei diese lediglich deklaratorisch ist. Die Übereignung von Grundstücken ist zugleich ein kausales Rechtsgeschäft (Art. 156 ZGB, materielle Kausalität).

Für den Vertrag ist die notarielle Form erforderlich (Art. 158 ZGB) [19]. Wenn die Übereignung von Grundstücken aufgrund eines Verfügungs-vertrages erfolgt, der in Erfüllung eines zuvor geschlossenen Verpflich-tungsvertrages geschlossen wurde, ist die notarielle Form für beide Verträge erforderlich. Der Rechtsgrund der Übereignung soll sich aus dem Verfügungsvertrag ergeben (formelle Kausalität). Nach herrschender Meinung in der Rechtsprechung ist die notarielle Form nicht erforderlich, wenn die Eigentumsübertragung aufgrund eines gerichtlichen oder schiedsgerichtlichen Vergleiches erfolgt.

Das materielle Publizitätsprinzip (Vertrauensgrundsatz) des Grundbuches bildet im polnischen Recht eine Ausnahme von dem Grundsatz, daß niemand mehr Rechte übertragen kann, als ihm zustehen (nemo plus iuris in alium transferre potest quam ipso habet) [20]. Ein gutgläubiger Erwerber, der auf das Grundbuch vertraut, wird auch dann geschützt, wenn das Grundbuch von der tatsächlichen Rechtslage abweicht. Ge-

---

[18] Vgl. *J. Skąpski*, op. cit., 319.

[19] Vgl. *Gralla*, Polen: Kauf und Eigentumsübertragung im polnischen Zivilgesetzbuch, WiRO 1995, 59, 60.

[20] Vgl. *Tigges*, Polnisches Grundstücksrecht, WiRO 1996, 1, 3.

schützt werden allerdings nur entgeltliche Erwerber (Art. 5 bis 9 Gesetz über Grundbuch und Hypothek).

Gemäß Art. 157 ZGB darf die Übertragung des Eigentums an einem Grundstück nicht unter dem Vorbehalt einer Bedingung oder eines Termins erfolgen. Wenn aber der Verpflichtungsvertrag (z.B. Kauf- oder Schenkungsvertrag) unter einer Bedingung geschlossen wurde oder erst zu einem bestimmten Termin wirksam werden soll, ist zur Eigentumsübertragung ein zusätzliches (bedingungsloses) Verfügungsgeschäft der Parteien erforderlich [21].

Die Sicherungübereignung einer Liegenschaft als Kreditsicherheit kommt nur dann in Betracht, wenn der Erwerb von Liegenschaften durch den Gläubiger nach dem Gesetz zulässig ist. Für ausländische Personen gelten in dieser Hinsicht wesentliche Beschränkungen, die sich aus dem Gesetz über den Erwerb von Liegenschaften durch Ausländer ergeben [22]. Als „Ausländer" im Sinne dieses Gesetzes (Art. 1) gelten natürliche Personen, die keine polnische Staatsbürgerschaft haben und juristische Personen, die ihren Sitz im Ausland haben. Ferner werden darunter polnische juristische Personen verstanden, die durch die soeben genannten Personen direkt oder indirekt beherrscht werden. Dabei wird eine Kontrolle durch diese Personen angenommen, wenn sie direkt oder indirekt mindestens 50 % des Stammkapitals der beherrschten Gesellschaft halten.

Jede ausländische Person, die eine Liegenschaft in Polen erwerben will, ist zur Einholung einer Genehmigung des Innenministers verpflichtet. Der Erwerb von Liegenschaften ohne eine solche Genehmigung ist kraft Gesetzes unwirksam (Art. 7 des Gesetzes über den Erwerb von Liegenschaften durch Ausländer). Von dem Genehmigungsgrundsatz macht das Gesetz einige Ausnahmen. Genehmigungsfrei sind:

- der Erwerb abgetrennten Wohnraums i.S.d. Wohnungeigentumsgesetzes durch eine ausländische natürliche Person,
- der Erwerb einer Liegenschaft durch eine ausländische natürliche Person, die wenigstens fünf Jahre in Polen legal ansässig ist,

---

[21] Vgl. *Tigges*, Polnisches Grundstücksrecht, WiRO 1996, 1, 3.

[22] Vgl. *Pusylewitsch*, Der Erwerb von Eigentum und anderen Sachenrechten an Grundstükken in Polen durch Ausländer, WiRO 1992, 36 ff; *Gralla*, Polen: Gesetz über Grundstückserwerb durch Ausländer, WiRO 1992, 42 ff; *Roclawski*, Immobilienerwerb in der Republik Polen durch Ausländer: Antrag auf die Gewährung der staatlichen Genehmigung nach dem AuslImmG, ROW 1995, 123 ff.

- der Erwerb einer Liegenschaft durch einen Ausländer, der zur gesetzlichen Erbfolge des Veräußerers berufen ist, wenn der Veräußerer der Eigentümer der Liegenschaft oder der sog. ewige Nießbraucher seit mindestens fünf Jahren ist,
- der Erwerb - zu Satzungszwecken - von nicht bebauten Liegenschaften, deren Gesamtfläche in ganz Polen 0,4 ha nicht überschreitet. Diese Ausnahme betrifft nur juristische Personen, die ihren Sitz in Polen haben und durch Ausländer mittelbar oder unmittelbar kontrolliert werden.

5. Die Sicherungsübereignung und Rechte Dritter in der Zwangsvollstreckung und im Konkurs

In der Lehre wird oftmals auf die Gefahr hingewiesen, daß die Sicherungsübereignung zur Benachteiligung der Gläubiger der Parteien des Sicherungsübereignungsvertrages und des Sicherungsgebers führen kann [23]. Die Gläubiger haben häufig keine Kenntnis davon, daß die zur Sicherheit übereigneten Sachen, welche sich im Besitz des Schuldners befinden, nicht dessen Eigentum sind und deshalb nicht der Zwangsvollstreckung unterliegen. Deshalb wird die Eigentumsvermutung, die sich aus dem Sachbesitz ableitet (Art. 341 ZGB), entwertet.

a) Die Zwangsvollstreckung

Der Sicherungsnehmer kann die Zwangsvollstreckung in das Vermögen des Sicherungsgebers, sofern dessen Gläubiger die übereigneten Sachen bei diesem pfänden, mit einer Exzendierungsklage gemäß Art. 841 ZVO abwehren. Nach dieser Vorschrift kann ein Dritter im Wege der Exzendierungsklage die Freigabe der Sache verlangen, wenn die Zwangsvollstreckung seine Rechte verletzt. Als verletztes Recht des Sicherungsnehmers kommt insbesondere das Eigentum in Betracht. Sofern die Zwangsvollstreckung vor der Entscheidung über die Exzendierungsklage beendet worden ist, kann der Eigentümer die Klage umstellen und von den Gläubigern alles herausverlangen, was sie durch die Verwertung der Sache im Vollstreckungsverfahren erlangt haben. Eine interessante Frage ist, ob die Gläubiger auch in die Rechte vollstrecken können, welche dem Sicherungsgeber aus dem Sicherungsübereignungs-

[23] Dazu *A. Szpunar*, O powierniczych czynościach prawnych (Treuhänderische Rechtsgeschäfte), Acta Universitatis Lodziensis, Folia Iuridica, 57, Łódź 1993, 12.

vertrag zustehen. Insbesondere ist hier an das Recht auf die Rückübereignung nach Eintritt der Bedingung zu denken. M.E. ist es durchaus möglich, in dieses Recht zu vollstrecken, denn Art. 895 - 912 ZVO lassen allgemein die Vollstreckung in Forderungen oder sonstige Vermögensrechte zu.

Schwieriger zu beurteilen ist die Frage, ob der Sicherungsgeber im Falle der Zwangsvollstreckung in das Vermögen des Sicherungsnehmers die Exzendierungsklage erheben kann. Gemäß Art. 841 ZVO steht die Exzendierungsklage nämlich nur demjenigen Dritten zu, der ein Recht an der Sache hat, in welche die Zwangsvollstreckung betrieben wird. In Lehre und Rechtsprechung ist bislang ungeklärt, ob der Begriff „Recht" in Art. 841 ZVO nur die dinglichen Rechte oder auch Forderungen umfaßt. Die Exzendierungsklage kann dem Sicherungsgeber nur dann zugestanden werden, wenn das Eigentum an der sicherungsübereigneten Sache nach der Erfüllung der gesicherten Forderung ohne weiteres an den Sicherungsgeber zurückfällt, nicht aber, wenn zusätzlich noch ein Verfügungsgeschäft in Form der Rückübereignung erforderlich ist. Die Sicherungsübereignung von Grundstücken und beweglichen Sachen ist durch den Ausschluß des Einheitsprinzips gekennzeichnet. Dem Sicherungsgeber steht nur ein schuldrechtlicher Anspruch auf Abschluß eines Verfügungsvertrages mit dem Sicherungsnehmer zu, nicht aber ein dingliches Recht.

b) Der Konkurs

Im Falle des Konkurses des Sicherungsgebers steht dem Sicherungsnehmer als Eigentümer ein Aussonderungsrecht zu (Art. 28 Konkursverordnung). Die Sachen werden aus der Konkursmasse ausgesondert und dem Berechtigten übergegeben. Anders ist die Situation im Falle des Konkurses des Sicherungsnehmers. Nach Art. 28 Konkursverordung besteht ein Aussonderungsrecht nur bei Sachen, die nicht im Eigentum des Gemeinschuldners stehen. Die überwiegende Meinung differenziert bei Treuhandgeschäften zwischen dem materiell und dem formell berechtigten Eigentümer [24]. Bei der Sicherungsübereignung wird der Sicherungsnehmer als formell berechtigter Eigentümer, der Sicherungsgeber als materiell berechtigter Eigentümer angesehen. Deshalb wird dem Sicherungsgeber als „Eigentümer" das Recht zur Aussonderung zuge-

[24] Vgl. *M. Allerhand*, Prawo upadłościowe, Komentarz (Insolvenzrecht, Kommentar), Warszawa 1991, Art. 28, Rz 2.

standen. Auch hier ist entgegen der herrschen Meinung danach zu differenzieren, ob mit der Erfüllung der Bedingung das Eigentum an der Sache wieder automatisch auf den Sicherungsgeber übergeht oder nicht. Im ersten Fall erlangt der Sicherungsgeber mit Bedingungseintritt wieder das Eigentum an der Sache und gleichzeitig das Aussonderungsrecht gemäß Art. 28 Konkursverordnung. Im zweiten Fall kann der Sicherungsgeber nur die Rückübertragung des Eigentums verlangen. Diese Forderung ist zur Konkurstabelle anzumelden und gehört zur Konkursmasse. Ob dem Sicherungsgeber wenigstens ein Absonderungsrecht zugesprochen werden kann, erscheint fraglich.

V. Die Bürgschaft

1. Definition der Bürgschaft

Gemäß Art. 876 ZGB verpflichtet sich der Bürge in einem Bürgschaftsvertrag mit dem Gläubiger, diesen zu befriedigen, falls der Hauptschuldner seine Verbindlichkeit gegenüber dem Gläubiger nicht erfüllt [25]. Die Bürgschaft kann sowohl die Erfüllung einer obligatorischen als auch einer deliktischen Verbindlichkeit sichern. Zudem kann die Bürgschaft bis zu einer im voraus bestimmten Höhe auch für künftige Verbindlichkeiten übernommen werden (Art. 878 § 1 ZGB).

Die Leistungspflicht des Bürgen ist in der Regel auf eine Geldleistung gerichtet. Hat der Hauptschuldner eine Gattungsschuld zu erfüllen, so kann auch die Bürgenschuld auf diese Leistung gerichtet sein, denn auch der Bürge ist in der Lage, diese Leistung zu erbringen. Bei einer Verbindlichkeit, die nur der Schuldner erfüllen kann, haftet der Bürge für den Schaden, der dem Gläubiger durch die Nichterfüllung entstanden ist.

Im Regelfall haftet der Bürge in Höhe der im Bürgschaftsvertrag festgelegten Geldsumme. Daneben ist es möglich, die Höhe der Bürgenschuld anhand einer Valorisierungklausel festzulegen. Erfolgt die Bestimmung der Bürgenhaftung durch die Festlegung einer oberen und einer unteren Grenze, ist anzunehmen, daß die Höhe der Bürgenhaftung

[25] Zur Bürgschaft siehe insbesondere: *Z. Radwański*, Poręczenie - Komentarz do przepisów kodeksu cywilnego (Bürgschaft - Kommentar zur Vorschriften des ZGB) Warszawa 1994; *A. Szpunar*, O zasadzie akcesoryjności poręczenia (Über dem Akzessorietätsgrundsatz der Bürgschaft), Palestra 1992, nr 11-12; *M. Bączyk*, Odpowiedzialność cywilna poręczyciela (Zivilrechtliche Haftung des Bürgen) Toruń 1994.

bestimmt ist; in diesem Fall ist nach dem Grundsatz „in favorem debitoris" auf die untere Grenze abzustellen [26].

2. Rechtsverhältnisse bei der Bürgschaft

Regelmäßig kommt die Bürgschaft durch Vertrag zwischen Bürgen und Gläubiger zustande. Daneben kennt das polnische Recht aber auch Bürgschaften, die kraft Gesetzes entstehen. So übernimmt eine Person, in deren Auftrag die Bank einem Dritten eine Kreditzusage gemacht hat, die Bürgschaft für den künftigen Kredit, es sei denn daß im Vertrag etwas anderes vereinbart wurde (Art. 44 Bankrecht). Für die Gültigkeit der Bürgschaftsübernahme ist die genaue Bestimmung der Höhe des Kredites erforderlich (Art. 878 ZGB).

Das Rechtsverhältnis zwischen Bürgen und Hauptschuldner kann verschieden ausgestaltet sein. Wird die Bürgschaft im Auftrag des Schuldners übernommen, so gelten die Vorschriften über den Auftrag gemäß Art. 734 bis 751 ZGB. Eine Bürgschaftsübernahme ohne Wissen des Schuldners ist als Geschäftsführung ohne Auftrag nach Art. 752 - 757 ZGB zu qualifizieren.

3. Form

Gemäß Art. 876 § 2 ZGB muß die Bürgschaftserklärung der Schriftform genügen. Hingegen kann die Erklärung des Gläubigers formfrei abgegeben werden. Wird die Schriftform nicht eingehalten, ist die Bürgschaftserklärung unwirksam.

4. Akzessorietät der Bürgschaft

Die Bürgschaft ist akzessorisch und unterscheidet sich dadurch vom Schuldbeitritt und vom Garantievertrag, die abstrakte Verpflichtungen darstellen. Aus dem Akzessorietätsprinzip folgt, daß die Verpflichtung des Bürgen in ihrem Bestand von der Existenz der Hauptschuld abhängig ist. Weiterhin ist das juristische Schicksal der Bürgenverpflichtung an die Existenz der Hauptverpflichtung gekoppelt. Darüber hinaus kann der Bürge alle Einreden und Einwendungen gegen den Gläubiger vorbringen, die dem Hauptschuldner gegen die Forderung zustehen.

[26] Siehe Urteil des OG vom 12. Januar 1960, Orzecznictwo Sądów Polskich i Komisji Arbitrażowych 1962, Pos. 69.

Schließlich sind die Leistungen und der Haftungsumfang des Schuldners und des Bürgen ähnlich.

5. Primäre oder subsidiäre Haftung des Bürgen

Die Subsidiarität der Bürgenhaftung ist im polnischen Recht Gegenstand heftiger Diskussionen. In der Rechtsprechung wird die Meinung vertreten, daß der Bürgschaftsschuld keine subsidiäre Rolle zukommt und der Bürge ohne vorherige Mahnung des Hauptschuldners in Anspruch genommen werden kann. Begründet wird diese Ansicht mit Art. 880 ZGB, wonach der Gläubiger den Bürgen vom Verzug des Schuldners unverzüglich benachrichtigen soll, und mit Art. 881 ZGB, wonach der Bürge wie ein Gesamtschuldner haftet. In der Lehre wird diese Fage unterschiedlich beantwortet [27]. Für die Praxis ist entscheidend, daß Art. 880 und 881 ZGB dispositiv sind. Der Umfang der Bürgenhaftung kann deshalb im Bürgschaftsvertrag von den Parteien abweichend geregelt werden. Möglich ist beispielsweise die Ausgestaltung der Bürgschaft als Ausfallbürgschaft oder selbstschuldnerische Bürgschaft.

6. Die Bürgenhaftung

Gemäß Art. 881 ZGB haftet der Bürge gesamtschuldnerisch, es sei denn, es wurde eine abweichende Vereinbarung getroffen. Der Umfang der Verpflichtung des Bürgen wird gemäß Art. 879 ZGB durch den jeweiligen Umfang der Hauptschuld bestimmt. In der Lehre wird darauf hingewiesen, daß die Verbindung zwischen dem Umfang der Verpflichtung des Hauptschuldners und des Bürgen einen quantitativen und qualitativen Charakter hat. Der quantitative Charakter der Verbindung offenbare sich dadurch, daß die Schuld des Hauptschuldners die quantitative Höchstgrenze der Bürgenschuld darstellt. Der Bürge dürfe aber auch nicht in eine Rechtsposition gedrängt werden, die schlechter als die des Hauptschuldners ist, womit der qualitative Charakter der Verbindung angesprochen ist [28].

Sofern der Hauptschuldner Schadensersatz wegen Nicht- bzw. Schlechterfüllung zu leisten hat oder den Verzugsschaden zu ersetzen hat, erstreckt sich die Bürgschaft auch darauf. Zudem haftet der Bürge für anfallende Zinsen auf die Hauptschuld, z.B. für Zinsen wegen Zah-

---

[27] Vgl. Dazu *M. Baczyk*, op. cit., 45 ff.

[28] Vgl. Dazu *M. Baczyk*, op. cit., 134 ff.

lungsverzuges des Schuldners (Art. 481 ZGB) oder für vereinbarte Kreditzinsen. Auch notwendige gerichtliche und außergerichtliche Kosten für die Rechtsverfolgung des Gläubigers im Zusammenhang mit der Geltendmachung seiner Ansprüche sind von der Bürgschaft umfaßt.

7. Modifikationen der Bürgenhaftung

a) Verbotene Erweiterung der Bürgenhaftung

Gemäß Art. 879 § 2 ZGB wird die Verpflichtung des Bürgen durch ein Rechtsgeschäft, das der Hauptschuldner mit dem Gläubiger nach der Übernahme der Bürgschaft vorgenommen hat, nicht erweitert. Modifikationen, welche den Umfang der Bürgenhaftung unberührt lassen, werden in der Lehre als „äußere" Modifikationen bezeichnet. Im Gegensatz dazu wirken sogenannte „innere" Modifikationen, die sich aus der Akzessorität der Bürgschaft ergeben, auf den Umfang der Bürgenverpflichtung ein [29].

Ein Rechtsgeschäft zwischen Hauptschuldner und Gläubiger über die Erhöhung der Kreditsumme oder die Gewährung weiterer Kredite ist von der Bürgschaft nur dann erfaßt, wenn dies im Bürgschaftsvertrag vorgesehen ist. Der Bürge kann sich nach der nicht abdingbaren Vorschrift des Art. 878 ZGB für künftige Verbindlichkeiten nur dann wirksam verbürgen, wenn der Umfang der Verpflichtung von vornherein bestimmt werden kann.

b) Gesetzliche Modifikationen der Bürgenhaftung

Aufgrund besonderer Vorschriften kann der Umfang der Hauptverpflichtung besonders geregelt sein. Ein im Vergleichs- oder Konkursverfahren geschlossener Vergleich läßt die Rechte der Gläubiger gegenüber dem Bürgen unberührt (Art. 194, Satz 3 Konkursverordnung, Art. 68 Vergleichsverordnung). Der Bürge bleibt also unabhängig vom Inhalt des Vergleiches, der z.B. eine Verminderung der Hauptschuld beinhalten kann, in dem ursprünglichen Umfang verpflichtet. Die Eröffnung des Konkursverfahrens bewirkt, daß die gegen den Schuldner laufenden anderen gerichtlichen Verfahren unterbrochen werden (Art. 174, 1 Pkt. 4 ZVO). Dadurch werden jedoch die gegen den Bürgen angestrengten Verfahren nicht unterbrochen. Schließlich ist Art. 883 § 3 ZGB zu erwähnen, wonach sich der Bürge nicht wie die Erben des verstorbenen Hauptschuldners auf die Einrede der begrenzten Erbenhaftung berufen können.

---

[29] Vgl. Dazu *M. Baczyk*, op. cit., 140.

c) Vertragliche Modifikationen der Bürgenhaftung

Die Haftung des Bürgen kann kraft Parteivereinbarung beschränkt werden. Dazu dient beispielsweise die Vereinbarung einer Teil- oder Höchstbetragsbürgschaft. Durch eine Höchstbetragbürgschaft verpflichtet sich der Bürge, bis zu einem bestimmten Betrag für die Hauptschuld einzustehen. Dahingegen schuldet der Bürge bei der Übernahme einer Teilbürgschaft nur einen Teil der Hauptschuld, welcher gegenständlich individualisiert und von der gesamten Forderung des Gläubigers gegen den Schuldner abgegrenzt sein muß. Eine Teilleistung des Schuldners befreit den Bürgen in diesem Fall nur dann von seiner Haftung, wenn die Leistung auf Tilgung der abgegrenzten, individualisierten und durch die Bürgschaft abgesicherten Teilverbindlichkeit gerichtet ist.

Die Haftung des Bürgen kann auch auf eine bestimmte Zeit beschränkt werden. Der „Zeitbürgschaftsvertrag" kann dem Gläubiger eine Frist einräumen, in dem er seine Anprüche aus der Bürgschaft geltend zu machen hat. Sie kann auch so ausgestaltet werden, daß der Bürge nur dann haftet, wenn der Schuldner seine Verbindlichkeit nicht innerhalb einer bestimmten Frist erfüllt.

8. Einwendungen und Einreden des Bürgen

Die Einwendungen des Bürgen lassen sich in zwei Gruppen einteilen. Persönliche Einwendungen sind solche, die sich aus eigenen Rechten des Bürgen ergeben. Zudem kann der Bürge auch die dem Hauptschuldner zustehenden Einreden geltend machen (Art. 883 § 1 ZGB). Der Bürge verliert nach Art. 883 § 2 ZGB die Einreden auch dann nicht, wenn der Hauptschuldner auf sie verzichtet hat oder die Hauptforderung anerkannt hat.

Persönliche Einwendungen (exceptiones ex iure proprio) können sich aus dem Bürgschaftsverhältnis oder aus einem anderen zwischen dem Bürgen und dem Gläubiger bestehenden Rechtsverhältnis ergeben, nicht aber aus dem Rechtsverhältnis zwischen dem Bürgen und dem Schuldner oder einem Dritten.

Gemäß Art. 883 § 1 ZGB kann der Bürge gegen eine Forderung des Gläubigers gegen den Hauptschuldner aufrechnen, sofern die Fälligkeit der gegenseitigen Forderungen gegeben ist. Die Banken haben jedoch aufgrund von Art. 52 des Bankrechts eine Sonderstellung, da sie auch gegen noch nicht fällige Forderungen aufrechnen können, sofern gegen den Schuldner das Liquidationverfahren eröffnet wurde.

9. Regreßanspruch des Bürgen

Erfüllt der Bürge die Forderung des Gläubigers, erlischt diese nicht, sondern geht nach Art. 518 § 1 Pkt. 1 ZGB auf den Bürgen über (cessio legis). Nach dem Forderungsübergang kann der Bürge Ersatz vom Hauptschuldner verlangen.

Art. 518 ZGB regelt nicht die Rechtsfolgen des Forderungs-übergangs. Nach herrschender Lehre richten sich diese nach den analog anzuwendenden Vorschriften über die Abtretung (Art. 590 - 517 ZGB). Wichtig in diesem Zusammenhang ist vor allem Art. 509 § 2 ZGB, wonach alle mit der Forderung verbundenen Rechte auf den Bürgen übergehen. Zur Sicherung der Rechtsposiotion des Bürgen hat der Gesetzgeber auch dem befriedigten Gläubiger bestimmte Pflichten auferlegt. Gemäß Art. 887 ZGB ist der Gläubiger verpflichtet, dem Bürgen alle vorhandenen Beweismittel herauszugeben und keine Sicherheiten freizugeben. Handelt der Gläubiger entgegen dieser Verpflichtung, haftet er für den dadurch entstehenden Schaden.

Gemäß Art. 513 ZGB analog stehen dem Hauptschuldner gegenüber dem Bürgen, der die Forderung erworben hat, alle Einreden und Einwendungen zu, die ihm gegen den Gläubiger zustanden. Die analoge Anwendung dieser Norm bedeutet eine wesentliche Verschlechterung der Position des Bürgen gegenüber dem Schuldner, da dieser allen Einwendungen aus dem Rechtsverhältnis zwischen Hauptschuldner und Gläubiger ausgesetzt ist. Jedoch ist in diesem Zusammenhang auch Art. 884 § 1 ZGB zu berücksichtigen. Danach hat der Bürge, der von dem Gläubiger in Anspruch genommen wird, den Hauptschuldner davon unverzüglich zu benachrichtigen und ihn zur Beteiligung an dem Rechtsstreit aufzufordern. Lehnt der Hauptschuldner die Beteiligung an dem Rechtsstreit ab, so kann der Hauptschuldner sich später gegenüber dem Bürgen nicht auf Einwendungen berufen, die ihm gegenüber dem Gläubiger zugestanden hätten, dem Bürgen aber nicht bekannt waren und deshalb von diesem gegenüber dem Gläubiger nicht geltend gemacht werden konnten (Art. 884 § 2 ZGB).

Um eine doppelte Leistung des Bürgen und des Hauptschuldners an den Gläubiger zu verhindern, ist der Bürge nach Art. 885 ZGB verpflichtet, den Schuldner über seine Leistung zu informieren. Der Schuldner, der seine Leistung erbracht hat, ist aus demselben Grund verpflichtet, den Bürgen darüber zu informieren, es sei denn, die Bürgschaft ist ohne Wissen des Hauptschuldners gegeben worden (Art. 886 ZGB). Die funktionelle Auslegung der Vorschrift läßt den Schluß zu, daß für den Kenntnisstand des Schuldners in bezug auf die Erteilung einer Bürgschaft nicht auf den Zeitpunkt der Bürgschaftserteilung abzustellen ist, sondern auf den Zeitpunkt der Leistung durch den Hauptschuldner. Hat der leistende Bürge den Hauptschuldner über das Zustandekommen des Bürgschaftsvertrages nicht informiert, so kann er vom Hauptschuldner keinen Ersatz verlangen, es sei denn, daß der Schuldner bösgläugig gehandelt hat (Art. 885 ZGB). Der Bürge kann in diesem Fall die Rückzahlung gemäß Art. 410 ZGB nur von dem Gläubiger verlangen. Die Beweislast für den bösen Glauben des Schuldners obliegt dem Bürgen (Art. 6 ZGB).

Sofern der Bürge an den Gläubiger geleistet hat, weil der Schuldner ihn nicht über die Erfüllung der Verbindlichkeit informiert hat, kann der Bürge von dem Schuldner Ersatz verlangen, es sei denn, daß er bösgläugig gehandelt hat (Art. 886 ZGB).

10. Mitbürgschaft

Befriedigt ein Bürge den Gläubiger, steht ihm neben dem Rückgriffsanspruch gegen den Schuldner nach Art. 518 § 1 Pkt 1 ZGB ein Regreßanspruch gegen die anderen Mitbürgen gemäß Art. 881 i.V.m. Art. 376 ZGB zu. Er kann beide Forderungen gleichzeitig verlangen.

Sofern sich aus dem Rechtsverhältnis der Mitbürgen untereinander nichts anders ergibt, kann der Mitbürge, der geleistet hat, von seinen Mitbürgen zu gleichen Teilen Erstattung verlangen (Art. 376 § 1 ZGB). Der auf einen zahlungsunfähigen Mitbürgen entfallende Teil wird unter den anderen Mitbürgen aufgeteilt (Art. 376 § 2 ZGB). Jeder Mitbürge kann vom Hauptschuldner Erstattung für den von ihm geleisteten Betrag verlangen.

Im polnischen Recht haftet jeder Mitbürge im Außenverhältnis dem Gläubiger gegenüber gesamtschuldnerisch; die Haftung pro rata parte ist weder gesetzlich verankert noch kann sie zwischen den Mitbürgen vertraglich vereinbart werden. Eine solche Vereinbarung wirkt sich nur im Innenverhältnis der Bürgen aus.

Die Haftung des Bürgen aus der Höchstbetragbürgschaft ist auf den in der Bürgschafterklärung festgelegten Betrag begrenzt, jedoch erstreckt sich die Haftung auf den gesamten Umfang der gesicherten Verbindlichkeit. Das bedeutet, daß Teilleistungen des Hauptschuldners die Verbindlichkeit des Bürgen nur dann vermindern, wenn sie auch auf den verbürgten Anteil der Verbindlichkeit geleistet werden. Ist die Forderung durch mehrere Höchstbetragbürgschaften gesichert und einer der

Bürgen befriedigt den Gläubiger, kann dieser m.E. gemäß Art. 376 ZGB von den Mitbürgen Ersatz zu gleichen Teilen verlangen. Jeder Bürge haftet indes nur bis zu der im Bürgschaftsvertrag festgelegten Höhe.

11. Erlöschen der Bürgschaft

Die Bürgschaft erlischt aufgrund ihres akzessorischen Charkters mit dem Erlöschen der Hauptschuld. Zudem endet die Verpflichtung des Bürgen durch Zahlung des Bürgen oder durch Entlassung des Bürgen durch den Gläubiger. Darüber hinaus können eine Aufrechnung oder eine Hinterlegung bei Gericht Erlöschensgründe für die Bürgschaftsverpflichtung sein. Auch erlischt die Verpflichtung des Bürgen, wenn Hauptschuldner und Gläubiger im Wege der Novation die ursprüngliche Forderung durch eine neue ersetzen, es sei denn der Bürge hat sich mit dem Fortbestand seiner Verbindlichkeit einverstanden erklärt (Art. 525 ZGB). Gleiches gilt, wenn die Hauptschuld von einem neuen Schuldner übernommen wird (Art. 525 ZGB). Sofern die Hauptschuld durch eine vom Schuldner nicht zu vertretene Unmöglichkeit der Leistung erlischt, haftet der Bürge nur für die Herausgabe von Surrogaten (Art. 475 § 3 ZGB).

Die Bürgschaft kann auch erlöschen, obwohl das Rechtsverhältnis zwischen Hauptschuldner und Gläubiger unverändert fortbesteht. Das Zivilgesetzbuch läßt in Art. 878 § 2 den Widerruf einer unbefristeten Bürgschaft zu, die für eine zukünftigen Schuld übernommen worden ist. Die Bürgschaft ist also vor Entstehung der Hauptschuld jederzeit widerruflich. Eine abweichende Parteivereinbarung ist unzulässig.

Ist für die Hauptschuld ein Fälligkeitstermin nicht bestimmt oder hängt die Fälligkeit der Schuld von einer Kündigung ab, kann der Bürge nach Ablauf von sechs Monaten seit dem Datum der Bürgschafts-erklärung und im Falle der Bürgschaft für eine künftige Schuld nach Ablauf von sechs Monaten seit der Entstehung der Schuld verlangen, daß der Gläubiger den Schuldner zur Zahlung auffordert oder zum nächstmöglichen Termin kündigt. Kommt der Gläubiger diesem Verlangen nicht nach, erlischt die Verpflichtung des Bürgen (Art. 882 ZGB).

Die Vorschriften über die Bürgschaft enthalten keine Sonderregeln hinsichtlich der Verjährung der Bürgenschuld. Deshalb verjähren Forderungen aus Bürgschaften entsprechend den allgemeinen Regeln nach zehn Jahren. Lediglich wenn die Forderung mit einer wirtschaftlichen Tätigkeit im Zusammenhang steht, gilt eine verkürzte Verjährungsfrist von drei Jahren (Art. 118 ZGB). Da Bankbürgschaften stets mit der Geschäftstätigkeit der Bank verbunden sind, gilt hierfür regelmäßig die Dreijahresfrist.

VI. Garantie

1. Allgemeine Bemerkungen

Der Begriff „Garantie" hat im polnischen Kreditsicherungsrecht eine doppelte Bedeutung. Zum einen regelt das ZGB das sogenannte „Garantieversprechen" als einen kausalen Vertrag über die Leistung durch einen Dritten (Art. 391 ZGB) [30]. Zum anderen ist darunter eine Bankgarantie als ein selbständiger „contractus nominatus" zu verstehen [31]. Die Rechtsgrundlagen für die Bankgarantie sind in den Art. 40, 41 und 43 des Bankengesetzes zu finden. Das Verfahren zur Abgabe einer Bankgarantie ist in der Verordnung des Präsidenten der Polnischen Nationalbank vom 5. November 1992 geregelt.

Dem Garantieversprechen kam bis 1989 in der vergesellschafteten Wirtschaft eine große Bedeutung zu. In der Folgezeit wurde das Garantieversprechen jedoch im Zuge der Unmstrukturierung der Wirtschaft durch die Bankgarantie weitgehend verdrängt. Die Bankgarantie dient vorwiegend der Sicherung von Bankkrediten und Kaufpreiszahlungen.

2. Die Garantie als Quelle einer kausalen Verpflichtung

In der Zeit der Planwirtschaft sind staatliche Unternehmen, darunter auch staatliche Banken, Verpflichtungen eingegangen, die dem Garantievertrag ähnlich waren. Obwohl diese Verpflichtungen ebenfalls als Garantien bezeichnet wurden, entsprachen sie in Wirklichkeit dem in Art. 391 ZGB geregelten Vertrag über die Leistung durch einen Dritten. Nach Art. 391 ZGB hat der Garant dafür einzustehen, daß ein Dritter eine bestimmte Verpflichtung eingeht oder eine bestimmte Leistung erfüllt. Kommt der Dritte dem nicht nach, haftet der Garant für den

---

[30] Dazu insbesondere *E. Łętowska*, Umowa o świadczenie przez osobę trzecią (Vertrag über die Leistung Dritter), Warszawa 1970.

[31] Dazu siehe: *J. Pisuliński*, Charakter prawny gwarancji bankowej (Rechtlicher Charakter der Bankgarantie), Monitor Prawniczy 1994, *M. Pyziak-Szafnicka*, Gwarancja autonomiczna (Autonome Garantie), Przegląd Prawa Handlowego 1994, nr 2; *S. Rudnicki*, O umowie gwarancji (Über den Garantievertrag), Przegląd Prawa Handlowego 1993, nr 3; *G. Tracz*, Gwarancja bankowa - zobowiązanie abstrakcyjne czy kauzalne (Bankgarantie - abstrakte oder kausale Verpflichtung), Prawo Bankowe 1994, nr 2.

Schaden, den die andere Partei durch die Ablehung des Dritten erleidet. Der Dritte kann sich von der Verpflichtung zum Schadenersatz dadurch befreien, daß er die versprochene Leistung erfüllt, es sei denn, daß dies dem Vertrag oder den Besonderheiten der Leistung widerspricht.

Der Vertrag über die Leistung durch einen Dritten stellt ein kausales Rechtsgeschäft dar. Der Rechtsgrund „causa cavendi" (Sicherungs-abrede) ist nämlich in dem Vertrag ebenso enthalten wie die Bestimmung der Höhe der Haftung des Versprechenden. Aus dem Charakter dieses kausalen Garantievertrages folgt, daß sich der Garant aus seiner Haftung befreien kann, indem er sich auf das Fehlen eines Rechtsgrundes beruft.

Sofern der Garant für die Erfüllung einer Leistung eintritt, kann er die Einrede der Nichtigkeit der abgesicherten Verpflichtung erheben. Die Nichtigkeit kann sich dabei beispielsweise aus der Geschäfts-unfähigkeit einer Partei aus dem Grundverhältnis oder aus der Gesetzwidrigkeit desselben ergeben. Wenn das Eingehen einer Verbind-lichkeit abgesichert worden ist, kann sich der Garant neben den bereits genannten Einreden darauf berufen, die Leistung aus der Verbindlich-keit sei unmöglich geworden.

Neben den Einreden und Einwendungen, die dem Garanten aus dem kausalen Garantievertrag zustehen, kann der Garant stets die Einreden und Einwendungen aus dem Garantieverhältnis selbst erheben.

3. Garantie als Quelle einer abstrakten Verpflichtung

In der Lehre und in der Judikatur ist umstritten, ob es im Rahmen der über Art. 353 ZGB geschützten Vertragsfreiheit möglich ist, vom Gesetz nicht vorgesehene abstrakte Rechtsgeschäfte zu begründen [32]. Bedenken bestehen vor allem wegen des im polnischen Recht bestehenden Kausalitätsgrundsatzes für Rechtsgeschäfte. Danach können abstrakte Rechtsgeschäfte kraft Parteivereinbarung nur abgeschlossen werden, wenn das Gesetz dies ausdrücklich vorsieht. Begründet wurde dieser Grundsatz in der Zeit des Sozialismus überwiegend mit politisch motivierten Argumenten. Mit der Umstrukturierung des Rechtssystems seit 1989 und der Einfügung des Art. 353 ZGB im Jahre 1990 wurde die Vertragsfreiheit im polnischen Recht gestärkt, so daß der Kausalitätsgrundsatz in Rechtsprechung und Lehre mehr und mehr in Frage gestellt wird.

[32] Vgl. Dazu *M. Pyziask-Szafnicka*, op. cit., 56 ff.

Im Gegensatz zum Vertrag über die Leistung durch einen Dritten i.S.d. Art. 391 ZGB kann eine Garantie nicht nur das Eingehen einer Verbindlichkeit oder die Erfüllung einer Leistung absichern, sondern auch einen abstrakten Erfolg.

Da die abstrakte Garantie nicht im ZGB geregelt ist, existieren auch keine gesetzlichen Formvorschriften. Die schriftliche Form ist hier aber aufgrund der Beweisbeschränkungen der Art. 74, 75 ZGB und Art. 246 ZVO empfehlenswert.

4. Bankgarantie als Quelle einer abstrakten Verpflichtung

Die Bankgarantie ist in Art. 40, 41, 43 des Gesetzes über das Bankrecht geregelt. Gemäß Art. 40 Abs. 1 dieses Gesetzes dürfen die Banken Garantien und Bürgschaften im Auftrag inländischer und ausländischer Personen gewähren. Nach Art. 40 Abs. 2 bedarf die Bankgarantie der Schriftform. Die Garantieurkunde hat die Person des Berechtigten, die Garantiesumme, die sich aus der Garantie ergebenden Rechte sowie die Geltungsfrist zu enthalten. Alle diese Elemente der Bankgarantie werden im polnischen Recht als essentialia negotii des Bankgarantie-vertrages betrachtet. Die Verpflichtung der Bank ist stets auf eine Geldleistung gerichtet (Art. 40 Abs. 3).

Bei der Bankgarantie handelt es sich um ein abstraktes Rechtsgeschäft, da sie weder das Eingehen einer Verbindlichkeit noch die Erfüllung einer Leistung i.S.d. Art. 391 ZGB sichern soll, sondern der Absicherung eines bestimmten Erfolges dient.

Die Erteilung einer abstrakten Bankgarantie gemäß Art. 40 des Gesetzes über das Bankrecht kann nur durch eine Bank erfolgen. Ob auch andere Personen solche Garantien abgeben können, ist umstritten. Da Art. 40 des Gesetzes über das Bankrecht auf Bankgarantien zugeschnitten ist, finden die dort genannten Voraussetzungen für Nichtbanken keine Anwendung, so daß diese solche Garantien nicht gewähren könnnen.

5. Garantiemißbrauch

In der polnischen Bankpraxis ist die Bankgarantie in den meisten Fällen eine Garantie „auf erstes Anfordern". Die strenge Haftung des Garanten führt oftmals dazu, daß der Garant in Anspruch genommen wird, obwohl die abgesicherte Verbindlichkeit überhaupt nicht entstanden ist oder der garantierte Erfolg eingetreten ist. Ein solcher Mißbrauchsfall ist beispielsweise gegeben, wenn der Berechtigte aus der Garantie vorgeht, obwohl der abgesicherte Kredit bereits vollständig zurückgezahlt wurde.

In einem solchen Fall kann sich der Garant aufgrund des abstrakten Charakters des Garantievertrages weder mit Einreden des Schuldners verteidigen noch auf den Wegfall der Geschäftsgrundlage berufen, denn die Garantie auf erstes Anfordern ist von der causa losgelöst. In anderen Rechtsordnungen wird versucht, die strenge Haftung des Garanten durch die „Lehre vom Garantiemißbrauch" abzumildern [33]. Auch die polnische Lehre und in die neuere Rechtsprechung des Obersten Gerichtes hat sich bereits mit der Problematik befaßt, ohne jedoch zu einer abschließenden Lösung zu kommen. Als Ansatzpunkt für die Entwicklung der Lehre über den Garantiemißbrauch kommt Art. 5 ZGB in Betracht, wonach jede Rechtsausübung entgegen der sozilökonomischen Zweckbestimmung des Rechts oder den Grundsätzen des gesellschaftlichen Zusammenlebens unzulässig ist und deshalb nicht den Schutz der Rechtsordnung genießt.

6. Der grenzüberschreitende Garantievertrag

Garantien, insbesondere Bankgarantien, werden oft zugunsten ausländischer Personen abgegeben. Das anzuwendende Recht grenzüber-schreitender Garantieverträge bestimmt sich nach Art. 29 des Gesetzes über das internationale Privatrecht. Danach ist das Recht des Staates anzuwenden, in welchem der Vertrag geschlossen wurde. Gemäß Art. 70 ZGB gilt der Vertrag als an dem Ort abgeschlossen, an dem sich der Sitz des Garanten zum Zeitpunkt des Vertragsschlusses befindet.

Gemäß Art. 40 des Gesetzes über das Bankenrecht ist die Avalprovision des Garanten in der Währung zu leisten, welche der Währung der abgesicherten Verbindlichkeit entspricht.

7. Bestätigung der Garantie durch eine zweite Bank, Absicherung der Garantie

Nach Art. 41 des Gesetzes über das Bankenrecht kann eine weitere Bank die Garantie bestätigen. Der Garantieberechtigte kann also sowohl die Erst- als auch die Zweitbank in Anspruch nehmen. Die Banken untereinander haften bei der bestätigten Garantie nach den Regeln der uneigentlichen Gesamtschuld.

[33] Vgl. *Horn*, Bürgschaften und Garantien, 6. Auflage 1995, S. 116 ff. mwN.

8. Abtretung der Garantieforderung

Die Garantieforderung kann gemäß Art. 43 des Gesetzes über das Bankrecht nur mit der gesicherten Forderung zusammen abgetreten werden, ohne daß dadurch die Akzessorietät der Garantie begründet wird. Dieselbe Regelung findet sich im Entwurf des neuen Gesetzes über das Bankrecht (Art. 60 des Entwurfes).

9. Der Bankgarantievertrag in der Rechtsprechung

Der wachsende Rolle des Bankgarantievertrages im Rechtsverkehr wird begleitet durch eine zunehmende Zahl von Gerichtsentscheidungen. Die Entscheidungen des Obersten Gerichts der letzten vier Jahre haben zur Klärung des Charakters des Garantievertrages beigetragen.

Nach dem Urteil des Obersten Gerichts vom 24.06.1992 sind die Klauseln „auf erstes Anfordern" sowie „unwiderruflich und bedingungslos" unter Berücksichtigung des Vertragszweckes auszulegen (Art. 65 § 3 ZGB). Eine Bank, die eine Garantie zur Sicherung eines Dokumentenakkreditivs erteilt hat, kann sich deshalb auf die Verletzung von Bestimmungen aus dem Grundverhältnis berufen. Mit diesem Urteil hat das Oberste Gericht den Garantievertrag als kausalen und akzessorischen Vertrag angesehen [34]. Diese Sichtweise ist bedenklich, wenn man sich den Charakter der Garantie und die Klausel „auf erstes Anfordern", welche im Vertrag enthalten war, vor Augen führt.

Kurze Zeit später hat das Oberste Gericht im Sieben-Richter-Beschluß vom 16.04.1993 eine andere Meinung vertreten [35]. Danach kann sich eine Bank, die eine Garantie mit der Klausel „unwiderruflich und bedingungslos" und auf „erstes Anfordern" erteilt hat, nicht auf die Einwände aus dem Grundverhältnis berufen, um die eigene Haftung aus der Garantie zu beschränken oder auszuschließen. Dieser Beschluß wurde in das Buch der Rechtsgrundsätze aufgenommen, wodurch er für das Oberste Gericht bindend geworden ist.

Der abstrakte Charakter des Garantievertrages, der in diesem Beschluß herausgestellt wurde, ist dann durch das Urteil des Obersten Gerichts vom 15.01.1995 bestätigt worden [36]. Das Oberste Gericht hat indes darauf hingewiesen, daß sich der Garant aus einer bedingungslosen

[34] Orzecznictwo Sądu Najwyższego - Izba Cywilna (OSNCP) 1992, nr 12.

[35] Siehe auch Beschluss des OG vom 16.04.1993. OSNCP 1993, nr 10.

[36] Siehe Prawo Bankowe 1995, nr 3, 41 ff.

und auf „erstes Anfordern" erteilten Garantie von seiner Leistung befreien kann, wenn die Forderung des Garantieberechtigten mit dem Inhalt der Garantie in Widerspruch steht (Art. 353^1 ZGB), oder einen Rechtsmißbrauch darstellt (Art. 5 ZGB).

Die Tendenz der Rechtsprechung findet ihre Bestätigung durch den Siebenrichter-Beschluß des Obersten Gerichts vom 28.04.1995 [37]. In diesem Beschluß wird der abstrakte Charakter der Bankgarantie nicht mehr in Frage gestellt. Jedoch kann die Garantieverpflichtung nach Ansicht des Gerichts durch den Einwand des Garantiemißbrauchs entfallen.

10. Erlöschen der Garantie

Die Verpflichtung aus der Garantie erlischt mit der Erfüllung der Leistung aus dem Garantievertrag oder durch Fristablauf. Zudem kann die Garantieverpflichtung durch einen zwischen dem Garantieberechtigten und dem Garanten geschlossenen Erlaßvertrag entfallen. Schließlich ist der Wegfall des Rechtsgrundes ein Erlöschensgrund, sofern es sich um eine kausale Garantie handelt.

Literaturhinweise

Kuglarz, Paweł/Stöcker, Otmar, Die Immobiliarhypothek im polnischen Recht, Der langfristige Kredit 1996, 562 ff.

Tigges, Michael, Polnisches Grundstücksrecht, WiRO 1996, 1 ff.

[37] Noch nicht veröffentlicht.

Recht der Kreditsicherheiten in Rußland

VLADIMIR BUDILOV

Gliederung

I. Rechtliche Grundlagen der Kreditsicherheiten in Rußland

Die rechtliche Grundlage für alle Formen der Kreditsicherheiten in Rußland bildet das bürgerliche Recht (Zivilgesetzbuch - ZGB) sowie das bürgerliche Prozeßrecht. Einer der wichtigsten Abschnitte des ersten Teils des ZGB ist der Allgemeine Teil des Schuldrechts. In diesem Abschnitt des ZGB werden alle allgemeinen Regelungen der Entstehung und Erfüllung von Schuldverhältnissen festgeschrieben. Kapitel 23 dieses Abschnitts ist mit "Kreditsicherheiten"[1] überschrieben. Die Regelungen, die in diesem Kapitel enthalten sind, stellen die aktuelle Grundlage fast aller Arten der Kreditsicherheiten dar.

---

[1] Wörtliche Übersetzung: "Sicherung der Erfüllung von Schuldverhältnissen".

II. Kreditsicherheiten und Devisengesetzgebung

Bei meiner Arbeit als Rechtsberater der BNP-Dresdner Bank (Rossija) in St. Petersburg habe ich nicht selten Versuche westlicher Investoren beobachtet, politische Risiken in Rußland oder aber die Unvollkommenheiten der russischen Gesetzgebung zu umgehen. Sie boten unterschiedliche Vorgehensweisen an, die es ermöglichen sollten, das Vermögen russischer Schuldner der russischen Staatsgewalt zu entziehen. Bei der Ausarbeitung solcher Verfahren sind jedoch die Anforderungen der sehr konservativen russischen Devisengesetzgebung zu beachten. Letztere wäre Thema eines gesonderten Vortrages. Im Rahmen meines Themas kann ich nur sagen, daß es notwendig ist, die Erlaubnis der russischen Zentralbank einzuholen, um bestimmte, im Welthandel alltägliche Transaktionen mit einem russischen Unternehmen durchführen zu können. So ist beispielsweise eine Sondergenehmigung notwendig, um ein Konto im Ausland zu eröffnen.

III. Begriff und Grundlagen für die Entstehung eines Pfandes

Der Begriff des Pfandes unterscheidet sich im wesentlichen nicht von dem in vielen Ländern üblichen und gesetzlich definierten. Gem. Art. 334 Abs. 1 ZGB führt diesbezüglich folgendes aus:

"Kraft Pfändung hat der Gläubiger (Pfandnehmer) einer pfandgesicherten Verpflichtung dann das Recht, sich aus dem Wert des verpfändeten Vermögens zu befriedigen, wenn der Schuldner diese Verpflichtung nicht erfüllt, und zwar vorzugsweise vor anderen Gläubigern der Person, der dieses Vermögen gehört (Pfandgeber), mit den durch Gesetz festgelegten Ausnahmen."

Pfandgegenstand in Rußland kann jegliches Vermögen sein, unter anderem Sachen und vermögenswerte Rechte (Forderungen), mit Ausnahme von Vermögen, das aus dem Verkehr genommen wurde, und mit Ausnahme von Forderungen, die untrennbar mit der Persönlichkeit des Gläubigers verbunden sind.

Wenn man von dem Pfandgegenstand spricht, dürfen zwei Besonderheiten des Begriffs des unbeweglichen Vermögens nach russischem Recht nicht unerwähnt bleiben:

- Nach deutschem Recht versteht man unter unbeweglichem Vermögen Grundstücke und ihre Bestandteile. Hierbei sind Gebäude Bestandteile des Grundstücks. In Rußland sind sowohl Grundstücke als auch Gebäude un-

bewegliches Vermögen. Das heißt, daß auch die Verfügung über diese Objekte (Verkauf, Verpfändung etc.) getrennt erfolgen kann.
- Zum unbeweglichen Vermögen nach russischem Recht gehören ebenfalls der staatlichen Registrierung unterliegende Luft- und Meeresschiffe, Schiffe der Binnenschiffahrt und Objekte der Raumfahrt, sowie auch anderes Vermögen, das durch Gesetz dem unbeweglichen Vermögen zugeordnet werden kann (Art. 139 ZGB).

Eng verbunden mit dem Begriff des unbeweglichen Vermögens ist der Begriff der Hypothek. Gem. Art. 334 Abs. 2 ZGB wird unter einer Hypothek die Pfändung von Grundstücken, Unternehmen, Gebäuden, Anlagen, Wohnungen und anderem unbeweglichen Vermögen verstanden.

Wenn nicht etwas anderes vertraglich bestimmt ist, sichert jede Pfandart eine Schuld in dem Umfang, den sie zum Zeitpunkt der Befriedigung hat; im einzelnen: Zinsen, Vertragsstrafe, Schadenersatz für Verluste, die durch Verzug entstanden sind; es sind die die Kosten zu erstatten, die dem Pfandnehmer für den Unterhalt der verpfändeten Sache entstanden sind sowie auch die der Vollstreckung.

Nach russischem Recht sind alle Pfandarten akzessorisch. Deshalb müssen in jedem Pfandvertrag der Pfandgegenstand und dessen Bewertung sowie Wesen, Umfang und Erfüllungsfrist der Schuld, die durch das Pfand gesichert werden soll, angegeben sein (Art. 339 Abs. 1 ZGB). Ein Pfandvertrag muß schriftlich abgeschlossen werden. In manchen Fällen, wie z. B. bei Hypotheken, unterliegt der Pfandvertrag der notariellen Beglaubigung.

Eine Besonderheit des russischen ZGB liegt darin, daß es Vorschriften gibt, nach denen ein nachrangiges Pfand zulässig ist, wenn es nicht durch früher abgeschlossene Pfandverträge verboten worden ist. Mit anderen Worten läßt es die russische Gesetzgebung zu, im Pfandvertrag die Bestellung eines nachrangigen Pfandes auszuschließen.

Die staatliche Registrierung eines Pfandes an beweglichem Vermögen ist im geltenden Recht nicht vorgesehen. Eine Ausnahme bildet die Verpfändung von Transportmitteln.

In der russischen Literatur besteht keine einheitliche Meinung bezüglich der Möglichkeiten des Interessenschutzes von gutgläubigen Pfandnehmern. Ich gründe meinen Standpunkt auf Art. 347 ZGB (dieser Artikel ist in seiner Grundaussage analog zu § 1207 BGB zu sehen) und denke, daß die Interessen eines gutgläubigen Pfandnehmers zu schützen sind. In der russischen Literatur wird jedoch vielfach die gegenteilige, häufig unbegründete Meinung vertreten[2].

IV. Der Pfandvertrag als außenwirtschaftliches Geschäft (russische Kollisionsnormen)

Erlauben Sie mir, Ihre Aufmerksamkeit auf einen weiteren Aspekt des russischen Rechts zu lenken, der eng mit dem Pfandrecht verbunden ist. Es geht um das russische Kollisionsrecht.

In der russischen Rechtstheorie gibt es den Begriff des außenwirtschaftlichen Geschäfts[3]. Hierbei handelt es sich um ein kommerzielles Geschäft zwischen Subjekten mit unterschiedlicher staatlicher Zugehörigkeit.

Nach russischem Recht gilt ein Pfandvertrag demnach als außenwirtschafliches Geschäft, wenn er zwischen Unternehmern (Handelsleuten) mit unterschiedlicher staatlicher Zugehörigkeit abgeschlossen wurde.

Wenn der Pfandvertrag aber als außenwirtschaftliches Geschäft zu betrachten ist, so können die Vertragspartner gem. russischer Kollisionsnormen festlegen, das Recht welchen Landes auf diesen Vertrag anzuwenden ist. Sollte eine solche Vereinbarung fehlen, findet das Recht des Landes Anwendung, in welchem der Pfandgeber seinen Hauptverwaltungssitz hat bzw. gegründet worden ist. Es ist allerdings zu beachten, daß jegliches Geschäft, das Bauten und anderes unbewegliches Vermögen mit Belegenheit in Rußland zum Inhalt hat, notwendigerweise dem russischen Recht untersteht. Ausgehend von der Besonderheit des Begriffs des unbeweglichen Vermögens nach russischem Recht (s.o.), unterliegt die Hypothek (einschl. Hypothek von See- und Meeresschiffen, die in Rußland registriert sind) dem russischen Recht.

V. Pfandarten

Die russische Gesetzgebung kennt folgende Pfandarten: Pfand an Waren im Rechtsverkehr, Pfand an Sachen in einer Pfandleihanstalt, Pfand an Waren des beweglichen Vermögens, Pfand von Rechten und Hypothek.

---

[2] *Wischnewskij, A. A.*, Zalogovoje Pravo (Pfandrecht), Moskau 1995, S. 30.

[3] *Boguslawskij, M.M.*, Meshdunarodnoje tschastnoje pravo (Internationales Privatrecht), Moskau 1994, S.200.

1. Pfand an Waren im Rechtsverkehr

Die am meisten in Rußland verbreitete Pfandart ist die des Pfandes an Waren im Rechtsverkehr. Gem. der Definition in Art. 357 Abs. 1 ZGW wird "*als Pfand an Waren im Rechtsverkehr (...) ein Pfand an Waren dann angesehen, wenn die Waren beim Pfandgeber verbleiben und dem Pfandgeber das Recht eingeräumt wird, die Zusammensetzung und die natürliche Form des verpfändeten Vermögens zu verändern (...) unter der Bedingung, daß ihr Gesamtwert nicht unter den im Pfandvertrag angegebenen Wert sinkt.*" In der Regel ist die Verringerung des Werts der verpfändeten Waren im Rechtsverkehr proportional zu dem erfüllten Teil der durch Pfand gesicherten Schuld zulässig.

Diese Art der Kreditsicherung ist in vielen Ländern bekannt. Bisher ist sie in der russischen Gesetzgebung verhältnismäßig kurz geregelt. Aber selbst in der kurzen Definition des Art. 357 ZGB lassen sich einige Besonderheiten des russischen Rechts feststellen: Waren im Rechtsverkehr, die vom Pfandgeber veräußert worden sind, hören dann auf, Pfandgegenstand zu sein, wenn sie in das Eigentum des Erwerbers übergegangen sind; die vom Pfandgeber erworbenen Waren, die im Pfandvertrag aufgeführt sind, werden Pfandgegenstand ab dem Zeitpunkt, in dem das Eigentumsrecht an ihnen beim Pfandgeber entsteht.

2. Einfaches Pfand an beweglichem Vermögen

Das Zivilgesetzbuch erwähnt das einfache Pfand an beweglichem Vermögen nur im Zusammenhang mit den Regelung des Verfahrens der Vollstreckung in verpfändetes Vermögen, von dem später die Rede sein wird. Hier sei nur erwähnt, daß auf das einfache Pfand an beweglichem Vermögen die allgemeinen Vorschriften des ZGB sowie einige Spezialvorschriften über die Verpfändung beweglichen Vermögens, die im Pfandgesetz enthalten sind, Anwendung finden.

3. Pfand an Sachen in einer Pfandleihanstalt

Eine besondere Art der Verpfändung beweglichen Vermögens ist das Pfand an Sachen in einer Pfandleihanstalt. Das ZGB enthält einige Spezialvorschriften bezüglich dieser Pfandart. Außerdem wird z.Zt. an einem Gesetzesentwurf "Über das Pfand an Sachen in einer Pfandleihanstalt" gearbeitet.

Auf folgende Besonderheiten dieser Pfandart möchte ich hinweisen:

- Pfandgeber können nur natürliche Personen ("Bürger") sein;
- Pfandgegenstand kann nur bewegliches Vermögen sein, das für den persönlichen Gebrauch bestimmt ist;
- Diese Pfandart kann nur Verpflichtungen aus Verträgen zur Sicherung kurzfristiger Kredite decken;
- Als Pfandnehmer können nur spezialisierte Organisationen auftreten, sog. Pfandleihanstalten, die für die Gewährung von kurzfristigen Krediten und Annahme von beweglichem Vermögen als Pfand über eine Lizenz verfügen müssen.

4. Pfand an Rechten

Der Verbreitung einer weiteren Pfandart, dem Pfand an Rechten, stehen einige Hindernisse entgegen, die größtenteils öffentlich-rechtlichen Charakter tragen. Gem. Präsidentenerlaß vom 22.12.1993 können die Steuerbehörden Zahlungsrückstände (fällige Steuerzahlungen) in Höhe der Summe eintreiben, die dem Schuldner von seinen Debitoren zusteht. Eine Gerichtsentscheidung ist in diesem Fall nicht notwendig. Wenn mit anderen Worten der Pfandgeber mit (Steuer)Zahlungen gegenüber dem Staat im Rückstand ist, so verliert das Recht, das er verpfändet, jeglichen Wert.

Die zivilrechtliche Regelung der Verpfändung von Rechten ist unzureichend. Spezielle Normen, die die Verpfändung von Rechten betreffen, enthält das ZGB nicht. Diese sind nur im Pfandgesetz zu finden, das jedoch viele Widersprüche enthält. Die Unzulänglichkeiten der Spezialnormen des Pfandgesetzes werden nur zu einem unwesentlichen Teil durch die allgemeinen Vorschriften des ZGB ausgeglichen.

Im Unterschied zu anderen Pfandarten ist es weder vorgesehen, das ZGB durch entsprechende Vorschriften über die Verpfändung von Rechten zu ergänzen, noch Spezialgesetze hierüber zu verabschieden.

Ein Recht ist als Pfandgegenstand gegenüber materiellen Vermögenswerten im Nachteil, da der Wert des verpfändeten Rechts von den persönlichen Qualitäten des Schuldners des verpfändeten Rechts abhängig ist. Diese Besonderheit des Rechts als Pfandgegenstand ist im ZGB m.E. nicht genügend berücksichtigt. In erster Linie betrifft das das Verfahren der Vollstreckung in verpfändetes Vermögen. Außerdem wurde bisher noch nicht erkannt, welche Bedeutung die Benachrichtigung des Schuldners des verpfändeten Rechts für die Entstehung des Pfandes hat. Dies wird daher in keinem Gesetz geregelt. Im Gesetz ist weiterhin nicht geregelt, daß der Pfandgeber verpflichtet ist, dem Pfandnehmer die Dokumente zu übergeben, die dessen Forderungsrecht belegen. Des weiteren enthält die russische Gesetzgebung keine Vorschrift, die besagt, daß der Schuldner des Pfandgebers seine Verpflichtung ordnungsgemäß erst dann erfüllen kann, wenn er sie gebenüber dem Pfandnehmer erfüllt hat.

Ein Teil der o.g. Fehler und Versäumnisse können ausgeräumt bzw. beseitigt werden, indem man die eine oder andere Regelung im Pfandvertrag festhält, da viele entsprechende Vorschriften des ZGB dispositiv sind.

VI. Rechtliche Probleme der Anwendung von Hypotheken als Kreditsicherheit in Rußland

In der Wirtschaft Rußlands ist eine paradoxe Situation entstanden. Einerseits bedarf die Wirtschaft langfristiger Investitionen. Andererseits gewähren die Banken, die über ausreichend Reserven verfügen, keine langfristigen Kredite. Einer der Gründe dafür liegt in der Tatsache, daß Rußland über kein gut funktionierendes Hypothekensystem verfügt. Um letzteres zu schaffen, müssen zunächst einige größere Probleme gelöst werden.

Das erste Problem ist ein politisch-soziales. Die Grundvoraussetzung zu seiner Lösung ist die Zulassung von Privateigentum an Grund und Boden mit gleichzeitiger Regelung eines Registrierungsverfahrens. Leider ist in nächster Zeit nicht mit einer Lösung dieses Problems zu rechnen.

Der von der Kommunistischen Partei Rußlands vorbereitete Entwurf eines Bodengesetzbuches wurde von der Staatsduma verabschiedet. Er sieht keine freie Verfügbarkeit an Grundstücken vor[4]. Solange es dieses Recht nicht geben wird, ist es nicht möglich, Hypotheken auf sie anzuwenden. Diese vom Präsidenten Rußlands bisher noch nicht unterzeichnete Redaktion des Bodengesetzbuches widerspricht der russischen Verfassung.

Gem. Art. 334 Abs. 2 ZGB wird die Pfändung von Grundstücken, Unternehmen, Gebäuden, Anlagen, Wohnungen und von anderem unbeweglichen Vermögen (Hypothek) durch das Gesetz über die Hypothek[5] geregelt. Das ZGB bestimmt, daß unter einem "Gesetz" immer ein Bundesgesetz zu verstehen ist. Weder ein Erlaß (Ukas) des Präsidenten der RF, noch Rechtsbestimmungen der Föderationssubjekte können die Hypothek rechtlich regeln[6].

---

[4] Ekonomika i Shizn (Wirtschaft und Leben), Nr. 22, 1996, S. 1.

[5] Bislang wurde ein solches Gesetz nicht erlassen.

[6] *Jerschow, W.*, Grashdanskoje zakonodatelstwo i inye akty, sodershastschie normy grazh-

Demzufolge ist - und dies ist das zweite Problem - zunächst die materiellrechtliche und prozeßrechtliche Grundlage für eine freie Verkehrsfähigkeit von unbeweglichem Vermögen zu schaffen, um ein vollwertiges Hypothekensystem entstehen zu lassen. Dies hat auf Föderationsebene zu geschehen.

Der dritte Problembereich betrifft die juristisch-technische Seite der Nutzung von Hypotheken in Rußland. Vorrangige Aufgabe hierbei ist die Schaffung einer einheitlichen staatlichen Registrierungsbehörde zur Erfassung des Umlaufs an unbeweglichem Vermögen oder aber die Übertragung dieser Funktion an eine bereits bestehende russische Behörde.

Außerdem steht noch eine Inventarisierung aller Grundstücke in Rußland bevor, ein einheitliches Grund-und Bodenkadaster ist zu schaffen.

VII. Verfahren der Vollstreckung in verpfändetes Vermögen

Die Situation des Pfandnehmers bei der Durchsetzung seiner Pfandrechte ist durch das ZGB erheblich verschlechtert worden. Eine der bedeutendsten Änderungen betrifft die Reihenfolge der Befriedigung der Forderungen des Pfandnehmers im Falle der Liquidation des Pfandgebers (bei juristischer Person). Sie werden nunmehr erst an dritter Stelle befriedigt, nach Befriedigung der Forderungen der Personen, denen das Unternehmen einen Schaden zugefügt hat und den Forderungen der Angestellten und Arbeiter des Unternehmens bezüglich der Lohn- und Gehaltszahlungen. Früher waren die Forderungen des Pfandnehmers gem. Konkursgesetz außerhalb der Reihe befriedigt worden.

Aber selbst dies erschien dem russischen Gesetzgeber zu wenig. Am 15.11.1995 wurden von der Staatsduma die Vorschriften zur Reihenfolge der Befriedigung der Forderungen der Gläubiger bei der Liquidation von Banken geändert. Demzufolge werden Forderungen von Gläubigern (natürlichen Personen) der Bank zuerst befriedigt. Mit anderen Worten heißt das, wenn die zu liquidierende Bank natürliche Personen ("Bürger") als Gläubiger hat, so werden die Forderungen des Pfandnehmers erst an vierter Stelle befriedigt.

Noch weiter auf dem Weg der Verschlechterungen - insbesondere bei der Verpfändung von Rechten an Geldforderungen - ging der Gesetzgeber im zweiten Teil des ZGB (Art. 855 Abs. 2). Danach gilt folgendes: Wenn ein Unternehmen nicht liquidiert wird, aber die Geldmittel auf seinen Bankkonto nicht ausreichen, um alle erhobenen Forderungen zu befriedigen, so erfolgt

-danskogo prava (Bürgerliche Gesetzgebung und andere Rechtsakte, die Vorschriften des bürgerlichen Rechts enthalten), Rossijskaja justizija Nr. 6, 1995, S. 18.

die Abbuchung der Geldmittel durch die Bank in einer besonderen Reihenfolge. Die Forderungen des Pfandnehmers werden an vierter Stelle nach Deckung der offenen Steuerschulden befriedigt, wenn ein Vollstreckungsbefehl vorliegt, oder sogar an fünfter Stelle, wenn z.B. die Vollstreckung in das verpfändete Vermögen ohne Gerichtsentscheid erfolgt.

Die nächste Vorschrift, die die Situation des Pfandnehmers erheblich verschlechtert, scheint so unauffällig, daß ich in der Literatur bisher noch keine Stellungnahme von Fachleuten diesbezüglich gefunden habe. Es geht um den Art. 348 Abs. 1 des ZGB. Gem. dieser Vorschrift kann eine Vollstreckung in verpfändetes Vermögen zur Befriedigung von Forderungen des Pfandnehmers (des Gläubigers) dann vorgenommen werden, wenn der Schuldner die durch das Pfand gesicherte Verpflichtung aufgrund von Umständen, für die er haftet, nicht oder nicht ordnungsgemäß erfüllt. Mit anderen Worten: wenn es dem Schuldner gelingt zu beweisen, daß er seine Verpflichtungen aufgrund von Umständen, für die er *nicht* haftet, nicht erfüllt hat, dann kann der Pfandnehmer sein Recht nicht in Anspruch nehmen.

Eine andere Besonderheit des russischen Pfandrechts besteht darin, daß der Pfandnehmer zunächst in das verpfändete Vermögen vollstrecken muß, bevor er es verkaufen kann; die Befriedigung aus dem Pfand erfolgt also in *zwei Etappen*.

Das Verfahren der Vollstreckung in verpfändetes Vermögen unterscheidet sich wesentlich je nach dem, ob es sich um bei dem verpfändeten Vermögen um bewegliches oder unbewegliches handelt.

In der Regel wird die Forderung des Pfandnehmers aus dem Wert des verpfändeten unbeweglichen Vermögens auf Gerichtsentscheid befriedigt. Jedoch ist eine Befriedigung der Forderung des Pfandnehmers aus dem verpfändeten unbeweglichen Vermögen auch ohne Gerichtsentscheid zulässig, wenn zwischen dem Pfandnehmer und dem Pfandgeber nach Entstehung der Grundlage für eine Vollstreckung eine notariell beglaubigte Abmachung getroffen wurde, nach der eine derartige Vollstreckung zulässig ist.

Was das bewegliche Vermögen betrifft, so ist grundsätzlich ebenfalls das Gerichtsverfahren zur Vollstreckung in verpfändetes Vermögen vorgesehen. Hier können sich die Vertragsparteien - Pfandnehmer und Pfandgeber - jedoch jederzeit über ein anderes Vollstreckungsverfahren einigen.

Von den o.g. zwei dispositiven Vorschriften gibt es drei Ausnahmen. Eine Vollstreckung in den Pfandgegenstand (beweglich wie unbeweglich) kann nur auf der Grundlage eines Gerichtsentscheids erfolgen, wenn:

– für den Abschluß des Pfandvertrages das Einverständnis oder die Erlaubnis einer anderen Person oder Behörde notwendig war;

- es sich bei dem Pfandgegenstand um einen Vermögenswert handelt, der einen bedeutenden historischen, künstlerischen oder anderen kulturellen Wert für die Gesellschaft darstellt;
- der Pfandgeber abwesend ist und eine Feststellung des Aufenthaltsortes nicht möglich ist.

An der Zweckmäßigkeit dieser zwingenden Vorschrift bestehen ernsthafte Zweifel.

Die Vorschriften, die das Verfahren der Vollstreckung in verpfändetes Vermögen regeln, bedürfen m.E. entweder der Ergänzung, oder aber wenigstens der gerichtlichen Auslegung. Denn das ZGB sieht kein anderes Verfahren zur Vollstreckung in verpfändetes Vermögen vor, als den Verkauf dieses Vermögens auf öffentlichen Versteigerungen nach den Regelungen und dem Verfahren, wie es die Verfahrensgesetze vorsehen.

Wie kann man diese Problematik ohne die Gerichte lösen? M. E. kann als Ansatzpunkt die Tatsache dienen, daß im Gesetz keine Aussage über ein Verfahren der Vollstreckung in verpfändetes Vermögen ohne Verkauf zu finden ist, sie also auch nicht ausdrücklich untersagt ist. Wenn der Gesetzgeber gewollt hätte, daß eine Vollstreckung in verpfändetes Vermögen nur im Wege des Verkaufs der gepfändeten Sache erfolgen kann, so entstünden absurde Situationen beispielsweise bei der Verpfändung von Rechten. Es jedoch zu befürchten, daß die Gerichte die Vorschriften über die Befriedigung aus verpfändetem Vermögen strikt anwenden werden und es damit in der Praxis zu einer Befriedigung durch Verkauf auf öffentlichen Versteigerungen kommt, auch wenn es für das verpfändete Recht oder die verpfändete Ware im Rechtsverkehr bereits einen potentiellen Käufer gibt.

VIII. Bürgschaft

Da es bei der Anwendung des Pfands in Rußland noch eine ganze Reihe von Problemen gibt, haben sog. persönliche Kreditsicherheiten weitere Verbreitung gefunden.

Die Bürgschaft in Rußland unterscheidet sich ihrer rechtlichen Regelung nach wenig vom Begriff der Bürgschaft, wie er in anderen Ländern gehandhabt wird. Nach einem Bürgschaftsvertrag verpflichtet sich der Bürge vor dem Gläubiger einer anderen Person, für die Schulden der letzteren zu haften.

Meiner Ansicht nach erfordern nur zwei Besonderheiten der russischen Bürgschaft, die sie von der "europäischen" Bürgschaft unterscheidet, die Aufmerksamkeit:

- Die erste Besonderheit besteht darin, daß der Bürge nach russischem Recht vor dem Gläubiger solidarisch mit dem Schuldner haftet.
- Die zweite Besonderheit hängt mit der Beendigung der Bürgschaft zusammen, wenn keine Frist vereinbart worden ist, nach deren Ablauf die Bürgschaftsverpflichtung erlischt. In diesem Fall erlischt die Bürgschaft, wenn der Gläubiger nicht im Verlauf eines Jahres - gerechnet ab Beginn der Fälligkeit der durch die Bürgschaft gesicherten Forderung - Klage gegen den Bürgen erhebt.

Insgesamt kann die Bürgschaft nach russischem Recht als zuverlässiges Mittel der Kreditsicherung bezeichnet werden.

Wenn der Bürgschaftsvertrag ein außenwirtschaftliches Geschäft (s.o.) darstellt, können die Vertragspartner festlegen, welches Recht auf die Vertragsbeziehung Anwendung finden soll. Sollten die Vertragsparteien eine derartige Vereinbarung nicht treffen, findet das Recht des Landes Anwendung, in welchem der Vertragspartner, der als Bürge auftritt, gegründet worden ist bzw. seinen Haupttätigkeitssitz hat.

IX. Bankgarantie

In den meisten Ländern der Welt gibt es keine speziellen gesetzlichen Vorschriften, die die Garantie regeln. Rußland, ebenso wie übrigens auch die Sowjetunion, bildeten und bilden in dieser Hinsicht eine Ausnahme. Gem. ZGB stellt die Garantie (genauer: Bankgarantie) eine gesonderte, selbständige Kreditsicherungsart dar.

Das ZGB definiert die Bankgarantie wie folgt (Art. 368):

"Kraft einer Bankgarantie übernimmt eine Bank, ein anderes Kreditinstitut oder eine Versicherungsanstalt (Garant) auf Wunsch einer anderen Person (Prinzipal) eine schriftliche Verpflichtung, dem Gläubiger des Prinzipals (dem Begünstigten) gemäß den Bedingungen der vom Garanten übernommenen Verpflichtung einen Geldbetrag zu zahlen, wenn der Begünstigte eine schriftliche Forderung zu deren Zahlung vorlegt".

Wie in anderen Ländern auch ist die Bankgarantie nach russischem Recht im Unterschied zur Bürgschaft eine nicht-akzessorische Kreditsicherungsart.

Eine wesentliche Besonderheit der russischen Garantie ist die Begrenzung der Subjekte, die eine Garantie gewähren können. Wie aus der Definition ersichtlich, können als Garanten nur Banken, andere Kreditinstitute sowie Versicherungsanstalten auftreten.

Will man eine allgemeine Einschätzung der Garantie nach russischem Recht geben, so ist zunächst auffällig, daß die rechtliche Regelung - vergleicht man diese mit den "Einheitlichen Richtlinien für auf Anfordern zahlbare Garantien"[7] - derselben recht kurz ist. Die Vorschriften über Bankgarantien, die das ZGB enthält, regeln nicht im einzelnen die Rechtsbeziehungen, die bei der Gewährung einer Garantie entstehen. Jedoch erlauben die meist dispositiven Vorschriften über Garantien des ZGB, diese Einzelheiten in der Garantie zu regeln sowie auch in Verträgen, die gewöhnlich bei der Gewährung einer Garantie abgeschlossen werden, z.B. der Auftrag an den Garanten die Garantie zu erteilen. Des weiteren zeichnen sich die Vorschriften über Garantien trotz relativ kurzer rechtlicher Regelung durch eine gewisse logische Abgeschlossenheit aus. Das gibt Anlaß den Rückschluß zu ziehen, daß die Garantie aktiv als Kreditsicherungsart in Handelsverträgen herangezogen werden kann und wird.

Die Garantie nach russischem Recht entspricht im wesentlichen den Grundprinzipien für Garantien, wie sie die "Einheitlichen Richtlinien für Vertragsgarantien"[8] sowie die "Einheitlichen Richtlinien für auf Anfordern zahlbare Garantien" enthalten. Im russischen Recht gibt es kein Hindernis dafür, die Bankgarantie diesen Einheitlichen Vorschriften zu unterwerfen.

Durch die Vergleichbarkeit der russischen Garantie mit den Regelungen in anderen Ländern brauche ich keine detaillierte Beschreibung der Garantie nach russischem Recht vorzunehmen. Auf eine Besonderheit möchte ich jedoch im folgenden kurz eingehen.

Ist die Garantie dem russischen Recht unterstellt, sind die Interessen des durch die Garantie Begünstigten mehr geschützt, als dies überlicherweise in anderen Ländern der Fall ist. Eine der schwierigsten Fragen, die bei der Anwendung der Garantie in allen Ländern eine Rolle spielt, ist die Frage des Mißbrauchs seines Rechts durch den Begünstigten[9]. Nach geltender Gerichtspraxis verliert der Garant sein Recht auf Ersatz der Garantiesumme durch den Prinzipal, wenn er zahlt, obwohl ein Rechtsmißbrauch durch den Begünstigten offensichtlich ist[10]. In den Einheitlichen Richtlinien ist das Problem des Rechtsmißbrauchs durch den Begrünstigten wegen seiner Regelungsschwierigkeit nicht behandelt[11].

---

[7] Publikation der Internationalen Handelskammer (ICC) Nr. 458.

[8] Publikation der ICC Nr. 325.

[9] Vgl. *Horn,* Die neue Rechtsprechung zum Mißbrauch von Bankgarantien im Außenhandel, Praxis des Internationalen Privat- und Verfahrensrechts, 1981, S. 149 ff.

[10] OLG Stuttgart, Wertpapiermitteilungen 1981, S. 631.

[11] Vgl. *Schütze*, Bankgarantien, Bonn 1994, S. 76.

Der russische Gesetzgeber hat den Mut gehabt, eine recht strenge Regelung den Garanten betreffend in das ZGB aufzunehmen (Art. 376 Abs. 2): Wenn dem Garanten vor Befriedigung der Forderung des Begünstigten bekannt wurde, daß die Hauptverpflichtung, die durch die Bankgarantie gesichert wurde, vollständig oder zu dem entsprechenden Teil schon erfüllt ist, aus anderen Gründen erloschen oder unwirksam ist, muß er den Begünstigten und den Prinzipal unverzüglich davon in Kenntnis setzen. Erhält der Garant nach dieser Mitteilung eine wiederholte Aufforderung des Begünstigten, muß er die Forderung befriedigen.

Wenn es sich bei der Garantie um ein außenwirtschaftliches Geschäft handelt, so findet vorbehaltlich einer anderen vertraglichen Regelung - analog zur Bürgschaft (s.o.) - das Recht des Landes Anwendung, in welchem der Garant (wenn juristische Person) gegründet worden ist bzw. seinen Haupttätigkeitssitz hat.

X. Treuhänderische Kreditsicherheiten

Eine weite Verbreitung im russischen Wirtschaftsleben fanden die treuhänderischen Kreditsicherheiten. Oft anzutreffen ist hierbei die sog. "Hypothekentransaktion". Eine Firma erwirbt eine Wohnung unter der Bedingung, diese Wohnung dem früheren Eigentümer zurückzuverkaufen.

Umstritten ist die Frage der Zulässigkeit der Sicherungsübereigung nach russischem Recht. Einerseits gibt es im russischen Recht Vorschriften über die Unwirksamkeit eines Scheingeschäfts. Andererseits gibt es auch Vorschriften, die die Vertragsfreiheit deklarieren; dies betrifft auch das Recht, den Zeitpunkt, zu welchem das Eigentumsrecht auf den Vertragspartner übertritt, frei zu bestimmen; dies würde in anderen Ländern als ausreichend gelten, um eine Sicherungsübereigung anzuerkennen. Bis heute haben weder der Gesetzgeber noch die Gerichtspraxis eine eindeutige Entscheidung bezüglich der Zulässigkeit dieser Kreditsicherungsart nach russischem Recht getroffen. Es bleibt zu hoffen, daß sich der eine oder andere zugunsten dieser Kreditsicherungsart aussprechen wird.

In der russischen Literatur wird jedoch der Standpunkt vertreten, daß die Sicherungsübereignung nach russischem Recht als Scheingeschäft gelten soll[12]. Mit großer Wahrscheinlichkeit ist davon auszugehen, daß auch die russischen Richter diesen Standpunkt vertreten werden.

---

[12] *Wischnewskij, A. A.*, a.a.O., S. 99.

Die Situation mit der Sicherungsabtretung ist hier viel eindeutiger. Im zweiten Teil des ZGB ist durch spezielle Vorschriften der Factoring-Vertrag geregelt. Das ZGB nennt ihn einen "Finanzierungsvertrag unter Abtretung einer Geldforderung". Meiner Ansicht nach legalisiert die Tatsache, daß in das ZGB eine Vorschrift aufgenommen wurde, nach der ein Kunde seine Geldforderung an einen Dritten an einen Finanzagenten als Mittel der Kreditsicherung abtreten kann, das Institut der Sicherungsabtretung in Rußland.

XI. Schlußbemerkung

Zusammenfassend ist festzuhalten: Die geltende russische Gesetzgebung erlaubt es bisher nicht, das Pfand (die Hypothek) und die Sicherungsübereignung als zuverlässige und effektive Kreditsicherungsart einzusetzen.
Die russische Gesetzgebung bezüglich der (Bank)Garantie, der Bürgschaft sowie der Sicherungsabtretung entspricht im wesentlichen der in anderen Ländern üblichen. Nur diese Kreditsicherheiten können zur Anwendung in Rußland empfohlen werden.

Literaturhinweise

Budilov, Vladimir, Zalogovoje pravo Rossii i FRG (Das Sicherheitenrecht Rußlands und der Bundesrepublik Deutschland), St. Petersburg 1993

Sadikov, Oleg N./Micheler, Eva, Kreditsicherheiten in der Russischen Föderation, ÖBA 1996, 765 ff.

Recht der Kreditsicherheiten in der Tschechischen Republik

ARSÈNE VERNY UND TOM OLIVER SCHORLING

Gliederung

I. Einleitung

Das Recht der Kreditsicherheiten spielt in den Staaten Mittel- und Osteuropas eine bedeutende Rolle, da nur bei Gewährleistung einer ausreichenden Rechtssicherheit damit gerechnet werden kann, den eigenen Standort für ausländische Investitionen attraktiv zu gestalten und so die entscheidenden Voraussetzungen für eine Transformation der Wirtschaft in den genannten Staaten zu schaffen. Mit dieser Problematik sieht sich auch die junge Tschechische Republik konfrontiert. In den wenigen Jahren seit dem Umbruch des politischen Systems sind daher deutliche Anstrengungen unternommen worden, um die rechtlichen Voraussetzungen für die Absicherung von Krediten zu legen. Dabei hat die Tschechische Republik den Vorteil, daß sie auf eine lange Rechtstradition zurückblicken kann, die lediglich durch die vergangenen 4 Jahrzehnte unter sozialistischer Herrschaft unterbrochen war. So konnte z.B. innerhalb kürzester Zeit das Rechtsinstituts des Grundpfandrechts sowie des Liegenschaftskatasters, in dem die Grundpfandrechte eingetragen werden, wieder eingeführt werden. Dennoch sieht sich der Praktiker im tschechischen Recht der Kreditsicherheiten mit vielen Fragestellungen konfrontiert, die außer den vorhandenen Regelungsstücken auch spürbare Defizite in der Anwendungspraxis erkennen lassen.[1]

II. Überblick über die Arten der Kreditsicherheiten[2]

Der Aufbau des Rechts der Kreditsicherheiten ist dem des deutschen Rechts in systematischer und dogmatischer Hinsicht ähnlich. Demnach kann zunächst eine Unterscheidung zwischen Realsicherheiten mit dinglicher Wirkung und Personalsicherheiten mit lediglich schuldrechtlicher Wirkung zwischen den Parteien getroffen werden. Desweiteren kann eine Unterteilung nach den jeweiligen Sicherungsobjekten erfolgen.

1. Realsicherheiten

a) Immobilien

Als Realsicherheit kommen nach tschechischem Recht zunächst Immobilien als Sicherungsobjekt in Betracht. An diesen kann gemäß § 151 a ff. des tschechischen BGB (im folgenden "BGB ČR") ein Grundpfandrecht bestellt werden. Dabei handelt es sich um ein akzessorisches Sicherungsrecht, das der deutschen Hypothek entspricht. In der tschechischen Literatur und Praxis wird dieses Grundpfandrecht auch als Hypothek bezeichnet, obwohl diese Bezeichnung vom Gesetz nicht benutzt wird.[3]

Ein nicht akzessorisches Sicherungsmittel wie etwa die deutsche Grundschuld kennt das tschechische Recht dagegen nicht.

---

[1] Vgl. *Grulich*, Klippen der gesetzlichen Regelung der Grundpfandrechte (Uskali právní úpravy zastávniho práva), Právní Radce 6/1996, S. 5 ff.

[2] Vgl. ausführlich *Schorling*, Kreditsicherheiten in der Tschechischen Republik, noch nicht veröffentlichte Dissertation am Lehrstuhl für Bürgerliches Recht, Zivilprozeßrecht und internationales Wirtschaftsrecht der Europa-Universität Viadrina in Frankfurt (Oder), 1996.

[3] Vgl. *Bičovský/Holub*, Občansky zákoník kommentář (Kommentar zum Bürgerlichen Gesetzbuch), Prag 1995; ferner *Jehlička/Svestka*, Občansky zákoník kommentář (Kommentar zum Bürgerlichen Gesetzbuch) Prag 1996.

Das tschechische Grundpfandrecht spielt eine bedeutende Rolle für die Kreditsicherung in der tschechischen Rechtsordnung. Sowohl im Bereich des Häuserbaus durch Privatpersonen wie auch größeren Investitionen durch Unternehmen ist das Grundpfandrecht ein bevorzugtes Sicherungs-mittel. Allerdings ergeben sich diesbezüglich rechtliche Probleme, auf die in den nachfolgenden Abschnitten näher eingegangen werden soll.

b) Bewegliche Sachen

An beweglichen Sachen kann nach § 151 a ff. BGB ČR ein Pfandrecht bestellt werden. Dabei handelt es sich grundsätzlich um ein Besitzpfandrecht, d.h. zur Bestellung des Pfandrechts ist die Übergabe der Pfandsache an den Pfandgläubiger erforderlich. Da dies ebenso wie in Deutschland den Anforderungen der Praxis in der Regel nicht gerecht wird, wurden die rechtlichen Voraussetzungen für eine Sicherungsübereignung ähnlich wie im deutschen Recht geschaffen. Ferner kennt das tschechische Handelsgesetzbuch (im folgenden "HGB ČR") in § 445 das Institut des Eigentumsvorbehalts im Rahmen des Handelskaufs.

Insbesondere die Sicherungsübereignung gewinnt in der tschechischen Kreditpraxis zunehmend an Bedeutung.

c) Forderungen und Rechte

Das tschechische Recht sieht die Möglichkeit der Bestellung eines Pfandrechts an einer Forderung (§ 151 BGB ČR) vor. Ferner kennt es auch das Institut der Sicherungszession (§ 554 BGB ČR).

2. Personalsicherheiten

An Personalsicherheiten kennt das tschechische Recht die akzessorische Bürgschaft. Diese ist sowohl im BGB ČR (§§ 546 ff.) als auch im HGB ČR (§§ 303 ff.) geregelt. Daneben ist in den §§ 313 ff. HGB ČR das Institut der nicht akzessorischen Bankgarantie geregelt. Dieses spielt im Rahmen der Kreditsicherung eine wesentliche Rolle und wird häufig verwendet. Ferner sind auch die Schuldübernahme (§ 131 BGB ČR) sowie Schuldbeitritt (§ 533 BGB ČR) ausdrücklich im Gesetz geregelt.

III. Das Grundpfandrecht (Hypothek)

1. Bestellung der Hypothek

Die Voraussetzungen für eine Bestellung einer Hypothek sind in den §§ 151 a bis 151 e BGB ČR geregelt. Interessant ist, daß diese Vorschriften gleichzeitig die Bestellung eines Pfandrechtes an beweglichen Sachen regeln, wobei lediglich der jeweilige Publikationsakt unterschiedlich ausgestaltet ist. Weitere Regelungen für die Hypothek sind in § 299 HGB ČR enthalten. Die Hypothek kann für bereits bestehende oder zukünftige Forderungen sowie für eine bestimmte Art bestehender oder zukünftiger Forderungen bestellt werden. Zur Bestellung der Hypothek ist gemäß § 151 b Abs. 1 BGB ČR ein schriftlicher Vertrag zwischen den Parteien erforderlich. Dieser muß sowohl hinsichtlich der zu sichernden Forderung als auch hinsichtlich der sichernden Immobilie hinreichend bestimmt sein. Die Hypothek selbst entsteht erst bei Eintragung in das bei den staatlichen Katasterbehörden geführte Liegenschaftsregister. Das Verfahren vor dem Liegenschaftsregister ist im einzelnen im Liegenschaftseintragungsgesetz geregelt. In der täglichen Praxis ist festzustellen, daß die Handhabung des Liegenschaftsregisters durch die jeweiligen Sachbearbeiter durchaus unterschiedlich erfolgt. Es kann daher empfehlenswert sein, vor Abschluß einer bedeutenden Transaktion Rücksprache mit den zuständigen Sachbearbeitern des Liegenschafts-registers zu halten, um sich zu vergewissern, daß die Eintragung aufgrund der beabsichtigten Verträge auch tatsächlich erfolgen wird.

Der Haftungsverband einer Hypothek wird zunächst von der Liegenschaft selbst sowie ihren Bestandteilen gebildet. Bestandteil einer Sache ist nach § 120 Abs. 1 BGB ČR alles, was zu ihrem Wesen gehört und nicht abgetrennt werden kann, ohne daß die Sache dadurch entwertet würde. Aus der Judikatur ist zu entnehmen, daß z.B. Pflanzen Bestandteil eines Grundstücks und der Anbau ein Einfamilienhaus der Bestandteil des Hauses ist. Ferner gehören zum Haftungsverband der Hypothek auch Zubehör (§ 151 a BGB ČR) und Zuwachs. Gemäß § 121 BGB ČR sind Zubehör einer Sache solche Sachen, die dem Eigentümer der Hauptsache zustehen und die von ihm dazu bestimmt sind, dauerhaft mit der Hauptsache zusammen benutzt zu werden. Eine Legaldefinition des Begriffes Zuwachs existiert dagegen nicht.

Ferner kann eine Hypothek auch durch Übertragung vom Nichtberechtigten erworben werden. Diese Regelung ist in § 151 d BGB ČR enthalten. Es ist jedoch zu berücksichtigen, daß diese Vorschrift dem Wortlaut nach lediglich auf ein Pfandrecht an beweglichen Sachen Anwendung finden kann. Ob die Vorschrift entsprechend auf ein Grundpfandrecht anwendbar ist, ist umstritten. Da in § 11 Liegenschaftseintragungsgesetz jedoch ausdrücklich der gute Glauben an Eintragungen, die nach dem 1.1.1993 gemacht wurden, geschützt wird, ist es nach diesseitiger Auffassung vertretbar von der Möglichkeit eines Erwerbs vom Nichtberechtigten auszugehen.

2. Erlöschen des Grundpfandrechts

Das Grundpfandrecht erlischt grundsätzlich mit Erlöschen der gesicherten Forderung. Ferner erlischt das Grundpfandrecht nach § 151 g erster Halbsatz 2. Alternative BGB ČR, wenn der Verpfänder den Wert des Pfandgegenstandes bei dem Pfandgläubiger hinterlegt. Dies bereitet allerdings in der Praxis Schwierigkeiten, da insbesondere für Immobilien außerhalb der Großregion Prag noch keine gefestigten Bewertungsmaßstäbe vorliegen.

3. Übertragung des Grundpfandrechtes

Aufgrund des akzessorischen Charakters des Grundpfandrechtes ist eine Übertragung nur zusammen mit der zugrundeliegenden Forderung auf einen Dritten möglich. Eine solche Übertragung der Forderung kann im Wege der Abtretung (§ 524 ff. BGB ČR) oder der Schuldübernahme (§ 531 Abs. 1 BGB ČR) erfolgen. Ferner bietet § 570 BGB ČR die Möglichkeit einer sogenannten "Schulderneuerung". Demnach kann durch vertragliche Vereinbarungen zwischen Gläubiger und Schuldner der alte gesicherte Anspruch durch einen neuen Anspruch ersetzt werden. Die für die ursprüngliche Forderung bestellte Sicherheit, vorliegend das Grundpfandrecht, bleibt so gemäß § 572 Abs. 1 BGB ČR auch zur Sicherung des neuen Anspruchs erhalten.

4. Grundpfandrecht und Zwangsvollstreckung[4]

Grundsätzlich erfolgt die Verwertung eines Grundpfandrechts durch den Gläubiger ebenso wie im deutschen Recht durch eine gerichtliche Zwangsversteigerung auf der Grundlage eines vollstreckbaren Titels. Das Institut der Zwangsverwaltung eines Grundstücks kennt das tschechische Recht hingegen nicht. In der Praxis wird jedoch nur selten der Weg über die gerichtliche Zwangsvollstreckung gewählt, da sowohl die Erlangung eines vollstreckbaren Titels wie auch die eigentliche Zwangsvollstreckung aufgrund der derzeitigen

---

[4] Zu den Möglichkeiten der Vollstreckung von inländischen und ausländischen Titeln vgl. *Verny*, Durchführung der Zwangsvollstreckung in der Tschechischen Republik in: *Weißmann/Riedel* (Hrsg.), Handbuch der internationalen Zwangsvollstreckung, Stand 10. EL, Kissing 1996.

Überlastung der Gerichte mit einem erheblichen zeitlichen Aufwand einhergeht. Zur Erlangung eines vollstreckbaren Titels muß zur Zeit durchaus mit 2 bis 3, unter Umständen sogar 4 Jahren gerechnet werden.

In der derzeitigen Praxis wird hingegen von der in § 299 Abs. 2 2. Halbsatz HGB ČR enthaltenen Regelung Gebrauch gemacht. Nach § 299 Abs. 2 erster Halbsatz kann der Pfandgläubiger auch die Pfandsache im Rahmen einer öffentlichen Versteigerung verwerten, wenn er diesbezüglich den Verpfänder bzw. Schuldner rechtzeitig informiert. Diese Vorschrift läuft zur Zeit allerdings ins Leere, da derzeit keine in der Praxis anwendungsfähige gesetzliche Regelung besteht, wie die genannte öffentliche Versteigerung ablaufen soll.[5] Die derzeitige Praxis behilft sich mit der in § 299 Abs. 2 2. Halbsatz HGB ČR enthaltenen Regelung, wonach der Pfandgläubiger berechtigt ist, die Pfandsache auch auf andere geeignete Weise zu verkaufen. Dies führt in der Praxis dazu, daß zwischen Pfandgläubiger und Pfandschuldner bereits bei Bestellung des Grundpfandrechts im einzelnen geregelt wird, unter welchen Voraussetzungen der Pfandgläubiger zur Verwertung der Pfandsache berechtigt ist. Hierfür werden von der bisher erschienenen Rechtsprechung jedoch strenge Voraussetzungen aufgestellt, so daß detaillierte Regelungen hinsichtlich Verwertungszeitpunkt, Mindest-verkaufspreis sowie öffentliche Ankündigung der Veräußerungsmaßnahme getroffen werden müssen. Unbeantwortet ist allerdings bislang die Frage, inwiefern bei der Umschreibung des Eigentums auf den Erwerber noch die Zustimmung des bisherigen Eigentümers notwendig ist. Zum Teil wird vertreten, daß der verpfändende Eigentümer seine Zustimmung verweigern und somit die gesamte außergerichtliche Verwertung unmöglich machen könne. Diese Frage ist bislang höchstrichterlich nicht entschieden worden und daher behilft sich die Praxis derzeit damit, durch entsprechende Klauseln sicherzustellen, daß die Zustimmung des Verpfänders nicht widerrufen werden kann. Es erscheint jedoch fraglich, ob und unter welchen Umständen ein solches Vertragswerk einer künftigen gerichtlichen Überprüfung Stand halten wird.

Aufgrund der bestehenden Rechtsunsicherheit wurde als Regierungsentwurf von dem Wirtschaftsministerium der ČR das Konzept eines neuen Gesetzes über Versteigerungen außerhalb des gerichtlichen Zwangsversteigerungsverfahrens vorgelegt, mit dessen Inkrafttreten im Laufe des zweiten Halbjahres 1996 zu rechnen ist.

[5] Die noch aus der sozialistischen Herrschaft stammende Regelung für Versteigerungen außerhalb der Zwangsvollstreckung (Gesetz-Nr. 174/1950 Sb. in der Fassung des Gesetzes Nr. 513/1991 Sb.) bietet hierzu keine verwertbare Grundlage.

Nach § 1 des Gesetzesentwurfs wird die freie Versteigerung von mit Pfandrechten gesicherten beweglichen und unbeweglichen Sachen im Rahmen eines nunmehr erfreulich exakt geregelten Versteigerungsverfahrens ermöglicht.

So wird im § 2 des Gesetzesentwurf im zweiten Absatz festgelegt, daß die von dem verpfändendem Eigentümer in der Form einer notariellen Urkunde erteilte Zustimmung zu der außergerichtlichen Verwertung im Falle der Fälligkeit der Forderung nur mit der Zustimmung des Pfandgläubigers widerrufen werden kann. Ein Rechtsschutz wird dem Pfandschuldner gemäß § 7 Abs. 3 des Gesetzesentwurfs insofern gewährt, als das Versteigerungsverfahren im Falle einer gerichtlichen Geltendmachung der Wirksamkeit des Pfandvertrages oder des Bestands der Forderung unterbrochen wird. Diese Rechte können von dem Pfandschuldner binnen 15 Tagen ab Veröffent-lichung der Zwangsversteigerung in dem hierfür vorgesehenen Amtsblatt ausgeübt werden.[6] Die Versteigerung kann gemäß § 4 des Gesetzesentwurfs nur von hierzu berechtigten "Versteigerern" durchgeführt werden, die hierzu das Wirtschaftsministerium der ČR um eine Lizenz ersuchen müssen. Die Voraussetzungen für die Erlangung der Lizenz regelt das Gewerbegesetz, daß zu diesem Zweck mit der vorgenannten Gesetzesnovelle ebenfalls ergänzend novelliert wird.

Um Mißbräuchen bei außergerichtlichen Versteigerungen vorzubeugen regelt § 5 des Gesetzesentwurfs die Art der Bewertung der zu versteigernden Immobilie, die aufgrund eines von einem vereidigten Sachverständigen zu erstellenden Bewertungsgutachten zu erfolgen hat.

Die beabsichtigte Regelung für außergerichtliche Versteigerungsverfahren stellt mit Sicherheit einen für die Kreditsicherungs-praxis erheblichen Fortschritt dar. Abzuwarten bleibt, ob sich nach Inkrafttreten des Gesetzes auch eine verläßliche und einheitliche Anwendungspraxis herauskristallisieren wird.

5. Grundpfandrechte im Konkurs

Das tschechische Konkursrecht wird durch das Konkurs- und Ausgleichsgesetz vom 1.10.1991 geregelt. Es unterscheidet dogmatisch ebenso wie das deutsche Recht in Absonderungs- und Aussonderungsrechte. Bei einem Grundpfandrecht handelt es sich gemäß § 28 des tschechischen Konkurs- und

[6] Die Versteigerung ist gemäß § 7 des Gesetzesentwurfs ebenfalls im Falle der Beantragung der Eröffnung des Konkursverfahrens über das Vermögen des Pfandschuldners bzw. des Pfandgläubigers auszusetzen.

Ausgleichsgesetzes um ein Absonderungsrecht und gewährt einen Anspruch auf abgesonderte Befriedigung aus der mit dem Grundpfandrecht belasteten Liegenschaft.

6. Hypothekenbanken und Hypothekenpfandbriefe

Im Jahre 1995 wurde durch Änderung des Gesetzes über Schuldverschreibungen (Gesetz Nr. 530/1990 Sb.) eine Regelung über Hypothekenbanken und die Ausstellung von Hypothekenpfandbriefen eingeführt. Mit dem geänderten Gesetz über Schuldverschreibungen verfügt die Tschechische Republik nunmehr als erster Reformstaat Mittel- und Osteuropas über eine Wohnungskreditwirtschaft mit handelbaren Hypothekenpfandbriefen. Konzessionen zur Ausstellung von Hypothekenpfandbriefen sind bislang nur eine Handvoll von Banken erteilt worden, u.a. der Vereinsbank (CZ), einer Tochter der Bayerischen Vereinsbank. Die Forderungen aus den Hypothekenpfandbriefen werden nach § 337 der tschechischen ZPO vorrangig vor anderen Grundpfandrechten befriedigt. Es wird erwartet, daß durch diese Gesetzesnovelle aufgrund der verbesserten Refinanzierungsmöglichkeiten der Banken eine Ankurbelung der Bauindustrie und somit der gesamten Volkswirtschaft erreicht wird. Bislang sind allerdings noch keine Hypothekenpfandbriefe ausgestellt worden. Hiermit ist jedoch in unmittelbarer Zukunft zu rechnen.[7]

IV. Mobiliarpfandrechte und Sicherungsübereignung

1. Mobiliarpfandrechte

Die Mobiliarpfandrechte sind ebenso wie das Grundpfandrecht in den §§ 151 a ff. BGB ČR geregelt. Bei dem tschechischen Mobiliarpfandrecht handelt es sich ähnlich wie bei dem deutschen um ein akzessorisches Besitzpfandrecht. Es ist daher in seinem Bestand von der gesicherten Hauptforderung abhängig. Gemäß § 151 b Abs. 1 BGB ČR ist zur Begründung eines Mobiliarpfand-

[7] Zur Förderung des Bereichs der Immobilienfinanzierung in der ČR wurde auf Initiative der Deutschen Stiftung für internationale rechtliche Zusammenarbeit e.V. im Oktober 1995 in Prag ein bilateraler Arbeitskreis eingerichtet, dem u.a. Vertreter des tschechischen Wirtschaftsministeriums, der tschechischen Nationalbank und der Hypothekenbanken sowie der tschechischen Universitäten und des Verbands der deutschen Hypothekenbanken e.V. angehören. Die im Rahmen des Arbeitskreises gegründeten Arbeitsgruppen sollen die in der ČR bestehenden Probleme analysieren und Lösungsvorschläge möglichst in Form von konkreten Gesetzesvorschlägen entwickeln.

rechts ein schriftlicher Vertrag zwischen Pfandgläubiger und Pfandschuldner erforderlich. Ferner entsteht das Pfandrecht gemäß § 151 b Abs. 3 BGB ČR grundsätzlich erst mit Übergabe der Sache an den Pfandgläubiger. Die Übergabe kann allerdings durch eine Eintragung des Pfandrechts in eine Urkunde ersetzt werden. Dies setzt allerdings voraus, daß hinsichtlich der zu verpfändenden Sache eine Urkunde existiert, die das Eigentum an der Sache beurkundet und die zur Übertragung des Eigentums an der Sache erforderlich ist. In der Praxis wird von dieser Alternative beispielsweise bei der Bestellung von Pfandrechten an PKW's Gebrauch gemacht, indem in dem sogenannten "technischen Ausweis" (entspricht dem deutschen KFZ-Brief) ein Pfandrecht eingetragen wird. Diese Art der Pfandrechtsbestellung ist jedoch in der Literatur umstritten, da der "technische Ausweis" in rechtlicher Hinsicht weder das Eigentum beurkundet noch zur Übertragung des Eigentums erforderlich ist. Als dritte Alternative bietet § 151 b Abs. 3 BGB ČR die Möglichkeit, daß die Pfandsache einem Dritten übergeben wird, auf den sich Pfandgläubiger und Pfandschuldner geeinigt haben.

Ähnlich wie in Deutschland spielt das tschechische Mobiliarpfandrecht keine erhebliche Rolle im Rechtsverkehr, da die notwendige Übergabe der Pfandsache an den Pfandgläubiger dazu führt, daß der Pfandschuldner nicht über die Pfandsache verfügen kann. Dies führt insbesondere dann zu erheblichen Nachteilen, wenn der Pfandschuldner die Pfandsache benötigt, um seinen Geschäftsbetrieb aufrecht zu erhalten. Darüber hinaus wird der Pfandgläubiger in den wenigsten Fällen gewillt sein, die Pfandsache in Verwahrung zu nehmen und damit Obhutspflichten auf sich zu nehmen.

Im Gegensatz zum deutschen Recht handelt es sich beim Pfandrecht an beweglichen Sachen nicht um ein Verkaufspfandrecht. Sofern vertraglich nichts anderes vereinbart ist, muß der Pfandgläubiger daher zur Verwertung der Pfandsache einen Vollstreckungstitel erwirken. Vollstreckungstitel kann hierbei auch eine notarielle Urkunde sein. Ferner ist die Möglichkeit gegeben, nach § 299 Abs. 2 HGB ČR eine Verwertung aufgrund außergerichtlicher Versteigerung durch vertragliche Vereinbarung festzulegen.[8]

Im Konkurs des Pfandschuldners stellt das Pfandrecht an beweglichen Sachen ebenso wie das Grundpfandrecht ein Absonderungsrecht nach § 28 des tschechischen Konkurs- und Ausgleichsgesetzes dar.

---

[8] Exakte Regelungen für die außergerichtliche Versteigerung von beweglichen Sachen beinhaltet ebenfalls der Entwurf des Gesetzes über die außergerichtlichen Versteigerungen (vgl. Fußnote 6).

2. Sicherungsübereignung

Aufgrund der dargestellten Unzulänglichkeit des Mobiliarpfandrechts im Hinblick auf die Anforderungen der Praxis hat sich ebenso wie im deutschen Recht auch im tschechischen Recht das Bedürfnis nach dem Institut der Sicherungsübereignung entwickelt. Nach ganz herrschender Meinung wird die Sicherungsübereignung in § 553 BGB ČR geregelt. Dieser Regelung zufolge kann die Erfüllung einer Verbindlichkeit durch die Abtretung eines Rechts des Schuldners zugunsten des Gläubigers gesichert werden. Zwar ist in § 553 BGB ČR die Rede von "Recht" und nicht von "Eigentum". Es wird jedoch zu Recht angenommen, daß § 553 BGB ČR auch die zu sichernde Übertragung von Eigentum umfaßt. Hierfür spricht insbesondere die Tatsache, daß 1995 eine Änderung des tschechischen Einkommen-steuergesetzes durchgeführt wurde, die es dem Sicherungsgeber ermöglicht, die sicherungsübereignete bewegliche Sache in seinen Bilanzen zu führen und AfA vorzunehmen. Diese Änderung erfolgte ausdrücklich in der Absicht, das Institut der Sicherungsübereignung auch in steuerlicher Hinsicht durchführbar zu machen.

Die Sicherungsübereignung nach tschechischem Recht basiert auf den gleichen Elementen wie die nach deutschem Recht durchgeführte Sicherungsübereignung. Voraussetzung ist zunächst eine zu sichernde Forderung. Ferner ist die Übertragung des Eigentums an einer beweglichen Sache erforderlich. Hierbei ist zu beachten, daß es sich nach § 553 BGB ČR zwingend um eine Sache des Schuldners selbst handeln muß. Es ist daher nicht möglich, daß ein Dritter eine in seinem Eigentum stehende Sache zur Absicherung einer Forderung gegenüber dem Hauptschuldner übereignet. Ein Grund für diese erhebliche Einschränkung im Bereich der Sicherungsübereignung ist nicht ersichtlich. Die Regelungen bezüglich sämtlicher anderer Sicherungsmittel lassen es durchaus zu, daß die Sicherheit von einer dritten Person gestellt wird. Es ist daher festzuhalten, daß diesbezüglich die Notwendigkeit für eine Gesetzesänderung besteht, um das Institut der Sicherungsübereignung flexibler handhaben zu können.

Weitere Voraussetzung für die Bestellung von Sicherungseigentum ist die Vereinbarung einer Sicherungsabrede. Diese muß hinsichtlich der gesicherten Forderung und der sicherungsübereigneten Sache eine ausreichende Bestimmtheit ausweisen. Ferner bedarf es nach § 551 Abs. 1 BGB ČR der Schriftform, andernfalls ist sie gemäß § 40 Abs. 1 BGB ČR nichtig. Für die Ausgestaltung der Sicherungsabrede gibt es grundsätzlich zwei Möglichkeiten. Einerseits kann die Sicherungsübereignung von vornherein unter der auflösenden Bedingung der Tilgung der gesicherten Forderung vereinbart werden. Mit Eintritt der Bedingung ginge somit das Eigentum automatisch und ohne die Notwendigkeit weiterer Handlungen des Sicherungsnehmers auf den Sicherungsgeber über. Andererseits kann von den Parteien auch ein sogenanntes "fiduziarisches Sicherungseigentum" vereinbart werden. In diesem Fall müssen die genauen Umstände vertraglich geregelt werden, bei deren Vorliegen der Sicherungsnehmer zur Rückübertragung des Eigentums auf den Sicherungsgeber verpflichtet ist. Dies dürfte in aller Regel mit der Erfüllung der gesicherten Forderung der Fall sein. In der Praxis der tschechischen Banken wird die letztgenannte Möglichkeit bevorzugt, da auf diese Weise sichergestellt wird, daß die Banken bis zuletzt die Kontrolle über das Sicherungseigentum behalten.

Schließlich ist darauf hinzuweisen, daß die Überlassung der sicherungsübereigneten Sache an den Sicherungsgeber in jedem Falle im Wege eines Leihvertrages nach § 659 BGB ČR geschlossen werden sollte. Dies beruht auf dem Umstand, daß nur in diesem Falle die wirtschaftliche Zuordnung des Sicherungseigentums an den Sicherungsgeber im Rahmen der §§ 27 und 28 des tschechischen Einkommensteuergesetzes erfolgen kann. Da das tschechische Recht in der Verwaltungs- und Gerichtspraxis in der Regel sehr formalistisch ausgelegt wird, empfiehlt es sich, ausdrücklich die Bezeichnung "Leihvertrag" zu verwenden und auf die Vorschrift des § 659 BGB ČR hinzuweisen.

Die rechtliche Stellung von Sicherungseigentum im Konkurs des Sicherungsgebers war bis vor kurzem noch ungeklärt. Es war fraglich, ob das Sicherungseigentum als vollwertiges Eigentum anzusehen war, welches ein Aussonderungsrecht nach § 19 Abs. 2 des tschechischen Konkurs- und Ausgleichsgesetzes zur Folge gehabt hätte. Diskutiert wurde auch, ob das Sicherungseigentum wie im deutschen Konkursrecht aufgrund seiner wirtschaftlichen Handhabung als Pfandrecht behandelt werden solle und somit nur ein Absonderungsrecht nach § 28 gewähren würde. Diese Frage ist nunmehr durch die Novelle des Konkurs- und Ausgleichsgesetzes vom 13. März 1996 (Nr. 94/1996 Sb.) entschieden worden. Diese Novelle ändert den bisherigen § 28 dahingehend, daß das Sicherungseigentum ausdrücklich als Absonderungsrecht erwähnt wird. Es bleibt festzuhalten, daß sich die tschechische Rechtsordnung auch in diesem Punkt der deutschen Rechtsordnung annähert.[9]

---

[9] Zu der Novelle des Konkursrechts vgl. die Kurzmeldung von Bohata, Vereinfachung des Konkursverfahrens in der ČR, WiRO 1996, S. 224.

3. Eigentumsvorbehalt

Der Eigentumsvorbehalt ist im tschechischen Recht ausdrücklich in § 445 HGB ČR im Rahmen des Handelskaufs geregelt. Demnach können die Parteien schriftlich vereinbaren, daß der Käufer das Eigentum nicht bereits mit Übergabe der Kaufsache, sondern erst zu einem späteren Zeitpunkt erwerben soll. Ein solcher Eigentumsvorbehalt ist nach § 445 HGB ČR schriftlich zu vereinbaren. Sollten die Parteien keine Vereinbarung darüber treffen, wann das Eigentum auf den Erwerber übergehen soll, so erfolgt der Eigentumsübergang im Zweifel nach § 445 Satz 2 HGB ČR mit der vollständigen Zahlung des Kaufpreises. Über diese einfache Ausgestaltung des Eigentumsvorbehaltes hinaus gibt es keine gesetzlichen Regelungen. Auch in der zu diesem Thema erschienenen Literatur wurde die Möglichkeit eines verlängerten Eigentumsvorbehalts kaum erörtert. Dies ist zum einen auf die bislang mangelnde Erfahrung mit dem Rechtsinstitut des Eigentumsvorbehalts zurückzuführen. Zum anderen ist nach wie vor unsicher, ob eine Abtretung von erst in der Zukunft entstehenden Forderungen, wie es bei einem verlängerten Eigentumsvorbehalt der Fall wäre, überhaupt möglich ist. Auf diese Frage soll näher im folgenden unter den Ausführungen zur Sicherungsabtretung eingegangen werden. Im Rahmen des Eigentums-vorbehalts ist noch darauf hinzuweisen, daß sich hier eine der wenigen Vorschriften über den gutgläubigen Erwerb befindet. Nach § 446 HGB ČR kann ein Dritter im Rahmen eines Handelskaufes gutgläubig Eigentum erwerben, wenn er von dem Vorbehaltskäufer kauft und nicht wußte, daß dieser weder Eigentümer noch Verfügungsberechtigter war. Der Vorbehaltsverkäufer verliert somit das vorbehaltene Eigentum, wenn der Vorbehaltskäufer an einen gutgläubigen Dritten weiter veräußert. Mangels Rechtsprechung ist zur Zeit noch nicht absehbar, welche Anforderungen an die Gutgläubigkeit eines Erwerbers gestellt werden. Es ist jedoch zu erwarten, daß diese nicht so hoch angesetzt werden, wie es im deutschen Recht der Fall ist. Die Stellung des Vorbehaltsverkäufers ist daher als wenig gesichert anzusehen.

V. Rechte

Auch nach der tschechischen Rechtsordnung können einzelne Rechte Gegenstand von Sicherungsmitteln sein.

1. Forderungspfandrecht

Nach den Bestimmungen der §§ 151 h bis 151 j BGB ČR können an Forderungen Pfandrechte zugunsten eines Gläubigers gestellt werden. Solche Forderungspfandrechte sind ebenso wie die Pfandrechte an beweglichen Sachen akzessorisch. Auch hier ist für die Bestellung des Pfandrechts ein schriftlicher Vertrag zwischen Verpfänder und Pfandgläubiger erforderlich. Gemäß § 151 h Abs. 2 Satz 2 BGB ČR muß der Drittschuldner von der Verpfändung benachrichtigt werden. Dies kann entweder in schriftlicher Form durch den Verpfänder oder aber durch Nachweis seitens des Pfandgläubigers erfolgen. Erst nach dieser Benachrichtigung des Dritt-schuldners ist diesem eine befreiende Leistung an den Verpfänder verwehrt. Der Sicherungsumfang erstreckt sich nach § 151 h Abs. 3 i.V.m. 121 Abs. 3 BGB ČR auf die Nebenforderungen, zu denen Zinsen, Verzugszinsen sowie Befriedigungskosten gehören.

Die Stellung des Forderungspfandrechts im Konkurs war ebenso wie die des Sicherungseigentums äußerst umstritten. Die rechtliche Unsicherheit liegt in § 28 Abs. 1 des tschechischen Konkurs- und Ausgleichsgesetzes begründet, demzufolge ein Absonderungsrecht nur für die Befriedigung aus dem Erlös von Sachen vorgesehen war. Da es sich bei Forderungen eindeutig nicht um Sachen im Sinne der § 118 ff. BGB ČR handelte, stellte sich die Frage, ob das Forderungspfandrecht dennoch ein Absonderungsrecht nach § 28 des tschechischen Konkurs- und Auftragsgesetzes darstellen konnte. Auch diese für die Kreditpraxis besonders wichtige Frage ist durch die Konkursnovelle vom 13. März 1996 beantwortet worden. § 28 neuer Fassung schreibt ausdrücklich vor, daß dem Inhaber eines Forderungspfandrechts ein Absonderungsrecht an dem Erlös aus der Verwertung der Forderung zusteht.

2. Sicherungsabtretung

Die Sicherungsabtretung einer Forderung ist ausdrücklich in § 554 BGB ČR geregelt. Die Abtretung kann sowohl durch den Schuldner selbst als auch durch eine dritte Person erfolgen. Zur Abtretung der Forderung bedarf es nach § 524 ff. BGB ČR einer schriftlichen Abtretungserklärung. Ebenso wie im deutschen Recht ist eine Benachrichtigung des Drittschuldners von der Abtretung erforderlich, um zu verhindern, daß dieser schuldbefreiend an den bisherigen Gläubiger leistet. Neben der eigentlichen Abtretung selbst ist eine Sicherungsabrede zwischen den Parteien erforderlich. Diese bedarf nach § 553 BGB ČR ebenfalls der Schriftform und kann in der Abtretungsvereinbarung selbst enthalten sein.

Es ist bislang umstritten, ob die Abtretung auch zukünftiger Forderungen nach tschechischem Recht möglich ist. Zwar wird dies vom Gesetz nicht ausdrücklich ausgeschlossen. Die wenigen existierenden Kommentare halten die Abtretung zukünftiger Forderungen jedoch für ausgeschlossen. Es ist zu hoffen, daß in naher Zukunft eine höchstrichterliche Entscheidung zu dieser Frage ergeht, um die erhebliche Rechtsunsicherheit zu beseitigen. Aufgrund der dargestellten Rechtsunsicherheiten haben sich Rechtsinstitute wie Globalzession und verlängerte Eigentumsvorbehalte in der tschechischen Rechtsordnung noch nicht zu einer bedeutenden Stellung entwickeln können.

Der gegebenen Rechtsunsicherheit kann derzeit nur bei Vertrags- bzw. Rechtsbeziehungen mit einem internationalen Element vorgebeugt werden, da in diesen Fällen das tschechische Gesetz über das internationale Privat- und Prozeßrecht (Gesetz Nr. 97/1963 Sb.) die freie Rechtswahl zuläßt. In der Wirtschaftspraxis wird daher insbesondere bei Liefer- und Verarbeitungsverträgen die Geltung deutschen Rechts vereinbart und um das Risiko der nicht einschätzbaren Bereitschaft der tschechischen Gerichte einen Streitfall nach einem ausländischen Recht zu entscheiden auszuräumen, die Schiedsgerichtsbarkeit vereinbart.[10]

VI. Bürgschaft

Das Rechtsinstitut der Bürgschaft ist sowohl im BGB ČR wie auch im HGB ČR geregelt. Bei der Regelung im HGB ČR handelt es sich um die flexiblere Ausgestaltung, da sie die Bestellung einer Bürgschaft auch für erst zukünftig entstehende Forderungen ermöglicht. Die Bürgschaft nach tschechischem Recht unterliegt dem Subsidaritätsprinzip und dem Akzessoritätsprinzip. Nach dem Subsidaritätsprinzip kann der Bürge erst nach erfolgloser Zahlungsaufforderung an den Hauptschuldner in Anspruch genommen werden. Die im deutschen Recht vorhandene Einrede der Vorausklage kennt das tschechische Recht dagegen nicht. Das Akzessoritäts-prinzip besagt, daß

[10] Zu der Gerichtsbarkeit und Schiedsgerichtsbarkeit in der ČR einschließlich der Vollstreckung von in- und ausländischen Urteilen und Schiedssprüchen vgl. *Verny*, Investitionen in der Tschechischen Republik einschließlich ausgewählter Fragen des Rechtsverkehrs zwischen Deutschland und Tschechien, Vortragsmanuskript anläßlich der DAV-Mitgliederversammlung Leipzig 1996 vom 15.-17. Mai 1996; *ders.*, Schiedsverfahren und Vollstreckung von Schiedssprüchen in der Tschechischen Republik in: Pfaff (Hrsg.), Handbuch Schiedsgerichtsbarkeit in Osteuropa - Nationale und internationale Schiedsgerichte unter Berücksichtigung des internationalen Privatrechts -, Heidelberg (Erscheinungstermin Ende 1996).

Entstehung und Bestand der Bürgschaft von der gesicherten Hauptforderung abhängig ist.

VII. Bankgarantie

In den §§ 313 bis 322 HGB ČR ist das Institut der Bankgarantie geregelt. Die Bestimmung einer Bankgarantie bedarf nach § 313 HGB ČR einer schriftlichen Erklärung durch die garantierende Bank. Inhaltlich muß die Erklärung die Umstände für den Eintritt des Garantiefalls regeln. Da es sich diesbezüglich um eine dispositive Regelung handelt, steht es den Vertragsparteien frei, die Voraussetzungen für den Garantiefall zu bestimmen. Festzuhalten ist daher, daß das tschechische Recht neben der akzessorischen Bürgschaft eine nicht akzessorische Garantie kennt. Die Zahlungsaufforderung an die Bank hat nach § 319 HGB ČR in Schriftform zu erfolgen. Bei Auszahlung der Garantiesumme steht der Bank ein Regreßanspruch nach § 321 Abs. 2 HGB ČR gegen den Schuldner zu. Sofern der Gläubiger im Verhältnis zum Schuldner nicht zur Inanspruchnahme der Garantie berechtigt war, ist er dem Schuldner nach § 321 Abs. 4 HGB ČR zur Herausgabe des Erlangten und zum Ersatz des durch die Inanspruchnahme der Garantie verursachten Schadens verpflichtet.

VIII. Schlußbemerkung

Aus den obigen Ausführungen wird ersichtlich, daß die Grundvoraussetzungen für ein tschechisches Kreditsicherungsrecht im wesentlichen bereits geschaffen sind. Allerdings ist nicht zu übersehen, daß sowohl im materiellen wie auch im Zwangsvollstreckungs- und Konkursrecht eine Reihe von offenen Rechtsfragen vorhanden sind, die weiterhin zu einer nicht unerheblichen Rechtsunsicherheit führen. Es bleibt zu hoffen, daß die vorhandenen Lücken und Unsicherheiten in den kommenden Jahren durch Gesetzgebung und Rechtsprechung weitgehend beseitigt werden.[11]

Einen entscheidenden Beitrag hierzu dürfte mit Sicherheit die in der Tschechischen Republik auf der Grundlage des am 1.2.1995 in Kraft getrete-

---

[11] Zu der voraussichtlichen Entwicklung des Kreditsicherheitenrechts in Mittel- und Osteuropa vgl. die Thesen von *Breidenbach*, Vortragsmanuskript zum Symposium zum 70jährigen Bestehen des Max-Planck-Instituts für ausländisches und internationales Privatrecht Hamburg zu der Thematik "Systemtransformation in Mittel- und Osteuropa und ihre Folgen für Bank-, Börsen- und Kreditsicherheiten" vom 13.-15. Juni 1996.

nen Europa-Abkommens verlaufende Rechtsharmonisierung darstellen. Gemäß den Art. 69-71 des Europa-Abkommens ist eine weitgehende Rechtsangleichung für alle Bereiche des Rechts, insbesondere des Wirtschafts-, Sozial- Verbraucherschutz-, Banken-, Finanz- und Umweltschutzrechts vorgesehen, ohne jedoch einen konkreten zeitlichen Rahmen vorzugeben. Eine erhebliche Präzisierung der prioritär anzugleichenden Normen erfolgte jedoch mit dem von der Europäischen Kommission anläßlich des Gipfeltreffens in Cannes Ende Juni 1995 präsentierten Weissbuch zur Vorbereitung der assoziierten Staaten Mittel- und Osteuropas auf die Integration in den Binnenmarkt der EU.

Der bisherige Verlauf des Rechtsharmonisierungsprozesses hat dazu geführt, daß nicht nur kommunitäre Rechtsakte in die nationale Rechtsordnung implementiert, sondern daß auch rechtsvergleichend einzelne Regelungen der Mitgliedstaaten analysiert und im Bedarfsfalle in das nationale Recht umgesetzt werden, um auf diese Weise einen möglichst ungehinderten Wirtschaftsverkehr zwischen den Mitgliedstaaten und der Tschechischen Republik zu fördern.[12]

Literaturhinweise

Bicovsky, Jaroslav/Holub, Milan, Občansky zákoník komentař (Kommentar zum Bürgerlichen Gesetzbuch) Prag 1995

Breidenbach, Stephan (Hrsg.), Handbuch Wirtschaft und Recht in Osteuropa, Stand 14. Ergänzungslieferung, München 1996

Cizkovsky, Milan/Brych, Friedrich, Grundbuch- und Hypothekenrecht in der Tschechischen Republik, Der langfristige Kredit 21/1995, 60 ff.

Grulich, Tomas, Uskali pravní upravy zastávního prava (Klippen der gesetzlichen Regelung von Pfandrechten), Pravni Radce 6/1996, S. 5 ff.

Hanak, Svetozar, Arbitration in the Czech Republic in International Commercial Arbitration in Europe, ICC Paris 1994

Holeyšovský, Milan, Zastávní pravo, ručení, bankovníi záruka a ostátní zajistovací prostředky v podnikatelskě bankovní a pravní praxi (Pfandrecht,

[12] Zu dem bisherigen Verlauf des Harmonisierungsprozesses vgl. *Verny*, Die Harmonisierung des Rechts der Tschechischen Republik im Rahmen der Assoziierung in *Mevissen/Verny* (Hrsg.), Europäische Essays Bd. I, Hamburg 1995 und *Schlemann/Verny*, Die Harmonisierung des Rechts der Tschechischen Republik im Rahmen des Assoziierungsprozesses, WiRO 1996, S. 89.

Bürgschaft, Bankgarantie und andere Sicherungsinstrumente in der Unternehmer-, Bank- und Rechtspraxis), Newsletter Praha 1995

derselbe, Zajisteni zwavazků převodem práva (Die Sicherung von Forderungen durch Sicherungsübereignung), Právní Radce 2/1996, 8 ff.

Kucera, Zdenek, Mezinarodni pravo soukrome a procesni-Kommentar (Kommentar zum internationalen Privat- und Prozeßrecht), Brünn 1994

Lionnet, Klaus, Handbuch der internationalen und nationalen Schiedsgerichtsbarkeit, Stuttgart, München Hannover Berlin Weimar Dresden 1996

Mikes, Jiří, Možnosti zajistení uverů zastávnimí právy v České republice (Die Möglichkeiten der Kreditsicherung durch Pfandrechte in der Tschechischen Republik), Právní radce 12/1994, 10 f.

Piltz, Albrecht/Randak, Monika, Bank Security and Other Credit Enhancement Methods, in: Kluwer Law Internationale 1995, Den Haag/London/Boston 1995

Roggemann, Herwig/Kuss, Klaus-Jürgen, Unternehmensumwandlung und Privatisierung in Osteuropa, Berlin 1993

Rozehnalová, Naděžda, Zur Entscheidung international-handelsrechtlicher Streitigkeiten nach tschechischem Recht, IPRax 1995, S. 403 ff.

Sandrock, Otto, Internationale Kredite und die Internationale Schiedsgerichtsbarkeit, WM 1994, S. 405 ff.

Schlemann, Berndt/Verny, Arsene, Die Harmonisierung des Rechts in der Tschechischen Republik im Rahmen des Assoziierungsprozesses, WiRO 1996, S. 89

Stuna, Stanislav und Kollektiv, Obchodni zákoník komentař (Kommentar zum Handelsgesetzbuch), Prag 1996

Verny, Arsène, Durchführung der Zwangsvollstreckung in der Tschechischen Republik in Weißmann/Riedel (Hrsg.) Handbuch der Internationalen Zwangsvollstreckung, Stand 10. EL, Kissing 1996

ders., Die Harmonisierung des Rechts der Tschechischen Republik im Rahmen der Assoziierung in Mevissen/Verny (Hrsg.), Europäische Essays Bd. I, Hamburg 1995

Recht der Kreditsicherheiten in Ungarn

ATTILA HARMATHY

Gliederung

I. Einleitung

Am 9. April 1996 verabschiedete das ungarische Parlament das Gesetz XXVI/1996 zur Änderung der Bestimmungen des Zivilgesetzbuchs über das Pfandrecht
und die Hypothek. Der Beitrag wird sich auf die Regelungen dieses Gesetzes konzentrieren. Um Wiederholungen zu vermeiden, wird darauf hingewiesen, daß die grundlegenden allgemeinen wirtschaftlichen und theoretischen Fragen, die mit den neuen Regelungen zusammenhängen, in drei anderen Berichten erörtert worden sind, die aber die neuen Bestimmungen nicht im einzelnen angesprochen haben.[1] Dort wird umrissen, warum die neuen Regelungen in das Zivilgesetzbuch aufgenommen worden sind.

[1] *Harmathy*: The EBRD Model Law and the Hungarian Law, Bericht auf der Konferenz in London im Oktober 1995 über Emerging Financial Markets and Secured Transactions. Das Recht der Mobiliarsicherheiten - Kontinuität und Entwicklung -, Länderbericht auf der Tagung der Gesellschaft für Rechtsvergleichung in Jena im März 1996. Kreditsicherheiten im sozialistischen Rechtssystem, Bericht auf dem Symposium des Max-Planck-Instituts für ausländisches und internationales Privatrecht in Hamburg im Juni 1996.

II. Die sozialistische Periode

Die unter dem Gesichtspunkt unseres Themas grundlegenden Merkmale des sozialistischen Systems waren

- das Staatseigentum an der Mehrheit der Produktionsgüter;
- die Einschränkung der wirtschaftlichen Privattätigkeit;
- die zentrale Lenkung der Wirtschaftsprozesse und eine mehr oder weniger beschränkte Anerkennung der Rolle des Marktes;
- das Kreditmonopol der staatlichen, zentralisierten und spezialisierten Banken;
- das System der Planung, das die Entwicklung der Wirtschaft und die Industrialisierung in den Vordergrund stellte und das Preis-, Geld- und Kreditsystem als Mittel zur Verwirklichung der Planziele einsetzte-;
- die Gestaltung der Kreditverhältnisse, die nicht über den Markt zustandekamen, so daß Rechtsinstitutionen, die den Marktverhältnissen entsprachen, nur von geringer Bedeutung waren oder gar nicht genutzt wurden.

Die rechtliche Regelung der Kreditwirtschaft und der Kreditsicherheiten hatte die Aufgabe, dem politischen und wirtschaftlichen System des Sozialismus zu dienen. Es ist aber interessant zu beobachten, daß verschiedene Teile des Rechtssystems diese Aufgabe unterschiedlich erfüllten. Man kann sagen, daß unterschiedliche Tendenzen im Recht vorhanden waren. Es gab Regelungen, die dem Wesen des sozialistischen Wirtschaftssystems genau entsprachen. Es gab aber auch Regelungen, die nicht so stark systembezogen waren und die durch das Wirtschaftssystem nur wenig beeinflußt waren.[2]

Zu den allgemeinen, das sozialistische Wirtschaftssytem reflektierenden Regelungen, die als Rahmenbedingungen dienten, gehörten einige Bestimmungen über das Eigentumsrecht und über die Staatsunternehmen im Zivilgesetzbuch von 1959. So war z.B. die Bestimmung über die Einheit und Untrennbarkeit des Staatseigentums[3] der Grund dafür, daß die Staatsunternehmen keine Eigentumsrechte, sondern nur das Recht der operativen Verwaltung innehatten. Nach einer anderen Bestimmung waren sowohl Grund und Boden, der im Staatseigentum stand, als auch andere Sachen, die zum Inven-

[2] Aus diesem Grund hat *Eörsi* schon in den 70er Jahren über die Möglichkeit der Konvergenz der Rechtssysteme gesprochen. *Eörsi*, Comparative Civil (Private) Law, Budapest, 1979, S. 396-407.

[3] § 170 ZGB von 1959.

tar eines Staatsorgans gehörten, unveräußerlich.[4] Die Bedeutung dieser Regelung kann man nur verstehen, wenn man die damaligen Wirtschaftsverhältnisse betrachtet, bei denen die Staatsunternehmen die Hauptakteure waren und die private Wirtschaftstätigkeit keine wesentliche Rolle spielte. Unter solchen Umständen konnten sich die Gläubiger der Staatsunternehmen nicht der in der Marktwirtschaft üblichen Sicherheiten bedienen. Die Position der Gläubiger war trotzdem nicht gefährdet, weil ein Konkurs der Staatsunternehmen nicht vorgesehen war und im Fall der Liquidierung eines Staatsunternehmens ein Rechtsnachfolger bestimmt werden mußte.[5]

Das Zivilgesetzbuch enthielt auf vielen Gebieten nur allgemeine Regelungen. Die konkreten, die Einzelheiten betreffenden Regelungen wurden durch Verordnungen getroffen, sofern dies vom Gesichtspunkt der Wirtschaftslenkung aus für notwendig erachtet wurde. Diese unterhalb des Gesetzes stehenden Regelungen hatten das Wirtschaftssystem mehr geprägt als das Zivilgesetzbuch selbst. Diese Regelungsmethode kann durch das Bestreben des Gesetzgebers erklärt werden, Bestimmungen, die häufigen Veränderungen unterliegen, nicht im Gesetzbuch zu proklamieren und auf diese Weise eine relative Stabilität des Gesetzes zu sichern. Diese Situation konnte auch bei der Regelung der Darlehensverträge beobachtet werden. Das Zivilgesetzbuch enthielt keine näheren Bestimmungen zum Prinzip des Kreditmonopols. Die Kreditwirtschaft und die Banktätigkeit wurden durch Verordnungen des Ministerrates und Anordnungen des Finanzministers geregelt.

Eine Reihe von Bestimmungen des Zivilgesetzbuches war dagegen praktisch neutral; es bestand lediglich ein indirekter Einfluß des Wirtschaftssystems auf ihre Formulierung und ihren Inhalt. In der allgemeinen Begründung des Gesetzentwurfs wurde betont, daß bei den Kodifikationsarbeiten der Entwurf des Zivilgesetzbuchs aus dem Jahr 1928 und die Ergebnisse der Wissenschaft und der Gerichte aus der Epoche vor dem Zweiten Weltkrieg mit berücksichtigt worden sind.[6] Es ist eine andere Frage, daß die neutralen Bestimmungen, welche die Rechtsinstitutionen der Vorkriegsperiode zum Vorbild hatten, gar nicht oder nicht gut funktionieren konnten, weil die systemabhängigen Bedingungen, die nötigen Infrastrukturelemente, fehlten.

---

[4] § 169 Abs. 1 Punkte b) und c) ZGB von 1959.

[5] § 38 Abs. 4 ZGB von 1959.

[6] A Magyar Népköztársaság Polgári Törvénykönyve (Zivilgesetzbuch der Volksrepublik Ungarn), közzéteszi az Igazságügyminisztérium (herausgegeben durch das Justizministerium), Budapest 1959, S. 14.

Nicht vom Wirtschaftssystem beeinflußte Regelungen bestanden auch auf dem Gebiet der Kreditsicherheiten.[7] Die meisten Regelungen hatten aber wenig praktische Bedeutung. Die Tatsache, daß solche Regelungen in der Praxis keine wichtige Rolle spielten, wurde auch durch die 1981 erschienene erste Ausgabe des Kommentars zum ZGB bestätigt. Der Verfasser des Kapitels über die Kreditsicherheiten, der dem Pfandrecht, der Hypothek und der Bürgschaft 50 Seiten gewidmet hatte, erwähnte insgesamt nur 12 Gerichtsentscheidungen.[8] Der diesbezügliche Teil des Zivilgesetzbuches unterschied sich von dem früheren Zivilrecht (Handelsrecht) inhaltlich vor allem dadurch, daß er stark vereinfachte Regelungen enthielt. Im übrigen waren aber die Konsequenzen der Planwirtschaft nicht bemerkbar. Es gab nur eine Ausnahme, die eine Sonderregelung der Bankkreditsicherheit betraf.[9]

Die Kreditwirtschaft war praktisch nicht durch Normen des Zivilrechts geregelt. Die ersten umfassenden Regelungen wurden durch eine Regierungsverordnung aus dem Jahr 1952 getroffen, welche die Kreditverhältnisse verwaltungsrechtlich ausgestaltete. Obwohl es unbestritten war, daß dabei auch einige Elemente des Vertragsverhältnisses eine Rolle spielten, war der verwaltungsrechtliche Charakter des Verhältnisses eindeutig.[10] Im Zuge der langsamen Veränderung der Formen der Wirtschaftslenkung erfuhr die Forderung der Zivilrechtler nach einer Verstärkung der Rolle der zivilrechtlichen Elemente größere Unterstützung. Das Zivilgesetzbuch ordnete deshalb die Kreditverhältnisse dem Zivilrecht und nicht mehr dem Verwaltungsrecht zu. Dies war ein wichtiger Schritt auf dem Weg der Umgestaltung des Systems, das auf dem Prinzip der über- und untergeordneten staatlichen Wirtschafteinheiten aufgebaut war. Das Zivilgesetzbuch konnte aber nicht das ganze System verändern.

Neue Schritte zur Abschaffung der administrativen Befugnisse der Banken gegenüber den Unternehmen wurden zu Beginn der Wirtschaftsreform 1967 und 1968 unternommen. Gleichwohl blieb das Kreditmonopol bestehen. Auch wurden die Regelungen über die Kreditwirtschaft weiterhin nicht in das

---

[7] Die traditionellen ungarischen Regelungen wurden in deutscher Sprache erörtert in: A. Almási, Ungarisches Privatrecht, Bd. II, Berlin und Leipzig 1923, S. 72-93 u. 224f.

[8] A Polgári Törvénykönyv magyarázata (Kommentar zum ZGB), szerk *Eörsi/Gellért*, Budapest 1981, S. 1244-1300.

[9] § 262 ZGB 1959.

[10] *Eörsi*, A tervszerzodések (Die Planverträge), Budapest, 1957. S. 283-286.

Zivilgesetzbuch aufgenommen.[11] Die Umgestaltung des Banksystems begann 1984; neue Banken wurden eingerichtet, und ein zweistufiges Bankensystem wurde eingeführt. Bis zur Systemwende hatte sich aber nichts daran geändert, daß die Rechtsinstitutionen des Zivilgesetzbuchs eine untergeordnete Rolle spielten.[12]

III. Das geltende Recht

1. Das Kreditsicherheitenrecht im Transformationsprozeß

Die Systemwende hat die Transformation des gesamten Rechtssystems zur Folge. Das geltende Recht ist in Bewegung, es befindet sich in einem Prozeß der Umwandlung. In diesem Prozeß sind die politischen, wirtschaftlichen und rechtlichen Besonderheiten der Entwicklung der einzelnen mittel- und osteuropäischen Staaten von entscheidender Bedeutung. Dabei kommt neben der Untersuchung der Regelungen der entwickelten westlichen Staaten der funktionellen Rechtsvergleichung und dem Studium der Rechtsentwicklung der früheren kapitalistischen Epoche (19. Jahrhundert und erste Hälfte des 20. Jahrhunderts) eine große praktische Bedeutung zu.

Die rechtliche Regelung der Kreditsicherheiten ist auch ein Teil des ganzen, im Transformationsprozeß befindlichen Rechtssystems. Die Bestimmungen über die Kreditsicherheiten wurden 1996 geändert; es ist aber wahrscheinlich, daß sie in absehbarer Zukunft nochmals geändert werden. Hier sollen nicht die Faktoren erörtert werden, die die allgemeine Transformation des Rechtssystems beeinflussen, sondern es werden nur drei der Faktoren angedeutet, die für die Regelung der Kreditsicherheiten eine besondere Bedeutung haben. Diese Faktoren sind: die Besonderheiten der bisherigen Kreditwirtschaft in Ungarn, die rechtspolitischen Aspekte und die Infrastruktur der Rechtsanwendung.

2. Die Besonderheiten der Kreditwirtschaft in Ungarn

Die ungarische Wirtschaft ist seit mehr als hundert Jahren durch einen erheblichen Kapitalmangel und durch die Notwendigkeit des Kapitalimports ge-

---

[11] *Meznerics*, Pénzügyi jog a szocialista gazdálkodásban és a nemzetközi kapcsolatokban (Finanzrecht in der sozialistischen Wirtschaft und in den internationalen Beziehungen), Budapest 1972, S. 398 ff. und 412 ff.

[12] *Szentiványi*, Bankjog (Bankrecht), Budapest 1988, S. 125-128.

kennzeichnet.[13] Im Jahre 1990 wurde die Budapester Effektenbörse gegründet. Gleichzeitig wurde das Kapitalmarktrecht liberalisiert, um der großen Bedeutung ausländischer Kapitalanleger an der Börse gerecht zu werden.[14] Die Summe der ausländischen Investitionen in konvertiblen Währungen betrug in Ungarn im November 1995 8,7 Milliarden US-$.[15]

Die Bevölkerung ist jedoch noch nicht daran gewöhnt, ihre Ersparnisse auf dem Kapitalmarkt zu investieren. Die Inflation und die hohen Zinsen geben der Bevölkerung vielmehr Anreiz, die ersparten Summen ins Bankdepot zu legen.

Nach den Bestimmungen über das Kreditmonopol der Banken war es den Wirtschaftsorganisationen verboten, Geld- oder Warenkredite zu gewähren. Das Ziel des Kreditverbots war einerseits die strikte Kontrolle der Geldwirtschaft, andererseits die Gewährleistung der planmäßigen Verteilung der Geldressourcen der Volkswirtschaft. In der Praxis kam es oft vor, daß Staatsunternehmen und Kooperativen den Preis der gelieferten Ware nicht sofort oder gar nicht bezahlten. Eine Vereinbarung zwischen Lieferanten und Käufern über eine Kreditgewährung war rechtswidrig und ungültig. Demzufolge war die Vereinbarung von Kreditsicherheiten auch unwirksam. Ende der 70er Jahre und besonders Mitte der 80er Jahre wurden einige Lockerungen des Kreditmonopols eingeführt. Dies führte aber nicht zur Verwendung der Realkreditsicherheiten im Verhältnis zu den Staatsunternehmen. Die Lieferanten versuchten, die Waren nur im Falle ihrer sofortigen Bezahlung zu übergeben. Um dieses Problem zu lösen, wurde Mitte der 80er Jahre der Wechsel genehmigt. Seine Verwendung ist inzwischen üblich geworden.[16]

Jedoch wurde die allgemeine Lösung des Problems entsprechend der Logik des sozialistischen Wirtschaftssystems nicht in den Vertragsverhältnissen der Unternehmen, sondern mit Hilfe der zentralen Staatsorgane gesucht. Die ganz oder teilweise unter staatlicher Leitung befindlichen Banken gewährten

---

13 *Berend/Ránki*, Közép-Kelet-Európa gazdasági fejlódése a 19-20. században (Die wirtschaftliche Entwicklung Mittel- und Osteuropas im 19. und 20. Jahrhundert, Budapest 1976, S. 130, 138-144.

14 A magyarországi tókepiac kialakulása és fejlódése (Die Entstehung und Entwicklung des ungarischen Kapitalmarktes), Magyar Nemzezi Bank Havi Jelentés (Monatsbericht der ungarischen Nationalbank) 11/1994, S. 152, 155.

15 Magyar Nemzeti Bank Hava Jelentés (Monatsbericht der Ungarischen Nationalbank) 1/1996, S. 91.

16 *Dobi/Hardy/Hubert*, Értékpapírjog, értékpapírpiac (Wertpapierrecht, Wertpapiermarkt), Budapest 1994. S. 19-20.

den Schuldnern Kredite. Die so entstandenen großen Schulden der - in den meisten Fällen zahlungsunfähigen - großen Staatsunternehmen verursachen bis heute bedeutende Schwierigkeiten in allen früheren sozialistischen Staaten einschließlich Ungarns.[17]

Wahrscheinlich war die konsequente Anwendung des Prinzips des Kreditmonopols auch der Grund dafür, daß es bei den auf verschiedenen Gebieten üblichen Ratengeschäften zwischen staatlichen Handelsunternehmen und Konsumenten keinen Warenkredit gab. Auch in diesem Fall war das Staatsunternehmen kein Kreditgläubiger, sondern einfacher Verkäufer, weil die Sparkasse dem Handelsunternehmen den Betrag sofort überwies und dem Käufer Geldkredit gewährte. So kamen zwei Verträge zustande: ein Kaufvertrag zwischen dem Handelsunternehmen und dem Konsumenten und ein Darlehensvertrag zwischen der Sparkasse und dem Käufer. Diese Konstruktion wird auch nach der Systemwende weiter verwendet.

Aufgrund des Prinzips des Kreditmonopols war der Fall einer Geldkreditgewährung durch Staatsunternehmen ausgeschlossen. Es gab nur wenige Ausnahmen. Eine solche Ausnahme bestand darin, daß das Staatsunternehmen als Arbeitgeber seinen Arbeitnehmern zum Wohnungsbau oder Wohnungskauf Unterstützung gewährte und zu günstigen Bedingungen Darlehen zur Verfügung stellte. Die Idee der sozialen Hilfe und die Abneigung, die Staatsunternehmen in der Position eines kapitalistisch eingestellten Gläubigers zu sehen, waren aller Wahrscheinlichkeit nach die Gründe, weshalb es in der Praxis Probleme gab, das Verhältnis zwischen dem Arbeitgeber und dem Arbeitnehmer in diesem Fall als Arbeitsverhältnis zu qualifizieren.[18] Diese Probleme bestehen auch nach der Systemwende fort.

3. Rechtspolitische Aspekte

Der Gesetzgeber muß die unterschiedlichen Interessen der Gläubiger und der Schuldner in zivilrechtlichen Verhältnissen - und besonders in Kreditverhältnissen - zur Kenntnis nehmen und bei der Ausarbeitung der einzelnen Regelungen berücksichtigen. Der ungarische Gesetzgeber hat bei Erlaß des Zivilgesetzbuches von 1959 die kontinentaleuropäischen Traditionen und nicht die strikte, auf den Markt konzentrierte Doktrin des Common Law als Ausgangspunkt genommen. Dazu hat die Ideologie von der Abschaffung der

---

[17] *Brainard*, Strategies for Economic Transformation in Central and Eastern Europe: Role of Financial Market Reform, in: Transformation of Planned Economies, ed. H. Blommestein/ M. Marrese, OECD, Paris 1991. S. 95-106.

[18] Z. B. Bírósági Határozatok (Gerichstentscheidungen) 1988/4. Nr. 116, 1988/5. Nr. 161.

Ausbeutung der Werktätigen durch die Kapitalisten beigetragen. Es gab ein allgemeines Bestreben, die Schärfe der Interessenkonflikte zu vermindern und die Pflicht zur Zusammenarbeit zu erhöhen. Konstruktionen, die auf Verantwortlichkeit, richterlichem Ermessen und Schadensverteilung gegründet waren, wurden gegenüber Konstruktionen bevorzugt, welche die Risikoverteilung in den Mittelpunkt stellten. Es ist daher verständlich, daß die Bestimmungen des Zivilgesetzbuches von 1959 nicht stark marktorientiert waren und in bestimmten Fällen die Interessen der Schuldner gegenüber den Gläubigern stärker schützten. In Kreditverhältnissen muß aber der Gesetzgeber auch berücksichtigen, daß ein zu starker, zu effektiver Schutz der Schuldner unerwünschte Folgen haben kann. Wenn der Gläubiger sein Geld nur mit großen Schwierigkeiten und nach einer langen Zeit zurückerhalten kann, wird er keinen Kredit mehr gewähren. Diese Konsequenz ist sowohl für die Bürger und die Wirtschaftseinheiten, die Kredite benötigen, als auch für die ganze Wirtschaft nachteilig.

Die Novellierungen des Zivilgesetzbuches, die seit der Wirtschaftsreform von 1967 und besonders seit der Systemwende durchgeführt wurden, führten zu einer größeren Marktorientierung des Zivilgesetzbuchs. Bei der aktuellen Änderung des Zivilgesetzbuches war es aber die Absicht des Gesetzgebers, ein Gleichgewicht der gegensätzlichen Interessen der Gläubiger und der Schuldner zu erreichen - was in einer Übergangsperiode besonders wichtig ist - und gleichzeitig die Regelungen von den Anschauungen der Bevölkerung nicht zu weit entfernen. Es ist klar, daß die Mehrheit der Bevölkerung, die wegen der unerwarteten Inflation, der Arbeitslosigkeit und der sozialen Unsicherheit enttäuscht ist, gegen die Reichen, die Gläubiger und besonders gegen die Banken eingestellt ist. Eine sich von den Anschauungen der Bevölkerung zu weit entfernende Regelung läuft so Gefahr, daß sie nicht angewendet wird. Diese rechtspolitischen Erwägungen spielen gerade auch bei der Regelung der Verwertung von Kreditsicherheiten eine besonders wichtige Rolle.

4. Infrastruktur der Rechtsanwendung

Die materiell-rechtlichen Normen sollen zusammen mit der juristischen Infrastruktur analysiert werden, die ihre Anwendung ermöglicht oder verhindert. Ein wesentliches Element des Systems der Kreditsicherheiten ist die Information. Das System der Information über die Akteure des Markts wurde in der Planwirtschaft vernachlässigt. Es bestand kein Bedarf für ein solches System. Das System des Grundbuchs, ein wesentlicher Teil des Informationssystems, wurde in Ungarn im 19. Jahrhundert nach dem österreichischen Modell eingeführt. Es wurde während der Planwirtschaft in den 60er Jahren geändert, aber nicht abgeschafft. Es gibt heute viele Beschwerden über das Grundbuchsystem, weil es nicht gut funktioniert.[19] Die Funktionsweise des Handelsregisters ist ähnlich schlecht.

Ein anderer wichtiger Teil der Infrastruktur ist das System, das der Verwertung der Kreditsicherheiten dient. Es kann festgestellt werden, daß viele Anstrengungen unternommen werden müssen (ähnlich wie im Fall des Informationssystems), um ein funktionsfähiges, marktkonformes System der Vollstreckung und der Verwertung der Sicherheiten aufzubauen. Die heutige Situation ist dadurch gekennzeichnet, daß die Zahl der unerledigten Zwangsvollstreckungsverfahren von 128.000 im Jahre 1993 auf 200.000 im Jahre 1994 gestiegen ist und daß in ungefähr 60 % der Angelegenheiten das Verfahren zu keinem Erfolg geführt hat.[20] Im Konkursverfahren gibt es ähnliche Erfahrungen.

Zusammenfassend kann festgestellt werden, daß eine marktkonforme Infrastruktur für die Verwertung der Rechte fehlt oder noch nicht gut funktioniert. Diese Infrastruktur kann durch die Gesetzgebung allein nicht aufgebaut werden. Man braucht viel Geld, ein gut ausgebildetes Personal und viel Zeit, um die Infrastruktur zu verbessern.

IV. Realsicherheiten

Sowohl die Realsicherheiten als auch die Personensicherheiten sind durch das Zivilgesetzbuch geregelt worden. Dem Zivilgesetzbuch liegt das Prinzip der Einheit des Zivilrechts zugrunde. Damit hat das Zivilgesetzbuch die seit dem 19. Jahrhundert bestehende Zweiteilung dieses Rechtsgebiets (Zivilrecht und Handelsrecht) aufgegeben. Das Handelsgesetzbuch von 1875 enthielt auch einige Bestimmungen über das Pfandrecht. Die wichtigsten dieser Bestimmungen erleichterten die Verwertung und gewährten dem Gläubiger eine relativ günstige Position.[21] Diese Bestimmungen wurden parallel mit der In-

[19] Es ist bemerkenswert, daß ein neues Gesetz nach dem Ersten Weltkrieg verabschiedet wurde, um die Kreditwirtschaft zu beleben, und daß das Gesetz XXXV von 1927 über die Hypothek mit der ungenauen und langsamen Funktionsweise des Grundbuchsystems begründet wurde.

[20] Csódben a bírósági végrehajtás (Der Konkurs in der gerichtlichen Zwangsvollstrekkung), Népszabadság v. 14. März 1996, S. 1.

[21] §§ 305, 306 des HGB von 1875; siehe auch die Begründung durch den Verfasser des Entwurfs des HGB: *Apáthy*, Kereskedelmi jog tekintettel a nevezetesebb európai törvényekre

kraftsetzung des Zivilgesetzbuches außer Kraft gesetzt. Eine Art von Zweiteilung wurde aber in Form einer Sonderregelung auf dem Gebiet der Bankrealsicherheiten aufrecherhalten. Diese Sonderregelung war praktisch eine weiterentwickelte Form der Bestimmungen des Handelsgesetzbuches, die aber nur die Banken - als die einzigen möglichen Gläubiger - begünstigte. Diese Sonderregelung ist durch die Änderung des Zivilgesetzbuches von 1996 außer Kraft getreten, und der Gesetzgeber hat nunmehr eine Regelung eingeführt, die allen Gläubigern die gleiche Position gewährt. In dieser Hinsicht ist also der ungarische Gesetzgeber dem Modellgesetz der Europäischen Bank für Wiederaufbau und Entwicklung nicht gefolgt, das nur Kreditsicherheiten unter Geschäftsleuten betrifft. Die ungarische Regelung unterscheidet dagegen nicht zwischen den Sicherheiten der Handelsgeschäfte und den Sicherheiten der übrigen Rechtsgeschäfte.

Die Realsicherheiten und die Personensicherheiten sind in einem eigenen Kapitel im Zivilgesetzbuch geregelt worden. Seit dem 19. Jahrhundert war umstritten, ob Pfandrecht und Hypothek im Rahmen des Sachenrechts oder des Schuldrechts geregelt werden sollten.[22] Der Gesetzgeber hat sich 1959 für das Schuldrecht entschieden, weil er damit die Funktion dieser Institute als Sicherheit für Forderungen in den Vordergrund stellen wollte. Durch die Bestimmungen über das Pfandrecht und die Hypothek wurde aber eindeutig geklärt, daß beide Rechtsinstitute sachenrechtlichen Charakter haben. Die Novellierung des Zivilgesetzbuches von 1966 behielt in dieser Hinsicht die frühere Lösung bei.

Das Zivilgesetzbuch von 1959 hatte das Pfandrecht und die Hypothek als akzessoriche Kreditsicherheiten geregelt und die abstrakte Grundschuld nicht erwähnt. Damit kehrte das Zivilgesetzbuch zum ungarischen Zivilrecht vor 1927 zurück.[23] Die Grundschuld, die durch das Gesetz XXXV/1927 eingeführt worden war, war mit der Planwirtschaft unvereinbar. Die Novelle des Zivilgesetzbuchs von 1996 hat dagegen wieder auf das Gesetz von 1927 zurückgegriffen und das abstrakte, nicht akzessorische Pfandrecht wieder eingeführt. Nach der neuen Fassung des § 269 ZGB kann der Pfandgläubiger den im Pfandvertrag bestimmten Betrag durch die Verwertung des Pfandgegen-

---

(Handelsrecht mit Berücksichtigung der wichtigeren europäischen Gesetze), 2. Aufl. Budapest 1886. S. 399-402.

[22] Zu dieser Frage *Nizsalovszky*, A zálogjogok és a telki teher néhány kérdése (Einige Fragen des Pfandrechts der Hypothek und der Grundschuld), Budapest 1928, S. 35-37, S. 20-23.

[23] *Ágoston*, A zálogjog általános tanai (Die allgemeine Lehre des Pfandrechts), Budapest 1905. S. 78-81, 107.

standes erlangen, und zwar unabhängig davon, ob eine zugrundeliegende Forderung besteht oder nicht. Der Pfandschuldner kann die aus der zugrundeliegenden Forderung stammenden Einwände nur dann gegen den Pfandgläubiger erheben, wenn dieser das Pfandrecht im bösen Glauben oder unentgeltlich erworben hat.

Das Zivilgesetzbuch von 1959 regelte das Pfandrecht und die Hypothek als Realsicherheiten und erwähnte in diesem Zusammenhang auch die Kaution. Das Zivilgesetzbuch folgte damit der ungarischen Tradition[24], die vom österreichischen Beispiel ausgehend die Sicherungsübereignung nicht übernommen und den Optionsvertrag und den Wiederkauf als besondere Arten des Kaufvertrags restriktiv geregelt hatte.In ähnlicher Weise hatte das ungarische Zivilrecht vor dem 2. Weltkrieg den Eigentumsvorbehalt nicht als Kreditsicherheit geregelt. Wahrscheinlich spielte in dieser Hinsicht auch die Rechtsgeschichte eine Rolle, weil das Gesetz von 1939 über die Abzahlungsgeschäfte den Eigentumsvorbehalt vom Gesichtspunkt des Konsumentenschutzes aus regelte[25]. Das Zivilgesetzbuch von 1959 übernahm diesen Ansatz bezüglich des Eigentumsvorbehaltes. Diese traditionelle Lösung entsprach dem System der Planwirtschaft, weil der Warenkredit auf den wichtigsten Gebieten des Wirtschaftslebens aufgrund des Kreditmonopols der Banken verboten war.

Die Novelle des Zivilgesetzbuchs von 1966 hat diesbezüglich zu keiner Veränderung geführt. Die Bestimmungen über den Eigentumsvorbehalt[26], den Optionsvertrag[27] und den Wiederkauf[28] befinden sich nach wie vor im Kapitel über den Kaufvertrag. Aufgrund vertraglicher Vereinbarung können diese Rechtsinstitute zum Zweck der Sicherung von Forderungen eingesetzt werden. Es scheint jedoch, daß die Gerichte nicht geneigt sind, die Sicherungsübereignung zu akzeptieren; es gibt hierzu noch keine veröffentlichte Gerichtsentscheidung.

In der neueren Praxis hat der Leasingvertrag große Verbreitung gefunden. Der Leasingvertrag ist durch das Zivilgesetzbuch nicht geregelt worden. In

---

[24] *Schwarz*, Ingó zálogjog (Pfandrecht an beweglichen Sachen), in: Schwarz (Hrsg.), A magánjogi törvénykönyvről (Über das Zivilgesetzbuch), Budapest 1909, S. 50.

[25] Magyar Magánjog (Das ungarische Privatrecht), szerk. *Szladits*, Budapest 1942, Bd. IV, S. 332-336, S. 346-347.

[26] § 368 ZGB.

[27] § 375 ZGB.

[28] § 374 ZGB.

den letzten Jahren hat jedoch das Oberste Gericht mehrere Entscheidungen zum Leasingvertrag gefällt. In den meisten veröffentlichten Entscheidungen ging es um das Leasing von Maschinen. In den Entscheidungen wurde der gemischte Charakter des Vertrags betont (Elemente des Miet- und Kaufvertrags) und die Kreditgewährung in diesem Zusammenhang nur erwähnt.[29] Laut den zur Verfügung stehenden statistischen Angaben überwiegt der Anteil des Maschinenleasing in der Wirtschaftspraxis und in den Gerichtsentscheidungen deutlich; in den meisten Fällen werden Importmaschinen vermietet.[30] Die jüngste Änderung des Zivilgesetzbuches hat auf diesem Gebiet keine Neuerung mit sich gebracht.

Das Zivilgesetzbuch unterschied zwei Hauptformen der Realsicherheiten in Abhängigkeit von dem Objekt der Sicherheit: das Pfandrecht an beweglichen Sachen und die Hypothek an Immobilien. Die Regelungen über das Pfandrecht wurden (mit einigen Ausnahmen) auch auf das Pfandrecht an Rechten angewendet. Eine Sonderform war die Kreditsicherheit der Banken, die nicht wegen des besonderen Charakters des Sicherungsgegenstandes, sondern wegen der Bedürfnisse der Banken geschaffen wurde. Gegenstand der Banksicherheit war ein besitzloses Pfandrecht des Gläubigers an beweglichen Sachen. Die Banksicherheit brauchte nicht registriert zu werden, weil die Schuldner unter den Bedingungen der Planwirtschaft nur mit einer Bank im Kreditverhältnis stehen konnten. Seit der Reorganisation des Bankensystems gibt es aber schwere Probleme wegen des Fehlens der Registrierung.[31]

Das Gesetz XXVI/1996 hat dieses System geändert. Das Kapitel über die Pfandrechte enthält zuerst allgemeine Bestimmungen über das Pfandrecht (Definition des Pfandrechts, Festlegung auf das Akzessorietätsprinzip, wobei Abweichungen möglich sind, und Festlegung der zeitlichen Reihenfolge mehrerer Pfandrechte).[32] Danach folgen Bestimmungen über die Gegenstände und die Arten des Pfandrechts. Aufgrund rechtsvergleichender Studien und des Modellgesetzes der Europäischen Bank für Wiederaufbau und Entwicklung unterscheidet das Gesetz danach, ob das Sicherungsrecht dem Gläubiger den Besitz gewährt oder nicht. Das Gesetz hat die Sonderform der Banksicherheit abgeschaft. Nach der neuen Regelung können alle Gläubiger - nicht

---

[29] Bírósági Határozatok (Gerichtsentscheidungen) 1994/1. Nr. 40, 1994/2. Nr. 97, 1994/10. Nr. 552, 1995/5. Nr. 311, 1995/12. Nr. 721, 1996/5. Nr. 257.

[30] Lendületben a lízing (Leasing in Bewegung), Figyelo 1996. Nr. 26, S. 11.

[31] Z.B. Bírósági Határozatok (Gerichtsentscheidungen) 1993/94, Nr. 245.

[32] § 251 ZGB.

nur die Banken - ein besitzloses Pfandrecht an beweglichen Sachen erwerben. Es gibt also drei Arten des Pfandrechts: das Pfandrecht ohne Besitz[33], das Pfandrecht mit Besitz des verpfändeten Gegenstandes[34] und das Pfandrecht an Rechten und Forderungen.[35]

Im Fall des Sicherheitsrechts an Immobilien, d.h. der bisherigen Hypothek, muß der Vertrag der Schriftform entsprechen, und es muß eine Registrierung im Grundbuch erfolgen.[36] Das Sicherheitsrecht ohne Besitz an beweglichen Sachen und am Vermögen bedarf dagegen der notariellen Beurkundung und Registrierung. Das besitzlose Pfandrecht entsteht mit der Registrierung.[37] Die Registrierung geschieht mit Hilfe der Notare. Das Erfordernis der notariellen Beurkundung und Registrierung war während der Ausarbeitung des Gesetzentwurfs eine sehr umstrittene Frage. Das Parlament hat sich aber schließlich auf dieses Verfahren festgelegt. Die das Registrierungssystem betreffenden Teile des Gesetzes treten am 1. Mai 1997 in Kraft[38]; bis zu diesem Zeitpunkt soll das System aufgebaut sein.

Das Pfandrecht an Rechten und Forderungen bedarf nur in den vom Gesetz bestimmten Fällen der Schriftform. Das Recht oder die Forderung kann aber gegenüber dem Schuldner der Forderung nur dann geltend gemacht werden, wenn dem Schuldner die Entstehung des Pfandrechts mitgeteilt wurde und dem Pfandgläubiger die ggf. über das verpfändete Recht bzw. die Forderung ausgestellte Urkunde übergeben worden ist.[39]

Eine andere wichtige Regelung, die die Novelle des Zivilgesetzbuchs von 1996 mit sich brachte, betrifft das Pfandrecht an unspezifizierten Vermögensgegenständen oder an einem bestimmten Teil des Vermögens der juristischen Personen und der Handelsgesellschaften ohne Rechtspersönlichkeit. Die neuen Regelungen sind auch nicht ohne Vorbild im früheren ungarischen Zivilrecht. Das ungarische Zivilrecht war hinsichtlich der Bestimmtheit des Pfandrechts hinreichend flexibel. Die Hypothek zur Sicherung einer gegenwärtigen oder künftigen, aber nur ihrem Höchstbetrage nach bestimmten For-

[33] § 256 ZGB.

[34] § 257 ZGB.

[35] § 258 ZGB.

[36] § 260 Abs. 1 ZGB.

[37] § 260 Abs. 2 ZGB.

[38] § 7 Abs. 1 des Gesetzes XXVI/1996.

[39] § 261 Abs. 2 ZGB.

derung sowie die Gesamthypothek waren anerkannt.[40] Noch wichtiger ist aber, daß ein Sicherheitsrecht am Vermögen in Ungarn schon vor dem Zweiten Weltkrieg bekannt war, als das Vermögen der Industrieunternehmen ohne Bestimmung der einzelnen Objekte unter der Bedingung einer speziellen Registrierung verpfändbar war.[41]

Nach den neuen Regelungen des Zivilgesetzbuches erfaßt dieses Pfandrecht alle Sachen und Rechte, die zur Zeit des Wirksamwerdens des Pfandrechts zum verpfändeten Vermögen gehören, sowie die danach von dem Pfandschuldner erworbenen Sachen. Dagegen erlischt das Pfandrecht an den Sachen, die nach der Entstehung des Pfandrechts durch den Pfandschuldner in Ausübung seiner üblichen Wirtschaftstätigkeit an einen gutgläubigen Käufer veräußert worden sind. Der Käufer erwirbt das Eigentum in diesem Fall lastenfrei. Das Pfandrecht des Gläubigers entsteht dagegen an dem Erlös der verkauften Waren. Das Pfandrecht, das über den unbestimmten Elementen des Vermögens schwebt (floating charge), wird später bezüglich der einzelnen Gegenstände des Vermögens spezifiziert. Dies geschieht durch eine schriftliche Erklärung des Pfandgläubigers nach der Fälligkeit der Forderung.[42] Die Position des Gläubigers ist bei dieser Form des Pfandrechts besonders unsicher. Deshalb versucht der Gesetzgeber, die Interessen des Gläubigers zu schützen. Diesem Zweck dienen das Erfordernis der Registrierung des Pfandrechts am Vermögen, das Recht des Gläubigers die Gegenstände des Vermögens vor der Fälligkeit der Forderung zu spezifizieren, wenn das verpfändete Vermögen wesentlich, d.h. in einer die Befriedigung der Forderung gefährdenden Weise, vermindert worden ist, sowie das Recht des Pfandgläubigers, die Wirtschaftstätigkeit des Pfandschuldners zu kontrollieren, wenn die Parteien dies vereinbart haben.[43]

Die Regelungen des Zivilgesetzbuches von 1959 über die Verwertung der Sicherheitsrechte stellten den Schutz der Interessen der Schuldner stark in den Vordergrund. Die Verwertung konnte entweder im Rahmen der gerichtlichen Zwangsvollstreckung erfolgen oder von einem speziellen Staatsunternehmen durchgeführt werden. Dieses System funktionierte jedoch nicht gut. Es gab verschiedene Probleme. So dauerte die Zwangsvollstreckung - wie bereits erwähnt - zu lange und blieb ohne den erforderlichen Erfolg. Es gibt

---

40 *Almási* (oben Fn. 7), Bd. II. S. 89-91.

41 Gesetz XXI/1928 über die industriellen Pfandbriefe.

42 § 254 Abs. 1 und 2 ZGB.

43 § 260 Abs. 2, § 254 Abs. 3, § 256 Abs. 3 ZGB.

auch Marktprobleme: die Gebäude, die Maschinen usw. der Unternehmen lassen sich häufig nicht verkaufen. Auch die Wohnungen können nur mit Schwierigkeiten verkauft werden, weil die Schuldner in der Wohnung bleiben. Ein großer Teil dieser Probleme kann durch die Bestimmungen des Zivilgesetzbuches nicht gelöst werden. Der Gesetzgeber versuchte trotzdem, durch die Novellierung des ZGB auch auf diesem Gebiet einen Schritt voran zu machen. Die neue Regelung bietet den Gläubigern bessere Möglichkeiten zur Verwertung, ohne aber ein System zu installieren, in dem das Schuldnerinteresse ungeschützt ist. Deshalb ist die allgemeine Regel weiterhin die Verwertung im Rahmen der gerichtlichen Zwangsvollstreckung.[44] Nach der neuen Regelung können aber die Parteien nach Fälligkeit der Forderung schriftlich vereinbaren, daß sie den verpfändeten Gegenstand gemeinsam verwerten. Die Parteien können unter den vom Gesetz bestimmten Voraussetzungen auch die Verwertung durch den Pfandgläubiger oder seinen Beauftragten veranlassen.[45]

Es ist bedauerlich, daß die ursprüngliche Gesetzgebungskonzeption nicht verwirklicht wurde und die Gesetze über die Hypothekenbanken und den Pfandbrief nicht gleichzeitig mit dem Gesetz zur Änderung des Zivilgesetzbuchs verabschiedet werden konnten. Es ist leider noch nicht gelungen, diese Gesetze dem Parlament vorzulegen, weil die notwendigen Bedingungen hierfür noch nicht gegeben sind.

Der Erfolg der neuen Regelungen über die Realkreditsicherheiten hängt besonders von dem Funktionieren des Registrierungssystems und der Möglichkeit der Verwertung ab. Es ist sicher, daß die Anwendung der neuen Bestimmungen mit vielen Schwierigkeiten verbunden ist. Die vergessenen alten und die ganz neuen Regelungen müssen sich erst noch in der Praxis bewähren und weiterentwickelt werden. Zudem konnte der Gesetzgeber auf viele Fragen keine Antwort geben. Es ist vorhersehbar, daß besonders viele Probleme durch die Parteien mit Hilfe von besonders gut ausgearbeiteten Verträgen auf dem Gebiet des Pfandrechts über das Vermögen und des abstrakten Pfandrechts gelöst werden sollen. Die Verpfändung von Gesellschaftsanteilen, v.a. von Aktien, warf auch bisher erhebliche Probleme auf. Man sieht aber, daß die Aufgabe noch komplizierter werden wird, weil die Praxis in die Richtung der Dematerialisierung der Wertpapiere geht.[46] Eine weiteres schwieriges

[44] § 262 ZGB.

[45] § 264 ZGB.

[46] S. über diese Fragen in der jüngsten Literatur: *Fasquelle*, Le nantissement des valeurs mobilières, Revue Trimestrielle du Droit Économique et Commercial 1995. 1. S. 1-37.

Problem ist die Behandlung der Pfandrechte im Konkursverfahren. Zur Zeit hat das Pfandrecht eine privilegierte Position[47], die in der Rechtsprechung zu Interpretationsproblemen führt.[48] An einer Revision dieses Gesetzes wird in Ungarn seit langem gearbeitet. Dabei taucht wiederum die Frage auf, welches System des Gläubigerschutzes am effektivsten ist.[49] Hier zeigt sich das allgemein bekannte Phänomen, daß die Regelung der Realsicherheiten ein komplexes und schwieriges Problem ist.

V. Personensicherheiten

Das Zivilgesetzbuch regelt die Bürgschaft in relativ detaillierter Weise und erwähnt die Garantie und die Bankgarantie. Den Personensicherheiten hat sowohl das alte ungarische Zivilrecht als auch das Zivilgesetzbuch von 1959 weniger Aufmerksamkeit gewidmet als den Realsicherheiten. Das Handelsgesetzbuch von 1875 enthielt keine Sonderbestimmungen über die Personensicherheiten. In diesem Sinne gab es also keine Zweiteilung. Der Entwurf des Zivilgesetzbuchs von 1928 hat die Bestimmungen über die Bürgschaft anschließend bei den Bestimmungen über die Schuldnermehrheit eingeordnet. Das Zivilgesetzbuch von 1959 ist dem Entwurf von 1928 in dieser Hinsicht nicht gefolgt. Die Bürgschaft und die Garantie wurden selbständig als Personensicherheiten geregelt. Es bestand aber kein Zweifel, daß der Gesetzgeber diesen Instituten keine große Bedeutung beigemessen hat. Nach der ministeriellen Begründung konnte die Bürgschaft in den Rechtsverhältnissen zwischen den Staatsbürgern eine Rolle spielen, während die Garantie eine Funktion im Außenhandel hatte.[50]. Die Novellierung des Zivilgesetzbuchs von 1977 hat diese Regelungen nur wenig geändert. In die Novellierung von 1977 wurde eine kurze Bestimmung über die Bankgarantie aufgenommen.

Die Bürgschaft hat akzessorischen Charakter.[51] Es gibt zwei Formen der Bürgschaft: die gewöhnliche Bürgschaft, bei der der Bürge dann zur Leistung verpflichtet ist, wenn der Schuldner geklagt hat und erfolglos einer Zwangs-

[47] § 57 Abs. 1 des mehrmals geänderten Gesetzes II/1991.

[48] Bírósági Határozatok (Gerichtsentscheidungen) 9/1996, Nr. 495.

[49] Vgl. zu diesen Fragen den interessanten Beitrag von: *Bebchuk/Fried*, The Uneasy Case for the Priority of Secured CLaims in Bankruptcy, The Yale Law Journal 105 (1996) 4. S. 859-934.

[50] A Magyar Népköztársaság Polgári Törvénykönyve (oben Fn. 6) S. 192, 205-206.

[51] § 273 ZGB.

vollstreckung unterworfen wurde[52], und die Gesamtbürgschaft, bei der der Bürge ein Nebenschuldner ist.[53] Die veröffentlichten Gerichtsentscheidungen weisen nicht auf eine komplizierte Praxis hin. In der bisher interessanten Entscheidung wurde festgestellt, daß der Pfandschuldner und die Gesamtbürgen gesamtschuldnerisch zur Leistung verpflichtet werden können.[54]

Die Garantie steht nach allgemeiner Auffassung in engem Zusammenhang mit der Schlechterfüllung und wird dementsprechend in der Praxis angewendet. Diese Auffassung spiegelt auch die Formulierung der Bestimmung über die Garantie wider. Eine allgemeinere Bedeutung wird nur durch die Einordnung dieser Regelung bei den Bestimmungen über die Vertragssicherheiten und durch die Definition der Garantie, nach der die Garantie eine striktere als die im allgemeinen Zivilrecht vorgesehene Haftung begründet[55], erkennbar.

Die Bankgarantie ist eine Zahlungsverpflichtung der Bank, die unter bestimmten Bedingungen gegenüber einem Begünstigten bis zu einem Höchstbetrag besteht[56]. Aufgrund der internationalen Praxis wird unter der Bankgarantie eine durch eine einseitige Erklärung entstandene, nicht-akzessorische Zahlungsverpflichtung verstanden.[57] Sowohl die Bürgschaft als auch die Bankgarantie sind durch die ungarische juristische Literatur vernachlässigte Themen. Beide Formen werden in der letzten Zeit jedoch häufiger verwendet.

[52] § 274 Abs. 1 ZGB.

[53] § 274 Abs. 2 ZGB.

[54] Bírósági Határozatok (Gerischtsentscheidungen) 6/1996 Nr. 308.

[55] § 248 Abs. 2 ZGB.

[56] § 249 ZGB.

[57] *Szilvássy/Hidas*, A nemzetközi pénzügyek és a külkereskedelmi fizetések gyakorlata (Internationale Finanzen und die Praxis des Zahlungsverkehrs im Außenhandel), 3. Aufl., Budapest 1986, S. 150-151.

Kreditsicherheiten in osteuropäischen Ländern aus deutscher Sicht

JOHANNES E. BEUTLER

Gliederung

I. Einleitung

Kreditsicherheiten können Sicherheit für den Kredit nur bringen, wenn das rechtliche Sicherungsinstrument und der Wert des Sicherungsgegenstandes stimmen.Beide Seiten, die juristische und die ökonomische, müssen zusammenpassen. Die drei wichtigsten Elemente dafür sind:

- Klarheit über die Rechtsverhältnisse am Pfandgegenstand
- Wert des Pfandgutes.
- Rechtliche und wirtschaftliche Verwertungsmöglichkeit.

Materielles und Verfahrensrecht, Gerichtsorganisation, Verfahrensdauer, Einschätzbarkeit, Verläßlichkeit der Rechtsprechung aber auch Aufnahmebereitschaft des Marktes und Einschätzbarkeit des Preises, d.h. des Erlöses des Pfandgutes im Verwertungsfalle, sind entscheidende Komplexe bei der Kreditentscheidung für die Sicherheit des Kredites.

In den mittel- und osteuropäischen Reformländern gibt es hierbei unterschiedliche Entwicklungsstufen und unterschiedliche Anknüpfungspunkte je nach Dauer aber auch nach Intensität der kommunistischen Umgestaltung der Rechts- und Wirtschaftsordnung. In Polen und der tschechischen Republik kann man ähnlich wie in Ungarn und den baltischen Staaten eher an Vorkriegstraditionen anknüpfen als in der Ukraine und Weißrußland oder Rußland selbst. Aber auch in Polen und den baltischen Staaten gibt es Gebiete mit längerer Zugehörigkeit zum russischen/sowjetischen Imperium (Teilungsgebiete), so daß die Umgestaltung der gesetzlichen Grundlagen von sehr unterschiedlichen Voraussetzungen auszugehen hat. Das extremste Beispiel für die Anknüpfungsmöglichkeit nach mehr als einem halben Jahrhundert mag sein, wie es aus dem estnischen Justizministerium berichtet wurde, daß die 2. Lesung eines Gesetzes vor Beginn des 2. Weltkrieges, die 3. Lesung aber erst 1992 stattgefunden habe.

Allen Staaten aber ist wohl gemeinsam, daß die Regelungsdichte für die Personal-, Mobiliar- und die Immobiliarsicherheiten nicht sehr groß ist. Da die Rechtsprechung noch wenig entwickelt ist, sind für weite Felder des Kreditsicherungsrechts wirklich zuverlässige Aussagen kaum möglich, zumal die Rechtslehre die eine wie die andere Bresche kaum füllen kann. Andererseits ist überall unverkennbar das Bestreben, so schnell wie möglich, die Grundlagen und das Instrumentarium für ein funktionierendes Kreditsicherungssystem als tragendes Element der marktwirtschaftlichen Ordnung zu schaffen. Dabei fällt auf, daß eher liberalistische Leitbilder als die der sozialen Marktwirtschaft vorherrschen. Nicht immer besteht zudem der Eindruck, daß die Reformen von übereinstimmenden Vorstellungen geleitet werden. Allerdings werden die bestehenden Probleme wohl dadurch abgemildert, daß, wie es scheint, in allen Ländern das Kreditgeschäft der Banken noch nicht den Stellenwert gewonnen hat, der den großen Umstrukturierungsaufgaben im wirtschaftlichen, öffentlichen aber auch privaten Sektor entspricht.

Insbesondere das Kreditgeschäft mit den Privatkunden scheint eher noch nach den hergebrachten Usancen und Regelungen vorgenommen zu werden.

Nehmen wir als Beispiel die Privilegierung der Banken, die etwa in Polen sehr ausgeprägt ist. Sie haben im Mobiliarpfandrecht aus sozialistischer Zeit ihr jeweils eigenes Pfandrechtsregister[1] und können das Vorgehen im Verwertungsfalle selbst bestimmen. Sie können selbst vollstrecken ohne die Kontrolle und die schuldnerschützende Einschaltung von Gerichten.[2] Im Immobiliarbereich können sie die Eintragungsvoraussetzungen selbst dokumentieren, sogar die Grundbucheintragung, falls solches noch nicht angelegt ist, dadurch ersetzen.[3] Sie können sich auch ihre eigenen Vollstreckungstitel schaffen. Dieses den sozialistischen Staatsbanken eröffnete Recht beanspruchen nun auch die privatisierten und die neugegründeten Banken, obwohl sie nun nicht mehr Organe der Staatstätigkeit sind.

Das alles aber bringt den Banken keinen Vorteil bei der Kreditsicherung, wenn nicht der Markt vorhanden ist, an dem das Pfandgut zu Erlösen abgesetzt werden kann, die den restlichen Kreditbetrag und die rückständigenn und fälligen Zinsen abdecken und das ohne lange Verfahrensdauer und umständliche Verfahrensvoraussetzungen.

---

[2] Art. 53 BankRG.

[3] Art. 50 BankRG: Die Urkunden werden zur Dokumentensammlung eingereicht.

Zu einem funktionierenden Kreditsicherungssystem gehört das Schätzwesen: Die Banken brauchen dafür sachkundige Mitarbeiter oder unabhängige Sachverständige, die in der Lage sind, das angebotene Pfand fachgerecht und zutreffend zu taxieren. Der törichte Spruch: ''Taxen sind Faxen '' mag Geltung haben, wenn es um Kredit geht, bei dem Sicherheiten nicht benötigt werden, weil die Bonität des Kreditnehmers unzweifelhaft erscheint. Aber auch dort kann man sich sehr täuschen, wie es uns jüngst der Fall Schneider überdeutlich gemacht hat.

Ich möchte mit diesen Bemerkungen unterstreichen: *Kredit ist ein wirtschaftlicher Vorgang.* Seine Sicherheit hängt von der richtigen, marktgerechten Einschätzung des Wertes des Sicherungsgegenstandes ab. Das gilt für die Mobilie, für das zu verpfändende Recht wie für die Immobilie. Das rechtliche Sicherungsinstrument soll notfalls die Verwertung der Sicherheit möglichst unkompliziert, schnell und zuverlässig zulassen, damit aus der Pfandverwertung der Kredit zurückgeführt und die offenen Ansprüche erfüllt werden können. Die perfekteste Lösung für das besitzlose Pfandrecht, die praktikabelsten Grundpfandrechte sind nur das rechtliche Instrumentarium, um den Verkehrswert der Pfandsache im Verwertungsfalle erzielen zu können, damit er möglicht ungeschmälert zum Ausgleich der offenen Forderungen zur Verfügung steht. Deshalb gehört zum Kreditsicherungsrecht das Schätzwesen, die Feststellung des Wertes der Pfandsache. Die Kunst liegt hier in der Regel darin, nicht den jetzigen Zeitwert sondern den Wert so genau wie möglich zu ermitteln, den der Markt der Sache im Verwertungsfalle, sei es bei freihändigem Verkauf, sei es in einer Versteigerung, geben wird.

Dabei ist festzuhalten, daß bei einer Mobilie in aller Regel der Restwert die entscheidende Rolle spielt, den sie im Verwertungszeitpunkt hat. Da man diesen nicht vorhersehen kann, gibt die Schätzung im Zeitpunkt der Kredithingabe nur einen Anhaltspunkt für den Kreditrahmen. Bei der Immobilie ist wegen der in der Regel längeren Lebensdauer der derzeitige Verkehrswert ebenfalls ein wichtiger Orientierungswert, es geht aber dabei darum, den künftigen Verkehrswert abzuschätzen. Das verlangt nach erfahrenen, sachkundigen Gutachtern und nach entsprechenden Bewertungsmethoden. Bei uns ist in der jüngsten Vergangenheit gerade im Immobiliarkredit dieses Feld sehr in die Diskussion gekommen, nachdem viele Banken erhebliche Verluste verkraften mußten, weil Immobilien zu hoch beliehen worden sind. Spielt die Wertschätzung beim Mobiliarkredit in der Regel erst eine Rolle, wenn es um die Verwertung des Pfandgegenstandes geht, so ist beim Immobiliarkredit die Einschätzung des Grundstückes und seiner Aufbauten oder bei Neubauten die des fertiggestellten Gebäudes Voraussetzung für die Kreditentscheidung.

Das *Sachverständigenwesen* scheint in allen Reformländern noch sehr in der Aufbauphase zu stecken, allerdings wohl unterschiedlich weit entwickelt zu sein. In Polen und Tschechien z.B. gibt es inzwischen landesweit ein System der Lizenzierung für Taxatoren und Bemühungen, entsprechende Standards zu erreichen auch aufgrund gesetzlicher Vorschriften.

II. Personal- und Mobiliarsicherheiten

Bei den Personalsicherheiten namentlich dem Schuldbeitritt und der Bürgschaft finden wir in den Rechtsordnungen der Reformstaaten die auch uns bekannten Institute. Die Bürgschaft ist wie bei uns akzessorisch und auch als selbstschuldnerische zumindest in Polen, Tschechien und Ungarn ausgestaltet. Sie kann auch für künftige Forderungen übernommen werden, wenn diese genügend bestimbar sind. Ob sie auch eine vergleichbare Bedeutung in der Wohnungsbauförderung wie bei uns hat, ist wohl eher zu verneinen, da dieser Bereich nach der Zeit des staatlichen Wohnungsbaus noch wenig entwickelt zu sein scheint. Sie wird aber als Sicherungsinstrument und Mittel staatlicher Investitionsförderung eingesetzt, auch in Form der Ausfallbürgschaft. Ob man dabei auch die bei uns übliche Klausel für die Feststellung des Ausfalls verwendet, habe ich nicht feststellen können.

Die Garantie ist bekannt und wird als nicht akzessorisches Recht aber wohl überwiegend im gewerblichen Bereich und im internationalen Handel verwendet. Anders als in Deutschland ist sie z.B. in Polen besonders geregelt (Art. 391 ZGB) und hat in den Art. 40-43 des dortigen Bankgesetzes als Bankgarantie weitergehende Ausgestaltung gefunden: Schriftform, Verpflichtung in Geld. Insbesondere die Ausfallgarantie mit der bei uns üblichen Klausel, daß der Ausfall zu einem bestimmten Zeitpunkt als festgestellt gilt, ist aber offenbar noch nicht in der Sicherheitenliste.

In der ČR wird die Bürgschaft sowohl im BGB als auch im HGB geregelt. Da aber die Vorschriften des HGB auch den Rechtsbeziehungen zwischen Pivatkunden und Unternehmen durch Vereinbarung zugrundegelegt werden können, werden auch Banken und ihre Kunden diese Gestaltungsmöglichkeit nutzen können. Das hat vor allem dort Bedeutung, wo für eine noch nicht existierende aber voraussichtlich entstehende Forderung eine Bürgschaft nötig wird. Die Bürgschaft für eine zukünftige Forderung läßt nur das Handelsgesetzbuch zu. Die Ausfallbürgschaft mit Ausfallfiktion scheint nach tschechischem Recht nicht zulässig zu sein. Die Bankgarantie des HGB bedarf der Schriftform. Sie kann aber im übrigen von den Beteiligten nach den Einzelfall ausgestaltet werden.

In Ungarn haben Bürgschaft und Garantie über lange Zeit wie es scheint ein Schattendasein geführt. Erst in jüngerer Zeit werden sie offenbar im Kreditgeschäft verstärkt eingesetzt. Anders in Rußland: Wie wir soeben von Herrn *Budilov* hörten, gehören die Garantie und die Bürgschaft derzeit eher zu den verläßlichen Kreditsicherheiten.[4]

Bei den *Mobiliarsicherheiten* sind der Eigentumsvorbehalt und die Sicherungsübereignung in den drei genannten Ländern, wir haben das in den Referaten gehört, bekannte Rechtsinstitute. Ihre Bedeutung liegt aber derzeit wohl mehr im gewerblichen Bereich als im Verbraucherkredit, der wegen der geringen Durchschnittseinkommen noch keine große Rolle spielt. In diesem Feld haben wir auch in Deutschland ein Umdenken bei den Beteiligten, ausgenommen den Autokredit, festzustellen: Die finanzierten Konsum- und Gebrauchsgüter sind wegen ihres geringen Wiederverwertungspreises als Kreditsicherheit kaum noch geschätzt und haben der Einschätzung der Schuldendienstfähigkeit der Erwerber Platz gemacht. Wenn diese nach den Einkommensverhältnissen nicht zweifelsfrei erscheint, ist für den Verbraucherkredit kaum eine Grundlage vorhanden. Da der Verbraucherkredit in den Reformländern mit dem Ansteigen der Durchschnittseinkommen und wachsender Kaufkraft - alle Länder betreiben eine durchaus wirksame Inflationseindämmungspolitik - stark an Bedeutung gewinnen wird, werden auch die Sicherungsrechte verstärkt eingesetzt werden müssen. Für das Problem des besitzlosen Pfandrechts hat man dabei interessante Lösungsansätze.

Ich habe schon kurz auf die bei den einzelnen Banken in Polen geführten Pfandregister hingewiesen. Sie haben den großen Nachteil, daß ihnen die Publizität fehlt. Da es unter den Banken auch kein Auskunfts- bzw. Informationssystem wie bei uns die SCHUFA gibt, lassen sich Doppelverpfändungen nicht ausschließen. Weil das bestehende System für die sich abzeichnenden Notwendigkeiten nicht genügt, wird inzwischen ein Registerpfandrechtsgesetz im Parlament beraten, das für Pfandrechte an Mobilien und Rechten gelten soll. Die Register sollen an bestimmten zentralen Gerichtsstandorten geführt und über ein Zentralregister landesweit vernetzt werden, so daß überall im Lande die notwendige Publizität und Transparenz bestehen wird.

Etwas andere Wege sind Litauen und Estland gegangen. In Estland ist vorgesehen, die Pfandrechtsregister nach Branchen anzulegen, also z.B. für Kraftfahrzeuge und Wohnungseinrichtungen getrennt.[5] In Litauen schließlich existiert seit mehr als zwei Jahren ein Registerpfandrechtsgesetz, in das alle

---

[4] S. oben S. 161 ff.

[5] *Schulze*: Eigentum und Sicherungsrechte in den baltischen Staaten, RIW 1994, 733.

Verpfändungen auch die von Immobilien eingetragen werden sollen. Das Pfandrecht wird deshalb hier auch Hypothek genannt, was die Verständigung für Mittel- und Westeuropäer etwas erschwert. Allerdings wird dieses Gesetz noch nicht praktiziert, da die '' Hypothekenämter'' noch nicht eingerichtet sind. Das wird wohl auch erst möglich werden, wenn Landwirtschafts- und Wirtschaftsministerium sich über die Zuständkigkeit verständigt haben werden. Vorerst werden die Hypotheken an Grundstücken wie bisher in den Katasterverzeichnissen, die bereits für einen Teil des Landes existieren, eingetragen.

In Ungarn befindet sich nach den Vorschriften des neuen Gesetzes XXVI von 1996 ein Pfandregistersystem im Aufbau, das auf Anregungen des Modellgesetzes der EBRD in London zurückgeht. Die Registrierung soll unter Einschaltung der Notare geschehen. Ob und wieweit durch die hier vorgeschriebenen Regelungen sich die Kreditsicherung effektiver für alle Beteiligten gestalten läßt, wird wohl erst in der zweiten Jahreshälfte 1997abzusehen sein, wenn die ersten Erfahrungen mit dem am 1. Mai 19997 in Kraft tretenden Gesetz sich abzeichnen.

Das Pfandrecht an beweglichen Sachen in Rußland ist, wie *Budilov* dargelegt hat[6], für Kreditsicherungszwecke eher ungeeignet und bietet keine Vergleichsansätze mit den bei uns eingeführten Kreditsicherungsmöglichkeiten.

III. Immobiliarkredit

Im Grundstückskredit, der Verpfändung eines Grundstückes oder gleichstehenden Rechtes wie Erbbaurecht, Wohnungs- /Teileigentum gegen Bestellung eines Grundpfandrechtes spielt für die Kreditsicherheit der Wert des Pfandobjektes und die Rangstelle, an der das Grundpfandrecht eingetragen wird, die entscheidende Rolle. In der Vollstreckung aus dem eingetragenen Recht kommt es darauf an, daß der erzielte Erlös möglichst ungeschmälert zum Ausgleich des restlichen Kredits und der offenen Zinsen und der sonstigen Nebenansprüche verwendet werden kann.

Im deutschen Kreditsicherungsrecht für Immobilien spielt der Realkreditbegriff des § 12 HBG die wichtigste Rolle nicht nur bei den Pfandbriefinstituten, sondern z.B. auch bei den Anrechnungsvorschriften für das Eigenkapital. Er setzt voraus, daß nicht mehr als 60 % des sorgfältig ermittelten Beleihungswertes einer Immobilie kreditiert werden. Wird ein Grundstück dar-

---

[6] S. oben S. 164.

überhinaus beliehen, so ist das zwar auch noch Immobiliarkredit, aber wegen der geringeren Realisierungschance im Crashfalle wird er im allgemeinen nicht mehr als Realkredit bezeichnet. Erststelliger und nachrangiger Immobiliarkredit wird nach der wirschaftlichen wertmäßigen Komponente und nach der Rangstelle, die das Grundpfandrecht im Grundbuch einnimmt, unterschieden. Der Wert der Immobilie und das Maß, wie der Kredit diesen ausschöpft, bestimmen im Verein mit der Rangstelle des Grundpfandrechtes die Sicherheit des Kredits. Es liegt auf der Hand, daß es dabei aber einen Unterschied macht, ob das Beleihungsobjekt fertig und gebrauchsfähig ist oder sich noch im Bau befindet.

Die Besicherung dieser Kredite erfolgt durch *Hypotheken* oder - heute fast ausschließlich -durch Grundschulden. Die Hypothek als akzessorisches Recht setzt eine Forderung voraus. Nur wenn und soweit die Forderung besteht, besteht nach der Regelung unseres bürgerlichen Gesetzbuches die Hypothek, man muß genauer sagen, das im Grundbuch in Abteilung 3 als Hypothek *eingetragene Recht als Hypothek.* Solange die Darlehensvaluta nicht ausgezahlt ist, besteht dieses Recht als vorläufige Eigentümergrundschuld, sobald und soweit die Forderung getilgt ist als endgültige Eigentümergrundschuld, § 1163 BGB.

Das erscheint kompliziert, hat aber in den langen Jahren des Wiederaufbaus in der Nachkriegszeit sich gut bewährt, wenn die Baukredite nur ratenweise ausgezahlt werden konnten und später in kleinen Tilgungsbeträgen zuzüglich ersparter Zinsen abgetragen wurden. Die deutsche Hypothek mit der gemilderten Form der Akzessorietät gibt dem Kreditgeber die Möglichkeit, bei Bau- oder Sanierungsfinanzierungen die Auszahlungsraten dem Baufortschritt anzupassen. Das mindert das Kreditrisiko, gibt aber andererseits dem Kreditnehmer die Chance, die höheren Kosten einer risikoreicheren Zwischenfinanzierung zu vermeiden. Da die Hypothek, solange und soweit sie nicht valutiert, d.h. die Forderung noch nicht entstanden ist, dem Eigentümer zusteht, ist zwischen Kreditgeber und Kreditnehmer eine ausgewogene Risikolage während der Bauzeit vorhanden. Die wird in der Regel durch eine Rohbauversicherung noch weiter abgefedert. Bei Großobjekten wird häufig durch eine Fertigstellungsgarantie des Bauunternehmens mit Bankgarantie gegen Auszahlungsverpflichtung des Kreditgebers die Fertigstellung auch für den Fall sichergestellt, daß der Bauherr insolvent werden sollte. Auf diese Weise kann der Kreditgeber das Fertigstellungsrisiko sehr weitgehend ausschließen und dafür vorsorgen, daß kein Baustillstand eintritt und der Wertverfall, den unfertige Objekte bei Baustillstand erleiden, nicht eintritt.

Die Hypothek hat aber wegen ihrer *Akzessorietät* andere Nachteile, die ihre Tauglichkeit zur Kreditsicherung einschränken. Ihre Wiederverwendung zur Kreditsicherung setzt voraus, daß sie, soweit sie durch Tilgung Eigentümergrundschuld geworden ist, an den Kreditgeber abgetreten werden muß und diese Abtretung im Grundbuch eingetragen werden muß, da sie nach der gesetzlichen Regelung mit der Tilgung dem Eigentümer oder, falls ein Dritter die Tilgung bewirkt, diesem zusteht. Außerdem ist sie für die heute übliche Abschnittsfinanzierung, bei der die Zinsen und deren Laufzeit nur für einen bestimmten Zeitabschnitt, der kürzer als die voraussichtliche Gesamt/Restlaufzeit des Kredites ist, festgelegt werden, weniger praktikabel. Das erklärt sich daraus, daß die Höhe der Anschlußzinsen unbekannt ist und ein Zinsrahmen, der alle gedachten Möglichkeiten abdeckt, bei der Hypothek nicht eingetragen werden kann. Sollte bei der Konditionsanpassung der Kreditnehmer ein besseres Angebot annehmen wollen, kann er die bestehende Hypothek zur Sicherung dieses Angebotes nur einsetzen, wenn er sie zuvor tilgt und dann auf dem oben beschriebenen Zessionsweg auf den neuen Kreditgeber überträgt oder dieser die Tilgung bewirkt und dafür sorgt, daß der Übergang im Grundbuch eingetragen wird.

Neben der hier zugrundegelegten Buchhypothek kennen wir zwar auch die Briefhypothek, die sogar den gesetzlichen Normalfall bildet und als Verkehrshypothek das klassiche fungible Kreditsicherungsmittel zu sein schien. Die Briefbildung verursacht aber vermeidbare Kosten. Öffentlichen Glauben hat der Inhalt des Hypothekenbriefes nur noch sehr eingeschränkt, seit Veränderungen im Grundbuch auf ihm nicht mehr verzeichnet werden. Die Kundenorientierung der Banken zielt in den hier gedachten Fällen zudem auf eine Dauerverbindung zum Kunden, so daß die Briefbildung auch aus diesen Gründen ihre Bedeutung verloren hat. Schließlich ist es bei Großkrediten im gewerblichen oder industriellen Bereich heute üblich, daß die beteiligten Banken einen Sicherheitenpool bilden, den eine der Banken führt, der aber verhindert, daß eine der Banken eine vorteilhaftere Sicherheitenposition erhält.

Aus allen diesen Gründen wird heute im Immobiliarkreditgeshäft wohl ausschließlich unser zweites Grundpfandrecht verwendet, die *Grundschuld*, die forderungsunabhängig ist und mit der Eintragung im Grundbuch dem im Eintragungstext genannten Gläubiger zusteht. Dieses nichtakzessorische Recht hat aber große Vorteile insbesondere bei Neu- und anderen Bauten, auch beim Grundstückserwerb, wenn die Darlehensvaluta nicht sofort voll bereitgestellt werden kann, weil das Pfandobjekt noch nicht den notwendigen

Baufortschritt ausweist oder der Kaufpreis gezahlt werden soll, auch wenn die Eigentumsumschreibung im Grundbuch noch nicht sichergestellt ist.

Bei Baufinanzierungen und Krediten mit wechselnden Valutenständen, wie sie etwa bei Firmenkunden mit saisonal unterschiedlichem Kreditbedarf zum Tagesgeschäft zumindest der Geschäftsbanken gehören, ist sie darüberhinaus das bei weitem flexiblere Sicherungsinstrument. Auch wenn die Grundschuld für den Kunden gewisse Nachteile hat, vor allem den, daß die dingliche und die obligatorische Seite auseinanderfallen können, so ist dieser Nachteil kaum gewichtig, da keine Bank sich sträuben wird, die Löschung oder Abtretung der Grundschuld zu bewilligen, wenn sie keine obligatorischen Ansprüche mehr gegen den Kreditnehmer besitzt.

In allen mittel- und osteuropäischen Ländern gibt es, soweit dafür überhaupt gesetzliche Regelungen bestehen, nur forderungsabhängige Grundpfandrechte. Das scheint für die Finanzierungsaufgaben, die dort vor allem zu bestehen scheinen - Neubau von Wohnhäusern, Büro- und Geschäftshäusern, gewerblich zu nutzenden Objekten - die am wenigsten praktikable Sicherungsform. Der entscheidende Punkt scheint mir das *Maß der Akzessorietät* der Hypothek von der Forderung zu sein.

In *Polen* finden sich die rechtlichen Grundlagen für die Hypothek nicht im Zivilgesetzbuch sondern in dem Gesetz über die Grundbücher und die Hypotheken aus dem Jahre 1982 (GHH), das teilweise im Jahre 1991 novelliert worden ist. Sie ist ein streng akzessorisches Recht wie im deutschen BGB die Sicherungshypothek. Die Eintragung in das Grundbuch ist konstitutiv. Aber die Entstehung der Hypothek setzt den *Bestand der Forderung* voraus, d.h. die Bank muß die Valuta des Kredits zur Verfügung stellen bevor sie die Kreditsicherheit hat. Jede Bank ist schlecht beraten, die unter solchen Umständen den Kredit auszahlt In aller Regel geht die Eintragung des Pfandrechts der Valutierung des Darlehens voraus oder es wird ein Notar zwischengeschaltet, die Darlehensvaluta auf seinem Notaranderkonto mit Verfügungssperre oder Verfügungsauflage bereitgestellt. Die Freigabe erfolgt dann erst, wenn der Notar bestätigt, daß der Eintragungsantrag bei dem Grundbuchamt gestellt ist und der Eintragung an der vereinbarten Rangstelle keine Hinderungsgründe entgegenstehen.

In Polen wird, wie man hört, vielfach versucht, die Sache praktisch zu lösen, indem der Kredit etwa zur Hälfte valutiert wird. Das löst das Sicherheitenproblem nicht zufriedenstellend. Wie kann der Kreditgeber sein Sicherungsinteresse erfüllt sehen, wenn er die Baufinanzierungsmittel oder den Grundstückskaufpreis bereitstellt, ohne ein rechtlich unanfechtbares Grundpfandrecht zu haben bzw. die Gewißheit, nur noch den rechtlich nicht mehr aufzuhaltenden Eintragungsvollzug abwarten zu müssen.

Im Falle der Kaufpreisfinanzierung wird die Sache noch schwieriger, weil das Eigentum mit dem Abschluß das Kaufvertrages übergeht und die Eintragung im Grundbuch nur deklaratorisch wirkt. Wenn dann nicht juristische Uhrmacherarbeit geleistet wird, ist der Hypothekenbesteller u.U. nicht mehr/ oder noch nicht berechtigt, das Grundstück zu belasten. Hier kann allerdings der Eigentumsübergang und die Zahlung vertraglich hinausgeschoben werden.

Bei Baufinanzierungs- und Modernisierungsdarlehen geht das aber nicht Die beteiligten Handwerker und Bauunternehmen brauchen das Geld, um ihre Verpflichtungen erfüllen zu können. Wird hier eine Anzahl von Teilbeträgen entsprechend dem Baufortschritt ausgezahlt, müßten jeweils Kleinhypotheken eingetragen werden. Treuhandkonten für solche Zwecke oder gar Anderkonten, mit denen Probleme dieser Art unter Einschaltung eines Notars gelöst werden können, sind bei polnischen Banken bisher, soweit mir bekannt, nicht eingeführt und vom Fiskus wohl auch noch nicht akzeptiert. Es scheint, daß die dortigen Banken mit diesem Problem noch wenig konfrontiert werden. Es besteht zwar eine private Bautätigkeit. Die Banken sind aber an der Finanzierung kaum beteiligt. Der private Bauherr finanziert mit Eigen- und Familienmitteln insbesondere in den ländlichen Gegenden. In den städtischen Regionen scheint der Bestellbau durch Baugesellschaften und Genossenschaften im Einfamilienhausbau am ehesten verbreitet.

Diese nehmen Bankkredit in Anspruch. Dabei scheint die dingliche Absicherung in der Bauphase kein besonderes Gewicht zu haben, weil praktisch das Vermarktungsrisiko sehr niedrig zu sein scheint.

Neben der normalen Hypothek gibt es im poln. ZGB die sogenannte Kautionshypothek, die für zukünftige und auch für der Höhe nach noch nicht bestimmte und wie es scheint, auch für der Höhe nach wechselnde Forderungen, bestellt werden kann. Sie hat allerdings den großen Nachteil, daß sie nur als unverzinsliche Höchstbetragshypothek eingetragen werden kann und damit für Banken als Kreditsicherheit jedenfalls im Baufinanzierungsgeschäft mit Privatkunden ausscheidet. Der Höchstbetrag müßte so weit gefaßt werden, daß für ein nachrangiges Darlehen kein Beleihungsspielraum mehr bleibt. Bei der Kautionshypothek wird zwar das Prinzip der strengen Akzessorität durchbrochen, so daß entsprechend dem Baufortschritt besichert werden könnte. Aber ein langfristiger Kredit ohne gesicherte Zinsen das ist eine nicht akzeptable Konstruktion. Außerdem müßte im Vollstreckungsfalle die

Kautionshypothek zunächst in eine Sicherungshypothek umgewandelt werden.

In der ČR ist im dinglichen Kreditsicherungsrecht wohl zu unterscheiden, ob Kreditnehmer ein im Handelsregister eingetragenes Unternehmen ist oder nicht. Handelt es sich um ein eingetragenes Unternehmen, kommt das Handelsgesetzbuch zur Anwendung. Ist der Kunde dort nicht eingetragen, dann ist das Zivilgesetzbuch maßgeblich. Der Unterschied scheint im wesentlichen darin zu liegen, daß das HGB die Befristung, die Festlegung eines Höchstbetrages und eine Bestimmung zur Art der Forderung möglich macht, insbesondere die Bestellung einer Hypothek für eine künftige oder bedingte Forderung zuläßt. Die Bestellung setzt einen schriftlichen Vertrag voraus. Die Katasterämter, die die Liegenschaftskataster führen und über die Eintragungsanträge entscheiden, verlangen aber die beglaubigte Unterschrift der Vertragspartner.[7] Inzwischen kann der beurkundende Notar auch die Unterwerfung unter die Zwangsvollstreckung in die Urkunde aufnehmen und eine vollstreckbare Ausfertigung erteilen.

Die Eintragungen in das Immobilienkataster sind konstitutiv, auch der Eigentumsübergang wird erst mit der Eintragung vollendet. Für die Rangbestimmung gilt die Reihenfolge und das Datum der Eintragung. Die Eintragungen genießen öffentlichen Glauben. Das sind gute Vorausetzungen für die Eignung als Kreditsicherheit.

Auch in Tschechien ist die Hypothek ein akzessorisches Recht. Die Forderung kann aber künftig entstehen und bei bestehender Forderung ist eine Auswechslung möglich, § 572 Abs. 1 BGB ČR. In § 570 ist dort eine Schulderneuerung geregelt, deren Details im Pfandbestellungsvertag festgelegt werden können. Danach ist die Akzessorität der Forderung nicht unabhängig vom Willen der Vertragsschließenden und in gewissem Umfange ihrer Disposition unterstellt, zumal § 299 HGB ČR die Bestellung der Hypothek für eine künftige Forderung zuläßt. Demnach ist die dortige Hypothek bei entsprechender Einbeziehung der Regeln des dortigen HGB auch für Kreditsicherungszwecke einsetzbar, wenn es um die Finanzierung von Neubauten, Erwerbsvorgängen und Krediten mit Baufortschrittsvalutierugen geht.

In *Ungarn* ist wie in der ČR die Bestellung einer Hypothek nur für eine Geldforderung aufgrund eines schriftlichen Pfandvertrages zulässig. Die Akzessorität ist eingeschränkt, soweit die Hypothek für eine künftige Forderung bestellt werden kann. Sie besteht im übrigen nur, soweit sie valutiert. Notwendig ist die Eintragung in das Liegenschaftsregister, die konstitutiv ist. Da

---

[7] *Pitkowitz/Schwalm-Tlapák*: Kreditsicherung, ÖBA 1993, 524.

die Forderung nicht bereits bei der Eintragung bestehen muß, scheint dieses Recht für die Immobilienfinanzierung eher verwendbar. Neben dieser Normalhypothek kennt das ungarische Recht die Höchstbetragshypothek, die insoweit eine Besonderheit hat, als dort die Forderungen aus einem dauerhaften Rechtsverhältnis stammen müssen und dieses Rechtsverhältnis in das Liegenschaftsregister eingetragen werden muß. An der Reform des ungarischen Hypotheken- und Grundbuchrechts wird seit Jahren gearbeitet.

Während in Polen nur die Buchhypothek bekannt ist, läßt in der ČR zumindest das HGB die Bildung eines Hypothekenbriefes zu, sodaß die Übertragung der Hypothek mit der zugrundeliegenden Forderung erleichtert wird.

In *Rußland* besteht weder ein Mobiliar- noch ein Immobiliarsicherheitenrecht, das auf gesicherten gesetzlichen Regelungen fußt. Zwar gibt es in den jüngst in Kraft getretenen Teilen des ZGB in Art. 334 Abs. 2 Regeln über die Verpfändung von Grundstücken, Gebäuden, Anlagen und Wohnungen und auch von Unternehmungen. Es ist Schriftlichkeit und notarielle Beglaubigung vorgeschrieben. Es gibt aber kein Registrierungs- oder Veröffentlichungssystem, das Transparenz und Klarheit schaffen könnte. Deshalb sind in Rußland offensichtlich bisher keine Grundlagen für ein Kreditsicherungssystem im Immobiliarkredit vorhanden. Ein Gesetzentwurf über das Hypothekenrecht liegt der Duma vor, ist aber noch nicht abschließend behandelt worden. Das Regierungsdekret vom 22. Dezember 1993 über das Hypothekenwesen gibt dafür zwar eine gewisse Grundlage, ist aber in seinem Rechtscharakter sehr umstritten. Im Art. 33 Abs. 1 des Bankengesetzes i.d.F. v.3.2. 1996[8] ist festgelegt, daß Bankkredite durch unbewegliches Vermögen gesichert werden können. Damit ist aber nur der Grundsatz festgelegt, die weitere Ausgestaltung dem Gesetzgeber vorbehalten. Zudem ist das Bankensystem in Rußland noch so wenig ausgebaut für den Mobilien- wie für den Immobilienkredit, so daß die Risiken nicht einzuschätzen sind. Bei den einschlägigen Fachgesprächen in Moskau, aber auch in Minsk oder Kiew, kam stets - wie ich höre - das Fehlen aller einheitlichen Regelungen zur Sprache und die große Rechtsunsicherheit zum Ausdruck, die auf schwer absehbare Zeit das Kreditgeschäft nicht nur behindert sondern verhindert.

IV. Der Rang der Immobiliarsicherheiten

Ein weiterer Stolperstein sind die *Rangverhältnisse*: Wie im deutschen Grundbuch werden die Hypotheken nach der Reihenfolge des Antragsein-

---

[8] WiRO 1995, 250 ff.

gangs beim Grundbuchamt eingetragen. Im Verwertungsfalle hat der Rang aber nur relative Bedeutung.

Die Zuteilungsklassen im Sinne des deutschen ZVG finden sich in *Polen* in den §§ 1025, 1026 des polnischen Zivilprozeßrechtes. Hypotheken werden danach im 6. Rang zugeteilt und zwar nach den sonstigen Bankkrediten, für die der 5. Rang gilt. Die polnischen Banken erscheinen hier zunächst privilegiert, zumal sie sich faktisch selbst die Vollstreckungstitel ausstellen können und zwar auch für den hypothekarisch gesicherten Kredit. Das mag ein Privileg gewesen sein als die Bank nur eine andere Erscheinungsform des Staates gewesen ist. Aber wird das in einer Marktwirtschaft durchgehalten werden können, wenn dann im Rang 5 die Forderungen der Verbraucherbank X aus Auto- oder Möbelkredit stehen ? Risikoerhöhend kommt hinzu, daß in den einzelnen Zuteilungsklassen der Proportionalitsgrundsatz gilt: Jeder wird berücksichtigt entsprechend seinem Anteil. Für den Hypothekenkredit gilt nach dem Gesetzeswortlaut des § 1026 der Prioritätsgrundsatz. Dennoch hat das oberste Gericht für diese Fälle vor einiger Zeit entschieden, daß auch hier die Verteilung nach den Anteilen vorzunehmen sei.[9] Von einer gesicherten Rangstelle, einer der Grundlagen des Immobiliarkredits kann damit keine Rede sein.

Ein weiteres Problem für die Sicherheit des Immobiliarkredits in Polen ist die sogenannte gesetzliche Hypothek, die für alle Ansprüche des Staates gegen den Gründstücks-eigentümer entsteht. Sie wird wirksam mit der Feststellung der Steuerschuld und existiert ohne Eintragung, ist also aus dem Grundbuch nicht zu ersehen. Der Kreditnehmer müßte nach dem hiesigen Verfahren von dem oder den in Betracht kommenden Finanzämtern eine Bescheinigung beibringen, daß Steuerschulden nicht bestehen. Für ein langfristiges Kreditengagement sind das denkbar schlechte Voraussetzungen. Soweit ich sehe, wird in den beteiligten Ministerien daran gearbeitet, für diese Probleme Lösungen zu finden.

Eine sichere Rangstelle für den Immobiliarkredit läßt sich auch in *Ungarn* nicht bestimmen. Nach § 266 Abs. 4 des Ungarischen Zivilgesetzbuches kann eine Rechtsnorm Forderungen bestimmen, die ohne Eintragung das Grundstück belasten. Sie müssen vorrangig vor den eingetragenen Hypotheken befriedigt werden. Diese Möglichkeit macht umfängliche Recherchen notwendig, die für einen Kreditgeber in der Regel nicht vertretbar sind. Deshalb er-

---

[9] *Kuglarz/Stöcker*: Die Immobiliarhypothek im polnischen Recht, Der Langfristige Kredit 1996, 565.

scheint das ungarische Hypothekenrecht für Kreditsicherungszwecke kaum geeignet.

In der *ČR* erhalten die einzutragenden Hypotheken Rang nach dem Prioritätsgrundsatz. Maßgeblich ist das Eintragungsdatum in das Evidenzkataster, wofür wiederum das Eingangsdatum bei diesem Amt bestimmend ist, § 151 c ZGB ČR. Diese Rangordnung hat auch im Verteilungstermin des Zwangsversteigerungsverfahrens Bestand. Die Ansprüche des betreibenden Gläubigers werden in der 3. Rangklasse berücksichtigt, § 337 ZPO ČR.

Vorrangig sind die Verfahrenskosten. Das entspricht ganz unserer Regelung. In der 2. Rangklasse stehen allerdings Steuern und Abgaben, die innerhalb der letzten vier Jahre vor dem Zuschlagstermin fällig geworden sind. Weitere Voraussetzung ist, daß ihnen nach besonderen Vorschriften ein vorrangiges gesetzliches Pfandrecht zukommt und sie angemeldet wurden.[10] Die Position des betreibenden Gläubigers ist danach deutlich günstiger als in Polen, da die fiskalischen Ansprüche zeitlich limitiert sind. Dennoch bleibt es für den Kreditgeber schwierig, seinen Risikoauslauf einzuschätzen. Das führt, wie allgemein zu beobachten ist, in den Reformstaaten zu Übersicherungen und damit zu Einschränkungen der Kreditmöglichkeiten.

Die Aussichten, im Vollstreckungsfalle Befriedigung der offenen Ansprüche aus dem Kredit aus dem Pfandgrundstück zu finden, sind in den genannten Ländern aufgrund der Rechtslage nicht hinreichend präzise einzuschätzen. Deshalb ist dort nach den bei uns eingeführten und bewährten Maßstäben, Grundstückskredit nur in Einzelfällen und mit zusätzlichen Sicherheiten darstellbar.

Die *notwendigen Einrichtungen* und Institutionen für das Funktionieren des Immobilarkredits sind in Polen, der ČR und in Ungarn vorhanden. In Rußland, der Ukraine und Weißrußland gibt es erst Ansätze dafür. In den baltischen Staaten ist Estland am weitesten fortgeschritten. Nachdem die Grundbücher oder die Liegenschaftsevidenz über Jahrzehnte von Notaren geführt worden sind, werden sie jetzt wieder von Gerichten oder besonderen Verwaltungsstellen betreut. In Polen sind die Bezirks- oder Rayon (Amts)gerichte zuständig, in der ČR die Liegenschaftsämter und in Ungarn die Liegenschaftsevidenz.

Für rund 60% der Grundstücke sollen in Polen Grundbücher existieren, teilweise noch aus der Vorkriegszeit, namentlich auch in weiten Bereichen der früheren deutschen Gebiete. Sie werden in der Regel von Hand geführt und sind mit ihren vier Abteilungen gut vergleichbar mit dem uns hier ver-

[10] *Pitkowitz/Schwalm-Tlapák*, ÖBA 1993, 528.

trauten System. In Warschau ist infolge der fast totalen Zerstörung und des Wiederaufbaus die Neuvermessung und Neuanlage des Katasters noch nicht abgeschlossen, wohl auch behindert durch Rückerstattungsverfahren. Die Neuvermessung scheint auch in den großen städtischen Neubaugebieten nachzuhinken. In den ehemaligen russischen Teilungsgebieten stehen Kataster und Grundbücher weithin noch vor ihrer Anlage. Die Privatisierung der staatlichen aber auch der Genossenschafts-wohnungen wird auch dort wohl die Entwicklung beschleunigen. In den großen Ballungs-gebieten in Zentralpolen, an der Küste und in Schlesien, mit großen Privatisierungs-beständen wird offenbar auch die Möglichkeit zur Anlage besonderer Eigentumswohnungs-grundbücher genutzt. Auch für den ewigen Nießbrauch, der Ähnlichkeit mit unserem Erbbaurecht hat, werden besondere Grundbücher geführt.

Das Grundbuch hat in Polen vier Abteilungen. Es wird handschriftlich geführt. Das System ist gut vergleichbar mit dem uns vertrauten. In allen diesen Ländern ist das Grundbuch öffentlich. Anders als bei uns braucht man für die Einsichtnahme kein berechtigtes Interesse glaubhaft zu machen.

V. Vollstreckung aus der Hypothek

Die Hypothek gibt nach unserem BGB das Recht, wegen einer Forderung Befriedigung aus dem Grundstück zu suchen. Das ist der wesentliche Teil des Sicherungsrechts

Hypothek. Die Vollstreckung muß auch zügig ohne lange und umständliche Zwischen-verfahren möglich sein. Das beginnt bei dem Vollstreckungstitel. In aller Regel wird mit der Bestellung des Grundpfandrechts die Unterwerfung unter die Zwangsvollstreckung beurkundet, bei großen Kreditsachen oft aus Kostengründen nur für einen Teilbetrag. Dieser muß allerdings groß genug sein, um einen nachrangigen ablösungsberechtigten Gläubiger nicht in Versuchung zu führen, den vollstreckbaren Teil abzulösen, da dann die Sache langfristig und komplizierter wird. Die von dem Notar erteilte vollstreckbare Ausfertigung der Hypotheken/Grundschuldbestellungsurkunde und der Zustellungsnachweis werden dem Vollstreckungsgericht bei uns mit dem Antrag auf Anordnung der Zwangs-versteigerung bzw. Zwangsverwaltung eingereicht. Ein langwieriges Vorverfahren findet nicht statt. Dennoch dauern die einfacheren Verfahren im Schnitt 15 Monate.

In den drei hier vor allem besprochenen Ländern ist das Vollstreckungsverfahren langwieriger. Am kompliziertesten offenbar in Ungarn. Zunächst ist im Klagewege der Leistungsrückstand des Kreditnehmers einzuklagen, ehe eine Vollstreckungshandlung in das belastete Grundstück möglich wird.

Sowohl in Polen wie auch in der ČR und in Ungarn ist es zwar auch möglich, durch Unterwerfung vor dem Notar die Voraussetzungen für die Erteilung eines vollstreckbaren Titels zu schaffen. Das scheint aber bisher wenig eingesetzt zu werden. Deshalb muß auch dort bisher ein Vollstreckungstitel erstritten werden, damit das Zwangsversteigerungsverfahren eingeleitet werden kann. In Ungarn wird aufgrund dieses Titels anstelle der Vertragshypothek die Exekutionshypothek eingetragen. Dann erst beginnt mit der Einschätzung des Objektes das weitere Verfahren.[11] Auch in Polen und der ČR ist das Verwertungsverfahren der Hypothek kompliziert und langwierig. Dabei sind die Verzögerungen, die durch den wenig entwickelten und wenig transparenten Immobilienmarkt begründet sind, noch nicht bewertet.

Für ein effektives Kreditsicherungsrecht ist aber ein übersichtliches und praktikables Verwertungsrecht, in dem die schutzwürdigen Interessen des Schuldners angemessen berücksichtigt werden, grundlegende Voraussetzung. Auch ein Zwangsverwaltungs-verfahren, das in keinem der genannten Länder geregelt bzw. praktiziert wird, gehört in den Katalog der Vollstreckungsmöglichkeiten. Häufig ist es nicht notwendig, um die Rechte aus einer Hypothek zu sichern, einen neuen Eigentümer für das Pfandobjekt zu suchen. Zuweilen reicht es, wenn durch vernünftige Bewirtschaftung verpfändeter Mietobjekte durch einen Zwangsverwalter Rückstände abgebaut werden und die Verschuldung geordnet wird.

Ein allgemeines Problem ist in den mittel- und osteuropäischen Staaten die fachliche und persönliche *Kontinuität.* In den zuständigen Ministerien aber auch bei Banken wechseln die Ansprechpartner häufig innerhalb sehr kurzer Zeit, was bei dem Mangel an qualifizierten und erfahrenen Mitarbeitern und der sehr unterschiedlichen Bezahlung leicht erklärlich ist. Häufig sind es jüngere Mitarbeiter, die der Versuchung widerstehen, die ein besser bezahlter Job bietet. Bei der Vielzahl und der Komplexität der Probleme die dort für die Rechtsentwicklung, die Gesetzgebung und die Rechtsprechung zu lösen sind, verlangt das Erreichte insgesamt hohen Respekt.

Literaturhinweise

Böhringer, Walter, Neues Immobilienrecht und Grundbuchsystem in Estland, WiRO 1995,342 ff.

[11] *Pitkowitz/Schwalm-Tlapák,* ÖBA 1993, 526.

Cizkovský, Milan/Brych, Friedrich, Grundbuch- und Hypothekenrecht in der Tschechischen Republik, Wohnungseigentum 1996, 3 ff. und Der Langfristige Kredit 1995, 703 ff.

Hegedüs, E./Loibl, Elisabeth, Durchsetzung zivilrechtlicher Forderungen in Ungarn, WiRO 1996,324 ff.

Kuglarz, Paweł/Stöcker, Otmar, Die Immobiliarhypothek im polnischen Recht, Der Langfristige Kredit 1996, 562ff.

Neubauer, Peter/Stöcker, Otmar, Der neue Pfandbrief in der Tschechischen Republik, Der Langfristige Kredit 1995, 398ff

Pitkowitz, Nikolaus/Schwalm-Flapák, Iva, Kreditbesicherung durch Immobilien in Tschechien und der Slowakei, Zeitschrift für das gesamte Bank- und Börsenwesen (Wien) 1993, 519ff.

Schulze, Ulrich W., Eigentum und Sicherungsrechte in den baltischen Staaten, RIW 1994, 731 ff.

Tigges, Michael, Polnisches Grundstücksrecht, WiRO 1996, 1 ff.

MIX
Papier | Fördert gute Waldnutzung
FSC® C083411

Kolibri 360 GmbH
Ferdinand-Jühlke-Straße 7
99095 Erfurt, Deutschland
produktsicherheit@kolibri360.de